| 博士生导师学术文库 |
A Library of Academics by
Ph.D.Supervisors

地方政府性债务审计研究

宋 常 著

光明日报出版社

图书在版编目（CIP）数据

地方政府性债务审计研究 / 宋常著. -- 北京：光明日报出版社，2022.9
ISBN 978-7-5194-6652-7

Ⅰ.①地… Ⅱ.①宋… Ⅲ.①地方财政—债务—政府审计—研究—中国 Ⅳ.①F239.44

中国版本图书馆 CIP 数据核字（2022）第 093484 号

地方政府性债务审计研究
DIFANG ZHENGFUXING ZHAIWU SHENJI YANJIU

著　　者：宋　常	
责任编辑：宋　悦	责任校对：孔春苗
封面设计：一站出版网	责任印制：曹　净

出版发行：光明日报出版社
地　　址：北京市西城区永安路 106 号，100050
电　　话：010-63169890（咨询），010-63131930（邮购）
传　　真：010-63131930
网　　址：http://book.gmw.cn
E - mail：gmrbcbs@gmw.cn
法律顾问：北京市兰台律师事务所龚柳方律师
印　　刷：三河市华东印刷有限公司
装　　订：三河市华东印刷有限公司
本书如有破损、缺页、装订错误，请与本社联系调换，电话：010-63131930

开　　本：170mm×240mm			
字　　数：332 千字		印　　张：18.5	
版　　次：2022 年 9 月第 1 版		印　　次：2022 年 9 月第 1 次印刷	
书　　号：ISBN 978-7-5194-6652-7			
定　　价：98.00 元			

版权所有　　翻印必究

目 录
CONTENTS

导 言 1

第一章 绪 论 5
 一、研究目的与意义 5
 二、研究的主要内容 7
 三、研究思路与方法 8
 四、主要创新点 10
 五、章节安排 11

第二章 理论基础与文献综述 14
 一、理论基础 14
 二、文献综述 22

第三章 地方政府性债务及其审计的现状与改进 41
 一、地方政府性债务的运行状况 42
 二、地方政府性债务审计的实施情况 72
 三、地方政府性债务审计的不足及改进 93
 四、本章小结 100

第四章 地方政府性债务审计目标 102
 一、地方政府性债务审计的总体目标 102
 二、地方政府性债务审计的具体目标 106
 三、本章小结 113

第五章 地方政府性债务审计主体 · · · · · · 114
- 一、地方政府性债务审计的既有经验 · · · · · · 114
- 二、地方政府性债务审计的主体辨析 · · · · · · 116
- 三、地方政府性债务审计主体的客观要求 · · · · · · 123
- 四、本章小结 · · · · · · 124

第六章 地方政府性债务审计内容 · · · · · · 126
- 一、地方政府性债务审计内容的确定 · · · · · · 126
- 二、地方政府性债务审计内容的划分 · · · · · · 131
- 三、地方政府性债务审计的具体内容 · · · · · · 137
- 四、本章小结 · · · · · · 143

第七章 地方政府性债务审计程序 · · · · · · 144
- 一、地方政府性债务现行审计程序的分析 · · · · · · 144
- 二、地方政府性债务审计程序设计的原则 · · · · · · 146
- 三、地方政府性债务审计程序运行的类划 · · · · · · 148
- 四、地方政府性债务跟踪审计程序的安排 · · · · · · 163
- 五、本章小结 · · · · · · 165

第八章 地方政府性债务审计方法 · · · · · · 166
- 一、审计调查方法 · · · · · · 166
- 二、审计核查方法 · · · · · · 169
- 三、审计分析方法 · · · · · · 172
- 四、本章小结 · · · · · · 184

第九章 地方政府性债务审计结果公告 · · · · · · 185
- 一、地方政府性债务审计结果公告内容 · · · · · · 185
- 二、地方政府性债务审计结果公告分析 · · · · · · 188
- 三、地方政府性债务审计结果公告流程 · · · · · · 196
- 四、地方政府性债务审计结果公告披露 · · · · · · 197
- 五、地方政府性债务审计结果公告改进 · · · · · · 197
- 六、本章小结 · · · · · · 198

第十章　地方政府性债务审计模式应用研究 …………………………… **199**
　一、地方政府性债务审计调查结果分析 ………………………… 199
　二、地方政府性债务审计模型应用检验 ………………………… 207
　三、地方政府性债务风险预警研究 ……………………………… 227
　四、本章小结 ……………………………………………………… 247

第十一章　研究结论与未来展望 …………………………………… **249**
　一、研究结论 ……………………………………………………… 249
　二、政策建议 ……………………………………………………… 250
　三、局限性 ………………………………………………………… 252
　四、未来展望 ……………………………………………………… 253

参考文献 …………………………………………………………… **255**
附录一　地方政府性债务审计模式问卷调查 ……………………… **276**
附录二　"地方政府性债务风险防范"专家调查问卷 ……………… **281**
附录三　其余八省地方政府性债务风险评价指标得分向量统计表 … **283**

导　言

党的十九大报告提出，我国要"加快建立现代财政制度，建立权责清晰、财力协调、区域均衡的中央和地方财政关系"，"健全金融监管体系，守住不发生系统性金融风险的底线"。维护金融安全是关系我国经济社会发展全局的战略性、根本性的大事，而打好防范化解重大金融风险"攻坚战"是维护我国金融安全的重中之重。地方债务问题攸关国家财政金融安全和经济稳定发展，防范与化解地方债务风险是打好这一攻坚战的题中应有之义。对此，党和政府高度重视。2011年、2012年和2013年，中华人民共和国审计署（以下简称审计署）在全国范围内先后进行了3次较大规模的地方政府性债务审计，摸查了地方政府性债务的总体规模、债务结构、举债方式、资金投向等情况，取得了较为全面真实的数据。此外，每年有关年度预算执行情况的审计报告都专门披露地方政府性债务情况，并且国家重大政策措施落实情况跟踪审计也不时揭露地方政府性债务治理中存在的违纪违规等问题。国家审计在地方政府性债务风险管理中起到了重要的监督作用，其所发挥的预防、揭示、抵御等功能有利于推动加强地方政府性债务管理，有效防范化解地方政府性债务风险，保障经济持续健康发展。然而，当前世界形势错综复杂，全球经济增长预期减弱，外部不确定性、不稳定性增大。尽管我国经济运行总体平稳，但经济下行压力加大，各种风险尤其是地方债务风险日益凸显，并出现了一些新情况、新问题，呈现出一些新特点、新态势，国家治理的新形势、新任务对防范化解地方政府性债务风险也提出了新的更高的要求。对国家审计而言，在新发展阶段如何因应地方政府性债务发展的新动向、新趋势，更好发挥其在防范化解地方政府性债务风险（尤其是隐性债务风险）中的重要作用，以维护国家经济安全，推动构建新发展格局，促进经济高质量发展，确保社会大局稳定，已成为债务审计理论研究和实践探索的一个重大课题。

本书基于制度经济学、公共管理学、国家治理、跟踪审计等理论，分析阐明地方政府性债务审计的新目标、新要求，并结合我国地方政府性债务审计查核的现状、问题及成因，探索构建起符合我国实际情况的清晰、明确、合理、可行的地方政府性债务跟踪审计模式，以期丰富现有的地方债务审计、管理及治理理论，进一步强化地方政府性债务的审计监督及协同治理，促进规范地方政府举债融资、用资及偿债行为，有效防范化解地方政府性债务风险。

本书的创新点和特色在于以国家审计的独特视角对地方政府性债务及其风险防范进行了深刻性思考、拓展性探索和创新性研究，主要体现在以下几方面：

第一，创新性构建了符合我国实际的地方政府性债务审计模式，丰富了有关地方政府性债务审计、管理及治理的理论文献。

囿于我国的现实制度背景，结合地方政府性债务审计查核的现状和存在的问题，探析了地方政府性债务审计的重点及难点，综合运用多学科专业知识，从审计的目标、主体、内容、程序、方法和结果公告等角度一体探索，创新性构建了具有中国特色的地方政府性债务跟踪审计模式。现有文献大多从经济增长、财政分权、货币政策、动态博弈等方面对该问题进行探讨，而鲜有从国家审计的视角切入对地方政府性债务做深入系统的研究。本书视角较为新颖，基于国家审计的角度研究地方政府性债务及其风险防范，对地方政府性债务审计、管理及治理相关理论文献提供了增量贡献及有益补充。

第二，探索性融合了跟踪审计之于地方政府性债务管理及治理，拓展了国家审计理论研究视域和实践探索场景。

国家审计是国家治理的重要组成部分。既有为数不多的相关文献大都从事后审计的角度探讨如何在债务管理及治理中发挥审计的监督作用，但事后审计往往存在即使发现问题但木已成舟的缺陷，进而难以充分发挥审计的监督作用。跟踪审计模式下关口前移，审计能够及时发现并反馈问题，有利于防患于未然，并且审计效果显著。现有关于跟踪审计的文献大多是攸关政策措施落实情况及重大项目的审计，而对地方政府性债务问题的关注甚少。本书尝试将跟踪审计深度融入地方政府性债务管理及治理，并结合债务资金的举借、使用及偿还等环节的特点，全面深入探讨地方政府性债务跟踪审计，拓展了跟踪审计的理论视域与应用范围，增进了国家审计理论与实践的研究，也为国家审计加强对政府性债务的监督，更好发挥其在推进国家治理体系和治理能力现代化中的作用，促进政府债务的规范管理与协同治理，及时有效防范化解债务风险提供了重要思路及实践路径。

第三，创造性发展了地方政府性债务风险评估模型及评价指标体系，为债务风险的评估、监测、分析和治理提供了合理有效、可操作的工具及方法。

债务风险的防控，要在防范与化解，重在查核与评估。无疑，有关债务风险的评估与预警是地方政府性债务审计研究的一项重要内容。地方政府性债务审计须查明情况、揭示风险，从而需要有效可行的风险评估模型和科学合理的评价指标体系。鉴于此，一方面，根据新的形势及要求，改进和优化现有地方政府性债务风险指标评价体系，如加入有关债务管理制度完善情况、财政透明度、隐性债务风险等评价指标；另一方面，综合采用基于风险评价指标体系的定性评价模型和基于金融学、经济学等构建的定量评价模型，以提高研究结果的合理性与可靠性。本书尝试运用直觉模糊层次分析法，并结合地方政府性债务客观实际，对地方政府性债务风险进行综合评估。该方法既具有层次分析法的清晰逻辑，又能够有效地处理一些不确定性或风险性信息，减弱甚至消减其中的主观成分。同时，合理借鉴未定权益分析法，并结合新《中华人民共和国预算法》（以下简称《预算法》）、债务置换政策以及经济发展等因素，对评估模型中的部分参数进行调整修正。据此，可为评估、监测、分析及预警地方政府性债务风险提供具有较强指导性和可操作性的基本标准体系与适配方法手段，从而有利于加强地方政府债务管理，防范化解债务风险，也有助于提高债务审计的质量与效率，并增强多部门协调配合的整体治理效能。

本书的学术价值、应用价值、社会影响和效益主要表现在以下三方面：

（1）本书在研究视角与方法上体现了一些突破和创新，具有较重要的学术价值。主要包括：①运用制度经济学和新公共管理等理论，全面探析地方政府性债务审计的新目标、新要求、新路径，构建了清晰、独特、完整的地方政府性债务审计模式，丰富了有关地方政府性债务审计、管理及治理的理论文献。②融合跟踪审计与地方债务管理及治理，结合分析和揭示的债务资金运行机制，深入研究地方政府性债务跟踪审计问题，拓展了跟踪审计理论的研究视域及应用场景，凸显了国家审计的监督职能和治理功能。③基于审计部门的查核数据和审计发现，为充分阐发地方政府性债务风险评估及量化体系，提供了有关或相关的理论研究与实践探索的新思路、新方法、新路径。因此，本书在学术意义上提供了一定的增量信息，具有重要的理论意义。

（2）本书在学理阐发与实践探索上体现了一些拓展和创建，具有较重要的应用价值。主要包括：①对国家审计机关而言，创建的地方政府性债务跟踪审计模式，要素全面、逻辑严密、思路清晰、合理可行，为后续同类或相关业务实践之审计方案制订提供了新的借鉴或启示，有利于审计机关进一步发挥其监督作用，及时有效识别和预警风险。②对国家有关部门而言，基于地方政府性债务及其风险防范问题的深入研究，分析并揭示的地方债务运行机制，为有关部门制定和完善相关政策规制提供了有益的参考或启迪，促进其改进监督管理，提高监管协作水平，提升整体治理效能。③对地方政府及攸关方而言，构建的债务风险评估模型及评价体系，有利于自查自纠、互帮协查，促使其科学合理决策，规范举债用资行为，及时防范化解风险，优化地方债务结构，提高资金使用绩效，减少资源损失浪费。因此，本书在实践意义上提供了有益的借鉴参考，具有重要的实际意义。

（3）本书的部分研究成果公开发表以后，得到了有关部门和相关领域专家、同仁的关注与重视。有些专家与同仁发函反馈给予了积极的肯定与鼓励，表明本书的相关研究成果对有关部门及单位加强债务管理及治理和防范化解债务风险具有一定的甚或重要的指导意义，产生了良好的社会影响和效益。

总之，本书在一定意义上系对地方政府性债务相关研究的有益补充，为审计理论研究提供了重要的学术贡献，并为审计实践探索提供了重要的创新路径，也为政府有关部门加强地方债务管理及治理，防范化解债务风险提供了重要的借鉴与启示。因此，这部论著对国家相关部门、地方各级政府及其他攸关方都具有较重要的参考价值甚或指导意义。在研究与撰写的过程中，得到了赵懿清、王丽娟、陈胤默、张江凯、李飘、聂明谏、林子、宋雅琳等有力的支持与帮助，在此一并致谢！鉴于获取地方债务数据的困难及作者时间与水平的局限，书中可能存在一些不足甚至错误，恳请广大读者、专家同仁批评指正。

第一章

绪 论

地方政府性债务问题攸关国家金融安全和经济社会稳定。防范化解金融风险事关国家安全、发展全局、人民财产安全，是实现高质量发展必须跨越的重大关口。在欧洲发生债务危机之后，有关各界对政府公共财政安全的关注度不断上升。相关国际机构（如经济合作与发展组织）（Organization for Economic Co-operation and Development，OECD）、国际货币基金组织（International Monetary Fund，IMF）都对政府债务进行了大量的调查研究，越来越多的学者开始重视政府债务的发展历史、担任角色以及存在的风险等方面的研究（Hedlund，2004；Ferguson & Niall，2008；Nicolas & Firzli，2010；Dritsaki，2013；CIA World Fact book，2013；Kameda，2014；Rieth，2014）。我国早期的地方政府性债务并未纳入中央财政和地方财政的预算管控范围，在刺激经济增长的客观需求与不合理的管理机制等因素的共同作用下，各级地方政府债务总量持续增长，债务结构趋向不合理，隐性债务和或有债务不断累积，而这些问题都会影响公共财政安全和社会大局稳定。早在2012年7月，我国有关方面就已经关注地方政府性债务存在的潜在风险。十一届全国人大常委会第二十七次会议上再次审议的《中华人民共和国预算法修正案（草案二次审议稿）》对地方举债问题给予了极大关注。审计署先后于2011年、2012年和2013年在全国范围内进行了3次较大规模的地方政府性债务审计，较充分地发现并揭示了隐患，但如何基于审计发现去预防和消除危害还需做进一步的努力。这是地方政府性债务审计后续需着力改进和开展的重要工作，也是地方政府性债务审计理论研究的一个重要论题。

一、研究目的与意义

当前，我国已进入新发展阶段，面临的风险与挑战前所未有，但机遇与挑战并存。作为国家审计工作的一项重要内容，加强地方政府性债务审计有利于规范地方政府及攸关方的债务资金举借、使用和偿还等行为，提高财政资金使用效益和资源配置效率，有效防范化解债务风险，促进构建新发展格局，实现经济高质量发展。然而，目前我国尚没有一套健全完善的地方政府性债务审计模式，现有的审计方式方法也存在一定的滞后性与局限性。因此，构建一套基于风险防范的地方政府性债务审计模式，显得尤为迫切且十分重要。

诚然，地方政府性债务问题并非一个崭新议题，此前已有一些学者对地方政府性债务相关问题进行过探讨，并取得了一些积极成果（刘尚希，2004；王晓光和高淑东，2005；裴育和欧阳华生，2007）。不仅如此，国外也有一些相关文献，但囿于不同制度背景的政府债务各有特点，并且其监管和治理的方式方法与我国也存在较大差异，因而既有文献的借鉴意义较为有限。但是，鲜有文献专门从国家审计视角研究地方政府性债务及其风险防范的问题。国内审计界对地方政府性债务的相关研究主要聚焦于国家审计对地方政府性债务发行管理、地方财政安全和政府和社会资本合作（Public-Private Partnership，PPP）等方面。现有文献中尚未发现根据国家审计相关理论所构建的完整、系统、规范、可行的地方政府性债务审计模式。本书呈现的符合中国国情的地方政府性债务跟踪审计模式，是对现有相关文献的有益补充，也为债务审计等后续实践提供了重要参考。

本书在理论研究与方法上凸显了一些创新和改进，具有较重要的学术价值。第一，运用制度经济学和新公共管理理论，全面探析地方政府性债务审计的新目标、新要求、新路径，构建了清晰、独特、完整的地方政府性债务审计模式，丰富了有关地方政府性债务审计、管理及治理的理论文献。第二，深度融合跟踪审计与地方政府债务管理及治理，并结合债务资金的举借、使用及偿还等环节的客观实际，全面深入研究地方政府性债务跟踪审计问题，拓展了跟踪审计理论的研究视域及应用场景，凸显了国家审计的监督职能和治理功能。第三，基于审计部门的查核数据和审计发现，深刻阐述地方政府性债务风险评估方法及量化体系，为相关理论研究与实践探索提供了新思路和新方法。本书在学术意义上提供了重要的增量信息，具有重要的理论意义。

本书在学理阐发与实践探索上也体现了一些拓展和延伸，具有较重要的应用价值。第一，对国家审计机关而言，创建的地方政府性债务跟踪审计模式，要素全面、逻辑严密、思路清晰、合理可行，可以为后续同类或相关业务实践之债务审计方案制定提供新的启示，有利于审计机关进一步强化监督检查，及时有效地识别与防范地方政府性债务风险。第二，对国家有关部门而言，通过对地方政府债务审计及风险防范问题的深入研究，充分揭示地方债务资金内在运作机制，可以为政府有关部门制定和完善相关政策规制提供参考，促进其改进监督管理，提高监管协作水平，提升整体治理效能。第三，对地方政府及攸关方而言，建立健全债务风险分析评价体系，可以帮助其自查自纠、互帮协查，促使科学合理决策，规范举债用资行为，及时防范化解风险，优化地方债务结构，提高资金使用绩效，减少资源浪费损失。因此，本书为实践提供了借鉴和参考，具有重要的实际意义。

二、研究的主要内容

本书主要包括三个部分：第一部分为地方政府性债务审计的理论基础、文献综述及现状分析；第二部分为基于风险防范的地方政府性债务审计模式构建研究；第三部分为地方政府性债务审计模式应用探索。具体内容如下：

第一部分阐述了地方政府性债务及其审计的理论基础、相关文献及客观现状。首先，全面阐述了关于地方政府性债务及其审计的相关理论，包括委托代理理论、公共选择理论、晋升锦标赛理论、公共受托责任理论、国家治理理论、全面预算管理理论、管理控制理论，以及跟踪审计理论等。其次，对地方政府性债务及其审计的相关文献进行了系统梳理和评述，分析发现已有一些学者对地方政府性债务特别是债务风险进行了相关探讨，并取得了一些积极成果。但基于我国的制度背景，紧密结合客观实际，合理借鉴国外成果，扎根中国大地对我国地方政府性债务及其风险的管理与治理，尤其是地方政府性债务审计的研究，还存在很大的挖掘空间和研究前景。最后，针对地方政府性债务及其审计的客观现状进行了归纳提炼和刻画，充分阐发了现有制度环境下地方政府性债务审计的必要性和可行性，客观分析了地方政府性债务审计的实施状况、重点难点以及存在的不足，研究并主张实施地方政府性债务跟踪审计。

第二部分构建了具有中国特色的地方政府性债务跟踪审计模式。论及国家审计的目标、主体、内容、程序、方法和结果公告等多个要素，具体包括地方政府性债务审计目标、地方政府性债务审计主体、地方政府性债务审计内容、地方政府性债务审计程序、地方政府性债务审计方法和地方政府性债务审计结果公告。既有研究大多是在经济增长、财政分权、动态博弈、货币政策等方面对地方政府性债务问题所做的相关探讨，鲜有从审计的视角切入对地方政府性债务进行直接研究。本书基于国家审计的角度研究地方政府性债务及其风险防范问题，视角较为新颖，对地方政府性债务相关理论提供了有益的补充。设计并构建的全过程跟踪审计模式将审计监督的关口前移，过程监控与事后查核相结合，更好地发挥其预防、揭示和抵御功能，及时查明情况、揭示风险，以促进加强债务资金管理及治理、共同协作防范化解债务风险。

第三部分验证了地方政府性债务跟踪审计模式的可行性。首先，就地方政府性债务审计模式开展了问卷调查，并对调查结果进行了深度挖掘与分析。根据调查和走访，发现并证实地方政府性债务跟踪审计模式得到了多数业界专家同仁的认可。其次，分别应用未定权益分析法和模糊综合评价法对地方政府性债务风险进行评估与评价，优化和完善了地方债务风险评估模型及评价指标体系，为地方政府性债务风险评估、监测、分析和监管提供了可操作性的工具及方法，有助于实施实质性审计程序，从而更好地防范化解地方债务风险。最后，构建了地方政府性债务风险预警模型，并借助反向传播（Back Propagation，BP）神经网络法进行仿真案例分析，验证了跟踪审计模式的合理性和有效性。

本书的主要研究内容如图 1-1 所示。

```
                        地方政府性债务审计研究
         ┌──────────────────┼──────────────────┐
   地方政府性债务审计概述   地方政府性债务审计模式构建   地方政府性债务审计模式应用

   ┌──────────────┐      ┌──────────────┐      ┌──────────────────┐
   │   理论基础    │      │地方政府性债务审计目标│      │地方政府性债务审计模式调查结果分析│
   └──────────────┘      └──────────────┘      └──────────────────┘

   ┌──────────────┐      ┌──────────────┐      ┌──────────────────┐
   │   文献综述    │      │地方政府性债务审计主体│      │地方政府性债务审计分析方法的应用│
   └──────────────┘      └──────────────┘      └──────────────────┘

   ┌──────────────┐      ┌──────────────┐      ┌──────────────────┐
   │地方政府性债务审计现状分析│      │地方政府性债务审计内容│      │地方政府性债务风险预警研究│
   └──────────────┘      └──────────────┘      └──────────────────┘

                          ┌──────────────┐
                          │地方政府性债务审计程序│
                          └──────────────┘

                          ┌──────────────┐
                          │地方政府性债务审计方法│
                          └──────────────┘

                          ┌──────────────────┐
                          │地方政府性债务审计结果公告│
                          └──────────────────┘
```

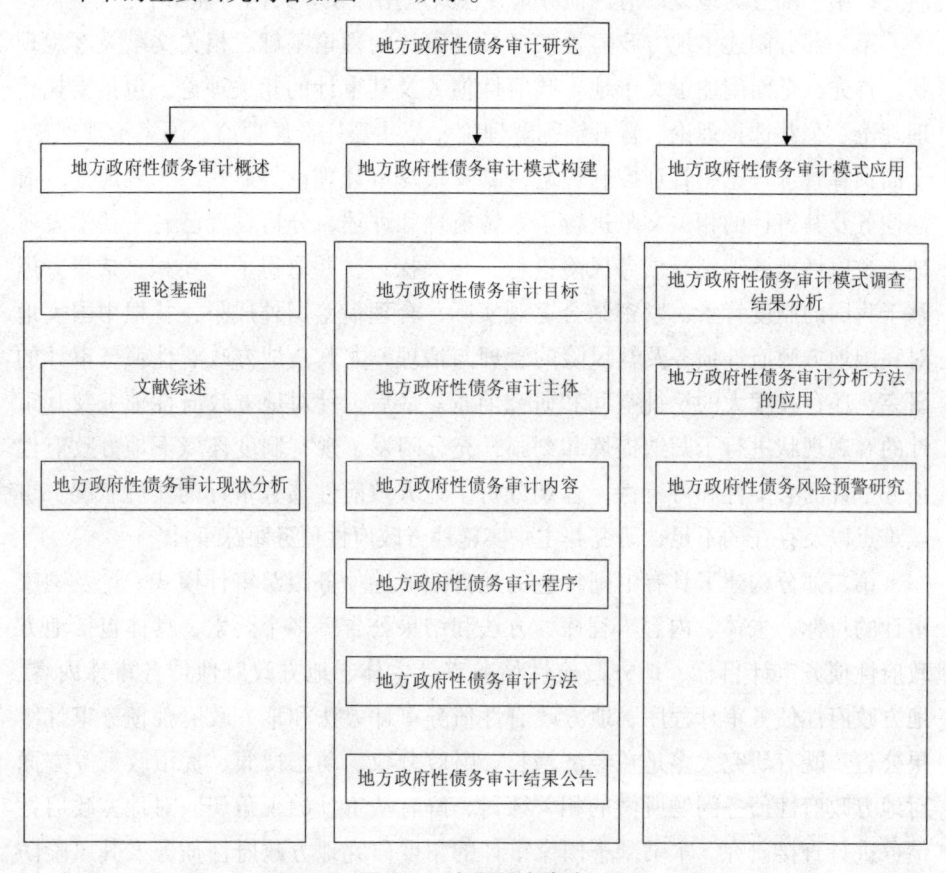

图 1-1　主要研究内容

三、研究思路与方法

本书的研究思路和技术路线如图 1-2 所示。每个部分均按照提出问题—体系重构—可行性研究—量化研究等依次展开。

本书采用的研究方法如下：

1. 规范研究

通过规范研究等理论分析，系统梳理地方政府性债务的相关理论及文献，客观分析地方政府性债务及其审计的现状，探明总结我国地方政府性债务审计的重点难点和存在的不足。

2. 实证研究

通过仿真案例等实证分析，引用并改进未定权益分析法和直觉模糊综合评价法，并将之用于评估与评价地方政府性债务风险，优化完善地方政府性债务风险评估模型及评价指标体系；同时，构建地方政府性债务风险预警模型，并借助 BP 神经网络法进行仿真案例分析，验证审计模式的合理性。

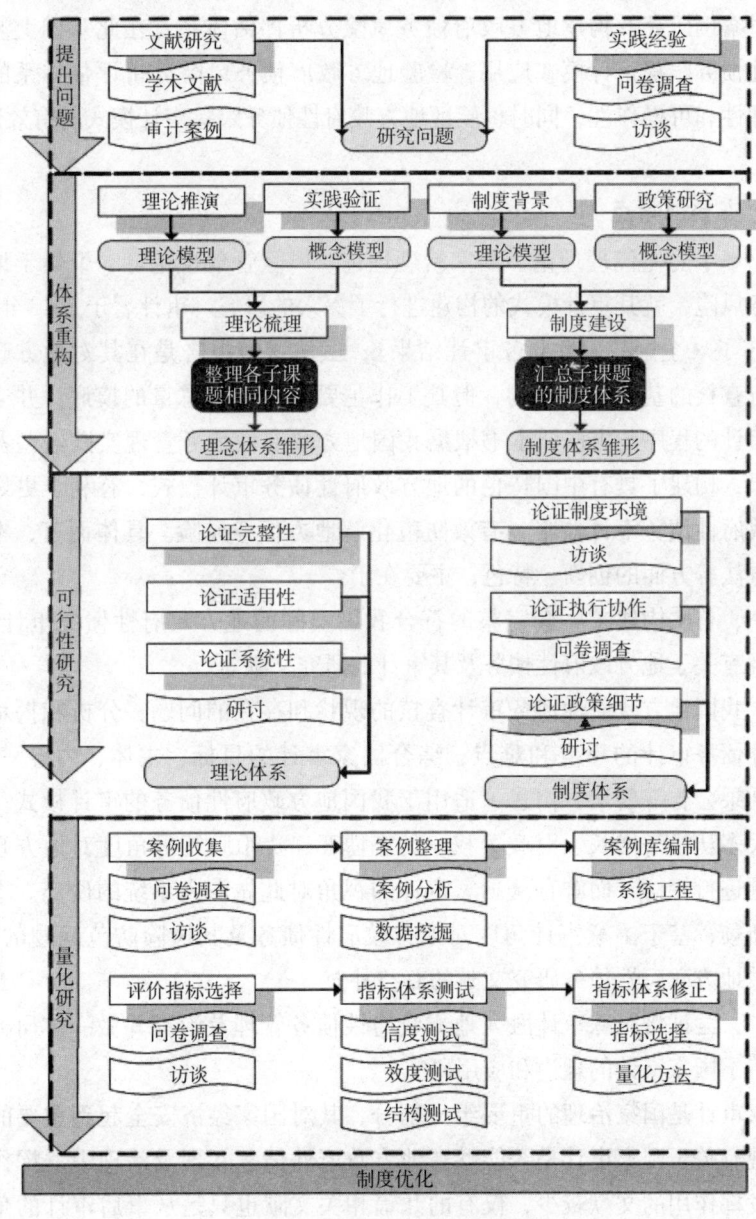

图 1-2　研究思路和技术路线

3. 问卷调查

通过对地方政府性债务审计现状及审计模式的问卷调查与专家访谈，取得关于地方政府性债务审计的相关信息，掌握了地方政府性债务审计现状以及本书构建的跟踪审计模式的有利条件与实践价值，也有利于更好地改进量化地方政府性债务风险。

4. 案例研究

通过案例研究并构建地方政府债务风险分析评估体系，在此基础上测试地方政府性债务跟踪审计模式应用，检验地方政府债务风险分析评估体系的科学性、合理性和可操作性，同时也验证地方政府性债务跟踪审计模式的有效性。

四、主要创新点

本书基于委托代理理论、国家治理理论、风险管理理论等，聚焦于地方政府性债务风险，就其审计模式的构建进行了深入的研究。审计署于2013年12月30日发布了《全国政府性债务审计结果》，虽然这份报告是在其对地方政府性债务进行查核的基础上形成的，但其工作主要是对债务总量的摸底，并未完整地运用审计的程序与方法。本书根据我国地方政府性债务管理实践经验及理论研究成果，构建了具有中国特色的地方政府性债务审计模式，有利于更好地加强地方政府性债务审计监督，有效防范化解地方债务风险。具体而言，本书在内容和方法等方面的创新、特色，主要在于：

第一，首次构建了一套完整的符合我国实际的地方政府性债务审计模式，丰富了现有关于地方政府性债务及其审计的研究文献。

结合我国地方政府性债务审计查核的现状和存在的问题，分析和揭示了地方政府性债务审计的重点和难点，综合国家审计的目标、主体、内容、程序、方法和结果公告等要素，构建了适用于我国地方政府性债务的审计模式。现有的文献大多从经济增长、财政分权、动态博弈、货币政策等角度对地方政府性债务问题进行探讨，而鲜有从国家审计的视角对此做深入系统的研究。本书视角较为新颖，基于国家审计角度对地方政府性债务及其风险防范问题的研究，是对有关地方政府性债务研究文献的有益补充。

第二，尝试将跟踪审计融入地方政府性债务管理及治理并做一体研究，进一步完善了国家审计的理论和应用研究。

国家审计是国家治理的重要组成部分，其对国家经济安全起到重要的保障作用。现有关于国家审计是否能够在地方政府性债务管理及治理中发挥作用以及如何发挥作用的文献较少，仅有的几篇相关文献也只是从事后审计的角度探讨如何在债务管理中发挥审计的监督作用。但是，事后审计往往存在"即使发现问题，木已成舟"的缺陷，难以充分发挥审计的预防、揭示和抵御功能。跟踪审计模式下通过事中与事后的有机结合，能够更好地发挥审计作为"免疫系统"的作用，及时反馈审计发现的问题，并对潜在的风险进行前瞻和评估，以防患于未然，审计效果显著。目前既有的关于跟踪审计的研究大多集中于重大政策落实情况的审计调查，对地方政府性债务问题关注不足。本书尝试将跟踪审计融入地方政府债务管理及治理，结合债务资金的举借、使用和偿还等环节的客观实际，系统深入地研究地方政府性债务跟踪审计问题。将地方债务管理及治理与跟踪审计监督结合起来一体设计和探讨，拓展了跟踪审计理论的研究视域和应用场景，丰富了国家审计相关理论研究，也为国家审计进一步加强监督和推动促进协同治理提供了重要的理论借鉴，更有利于发挥国家审计在国家治理中的重要作用。

第三，优化和完善了地方政府性债务风险评估模型及评价指标体系，为地方政府债务风险评估、分析和监管提供了具有可操作性的方法及工具。

鉴于风险防控的考虑，地方政府性债务审计工作，重在查核与评估，以查明情况、揭示风险。因此，本书将债务风险评估程序及方法作为地方政府性债务审计的重要组成部分，并就风险评估模型及评价指标体系的建立进行了深入的研究。一方面，根据新的形势及要求，对现有的地方政府性债务风险指标评价体系进行了改进和优化，加入了债务管理制度完善情况、财政透明度、隐性债务风险等相关评价指标；另一方面，综合采用基于风险评价指标体系的定性评价和基于金融学和经济学等的定量评估，相互结合、互为补充，以提高研究结果的合理性与可靠性。尝试引入并改进直觉模糊层次分析法，据以对我国地方政府性债务风险进行综合评估。该方法既具有层次分析法的清晰逻辑，又能够有效处理一些不确定或风险性信息，减弱甚或消减其中的主观成分；同时，综合考虑新《预算法》、债务置换政策以及最新经济发展形势等因素，对未定权益分析模型中的部分参数进行了调整与修正。经过调整和修正部分参数后的分析评估模型，能够为地方政府性债务风险的分析与监管提供具有较强操作性和指导性的基本标准体系和适配方法手段，从而提高审计的效率和效果。

五、章节安排

本书的章节安排及内在逻辑，如图1-3所示。

第一章为绪论。阐述本书的研究目的与意义、研究的主要内容、研究思路与方法、主要创新点和章节安排。

第二章为理论基础与文献综述。阐释地方政府性债务和地方政府性债务审计的相关理论,梳理地方政府性债务及地方政府性债务审计的相关文献。

第三章为地方政府性债务及其审计的现状与改进。系统梳理我国地方政府性债务及其审计的历史沿革及发展现状,深入分析地方政府性债务的内涵、特征及债务管理与治理中存在的问题,充分阐发地方政府性债务审计的必要性和可行性。根据地方政府性债务审计的实施状况以及国家治理新动向下国家审计的未来发展,探析地方政府性债务审计的重点和难点,研究并主张实施地方政府性债务跟踪审计。

第四章为地方政府性债务审计目标。根据国家审计的本质、职能及目的,结合地方政府债务的特点、现状及情势,将地方政府性债务审计的总体目标设定为具有真实性、合法性和效益性的目标。根据资金运动一般规律,结合债务资金运行流程,分析地方政府性债务的举借、使用和偿还等环节的审计重点,并确定不同环节审计的具体目标。

第五章为地方政府性债务审计主体。根据2011—2013年审计署发布的3次全国地方政府性债务审计结果公告和2014年各地方政府性债务审计结果公告,在总结其成功做法和有益经验的基础上,比较分析地方政府性债务的相关主体及审计主体,阐明审计主体的唯一性、合法性和必要性,并对此明确具体的要求。

第六章为地方政府性债务审计内容。根据地方政府性债务审计结果公告,深入剖析并总结提炼审计客体,认为地方政府性债务审计的具体对象是债务资金及项目。在对审计对象进行合理分类的基础上,分析并阐述债务资金运行不同环节的审计重点,并就不同环节审计确定具体的内容。

第七章为地方政府性债务审计程序。主要从审计模式、审计频次、审计评价指标等方面,分析我国现行的地方政府性债务审计程序及其不足,探讨并确定科学合理地设计债务审计程序的基本原则,类划并明晰审计程序及其具体内容,提出融合跟踪审计以创新债务审计模式并改进现行审计程序的构想与思路。

第八章为地方政府性债务审计方法。主要论述审计调查、审计核查和审计分析等方法及其在地方政府性债务审计中的应用。特别是创新性地引入并改进了信息共享法、大数据审计法,以及未定权益分析法和直觉模糊评估法等,并详细阐释每种方法的基本原理、应用思路、优点缺点及程序适用。

第九章为地方政府性债务审计结果公告。基于2011—2013年审计署发布的3次全国地方政府性债务审计结果公告,比较分析其具体内容和内在结构,深刻揭示具有信息含量的审计信息,归纳总结地方政府性债务的基本情况、存在问题、审计整改建议和近年来加强政府性债务管理的主要措施;同时,针对审计结果公告流程及披露的不足,提出相应的改进建议。

第十章为地方政府性债务审计模式应用研究。首先,基于地方政府性债务审计模式相关问题的问卷调查,进行深度挖掘与系统分析,佐证了第三章地方政府性债务及其审计的现状刻画之客观性,并印证了第四至九章构建的全过程跟踪审计模式之合理性。其次,采用未定权益分析模型和直觉模糊评估模型对部分省份的债务风险进行评估与分析,并对审计程序中重要的风险评估及其应用做了深入研究。最后,秉持"科技强审"及大数据审计理念,尝试借助机器学习算法对地方政府性债务风险预警进行探索与检验。

第十一章为本书的研究结论与未来展望。归纳总结主要的研究结论,提出相关的政策建议,并指出本书的局限性及未来研究方向。

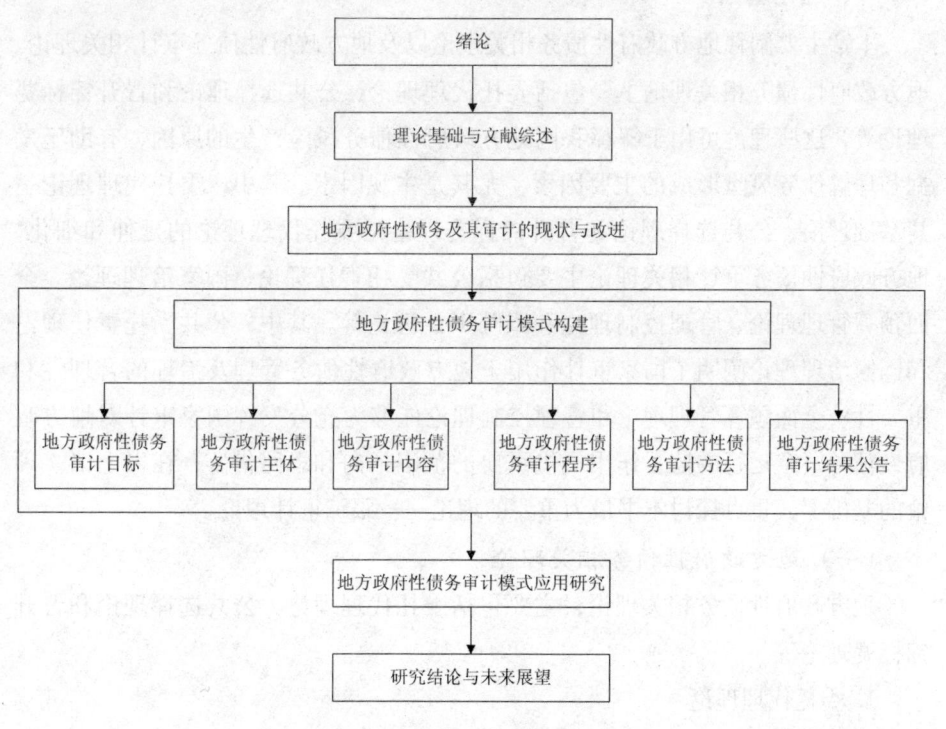

图 1-3 章节安排及内在逻辑

第二章

理论基础与文献综述

本章对地方政府性债务及其审计的相关理论与文献进行了梳理和分析。通过理论及文献的梳理，归纳总结了理论基础，以期探寻可资借鉴的研究方法，明确了研究方向和可能的学术贡献。

一、理论基础

本章主要阐释地方政府性债务相关理论以及地方政府性债务审计相关理论。地方政府性债务相关理论主要包括委托代理理论、公共选择理论和晋升锦标赛理论等，这些理论可用于解释我国地方政府性债务风险产生的原因，有助于发掘和理解债务风险形成的主要因素，尤其是主观因素。其中，委托代理理论是其基础理论，公共选择理论和晋升锦标赛理论是委托代理理论的延伸和细化。地方政府性债务审计相关理论主要包括公共受托责任理论、国家治理理论、全面预算管理理论、管理控制理论和跟踪审计理论等。其中，公共受托责任理论和国家治理理论阐明了国家审计作用于地方政府性债务管理及治理的合理性和重要性；全面预算管理理论和管理控制理论能够为充分发挥国家审计对地方政府性债务资金运行的监督作用提供重要的范围指向和思路借鉴；在以上诸多理论的基础上，重点探讨本书最为重要的理论——跟踪审计理论。

（一）地方政府性债务相关理论

地方政府性债务相关理论，主要包括委托代理理论、公共选择理论和晋升锦标赛理论等。

1. 委托代理理论

委托代理理论是制度经济学契约理论的主要内容之一。现代意义上的委托代理关系最早是由罗斯（Ross, 1973）提出的，即如果代理人一方代表委托人一方的利益行使某些决策权，则代理关系就随之产生。委托代理关系在经济社会中普遍存在，因而委托代理理论的应用也越来越广泛。地方政府性债务管理中同样存在着委托代理问题，委托代理理论是其重要的理论依据之一。地方政府性债务管理中的委托代理关系主要有二：一是中央政府和地方政府之间的委托代理关系；二是地方政府与金融机构等债权人之间的委托代理关系。

根据公共产品理论，中央政府（或上级政府）和地方政府（或下级政府）的目标函数存在差异，是不同公共利益、地方利益、部门利益及个人利益等的交织与权衡。中央政府的目标在于实现国家长治久安，保持经济平稳快速发展，满足人民需要，以及实现中央政府官员的个人利益等（李敏，2014）。而地方政府既是中央权力和全局利益在特定区域的配置与代表，要服务于本地区的政治、经济和社会福利，又是地方利益的代表（王浦劬，2014），追求自身政治和物质利益最大化。

分税制改革背景下，地方政府税收来源不足，财政收入向中央集中，加之"营改增"试行之后，地方政府无主体税种，转移支付占地方财政收入近一半，这些事实表明地方财政越来越依赖中央财政。而我国公共资源的所有权在中央和地方之间没有"确权"（刘尚希，2013），为提高行政效率，中央政府下放事权，由地方政府提供公共产品，地方政府在支配和处置公共资源上有相当的权限和自由。但中央政府掌握着对地方政府进行约束、监督、激励的权力。在这种分权治理的情况下，现行的任期制和政绩观促使众多地方官员为谋求职位晋升竞相攀比投资、扩大财政支出，从而忽视了公共服务、社会发展、环境保护等重要指标（李天籽，2012）。

中央与地方之间由于信息不对称导致的道德风险，可能引发政府部门的预算软约束（林毅夫等，2004），进而加剧地方政府不负责任的借贷、投资与扩张行为（李善杰，2010）。地方政府的预算软约束主要体现在两方面：一是关于预算外和体制外收入，地方政府获取资金的渠道、数量以及资金运用的方式都没有得到有效的监督；二是地方政府以及政府性融资平台的负债缺乏有效的监管，比如，政府的银行贷款或者是通过设立投资公司发行债券筹得的资金，都缺乏上级或第三方的监督管理。由此导致地方政府还款不确定性很大，负债违约率较高。此外，中央政府对地方政府存在隐性的还债保障，使得地方政府承担风险责任低，极易导致重复建设和资源的无效分配。尽管2014年发布的《国务院关于加强地方政府性债务管理的意见》（以下简称国发办"43号文"）规定了中央对地方政府性债务的偿还实行不救助原则，但依照新《预算法》和国发办"43号文"，地方政府性债务发行的权限、范围和规模依然由中央政府决定。只要没有独立的财政自主权，地方政府的独立担责就无从谈起。此外，为了降低管理成本，中央政府主要是依据地方政府上报的信息进行简化评估，因而很难全面有效地衡量地方政府的实际业绩。

债权人和债务人的委托代理关系也存在于地方政府性债务的资金运行中，

即地方政府融资平台或投资机构与各级地方政府之间的委托代理关系。金融机构根据对地方政府抵押品或信用的评估,与其签订契约并放贷;地方政府凭借政府信用或以国有资产进行抵押向金融机构贷款,以获取所需资金。在这个委托代理关系中,金融机构通过提供政府贷款得到稳定的利息收入,而地方政府则期望以尽量少的抵押,换取尽量多的贷款以增加投资(李敏,2014)。基于我国的现实状况,大量的公共资源掌握在政府手中,这些驱动经济增长的生产要素若作为地方政府借债的资本,其抵押价值优于私营企业资产,因而银行愿意借款给地方政府。

这层委托代理关系中银行等金融机构作为政府的债权人,理论上来说有权利和义务对地方政府的债务资金使用和运营状况进行监督,但是我国各级政府对其债务去向信息的披露并不积极、充分,银行等金融机构和自然人处于绝对的弱势地位,它们对信息的掌握程度完全依赖于政府对债务的政务公开程度。而政府官员出于对政绩追求的考虑,并不会在政府规划中过多地考虑债权人的长远利益。在监督不到位的情况下,地方政府为追求自身利益最大化而产生的道德风险可能会引起潜在债务风险的恶化。一方面,地方政府性债务数额难以得到全面统计,缺乏一个统一的计量标准,债务信息不透明,使得地方政府性债务的债权人对地方政府性债务规模进行准确衡量成为一大难题;另一方面,地方政府举债规模难以得到控制,不少官员抱着"前人举债,后人还债"的想法,在举债时没有考虑未来偿还的问题,地方债务风险就由此产生。

通过上述对地方政府性债务问题中委托代理关系的基本分析,可以大致了解我国地方政府性债务大规模生成的主观机理。然而,随着经济与社会研究的发展,委托代理理论又延伸出一些新的理论,这些理论有利于人们从更加细致、更为具体的角度了解地方政府性债务的成因。下面将简要介绍两种相关理论——公共选择理论和晋升锦标赛理论。

2. 公共选择理论

公共选择理论是指运用现代经济学的相关原理分析各级政府官员相关行为的理论。公共选择理论假设政府官员都是理性和私利的"经济人",他们根据偏好权衡在政治活动中的成本和收益,并在政治与经济交易过程中追求自身利益最大化,而不可能是完全意义上的"利他者",其各种行为的出发点都是谋求个人利益最大化,因而可能做出损害公共利益的行为。

根据公共选择学派代表人物布伦南(Brennan)和布坎南(Buchanan)(1980)提出的"利维坦假说",地方政府的行为准则是为追求自身利益最大化,包括政府规模无限制膨胀及财政收入最大化。出于追求当期收益最大化和尽可能将责任向后推延，政府就会将负债作为一个既能够实现最大化收益而又不直接伤害税基的好办法。在地方政府负债过程中，存在着"公债陷阱"。由于政府主要的经济来源是向纳税人征收的各种税收，而政府负债可以被看作将征税时间向后推移，故债务负担实质上是落在未来的纳税人身上。未来的纳税人则由于不能参与当前政府经济决策，他们的利益就很容易被利己的决策者忽略。也就是说，在自私政府的假设下，当前的决策者会更为看重当下的收益，倾向于过度负债。

当前，我国已进入新发展阶段，财税和金融等政策尤其政绩考核机制亟须完善，地方政府面临着地方财政收入缩减和基础设施建设融资加大的压力，难免会出现"非理性"举债行为，同时在债务运行和监督环节也存在较大的主观性和随意性，极易引发债务聚积甚至较大债务风险。

3. 晋升锦标赛理论

锦标赛作为一种激励机制的特性最早是由爱德华·拉泽尔（Edward P. Lazear）和罗森（Rosen）（1981）提出的。它的主要特征是：参赛者最终的胜负是由竞赛结果的相对位次来决定的，而不是由绝对成绩决定，这种竞赛方式较为直观，易于比较和实施。各位参赛者为了赢得比赛而竞相努力，以取得比别人更好的比赛名次，这是锦标赛的激励效果。周黎安（2007）将官员锦标赛理论定义为一种行政治理的模式，即上级政府对多个下级政府部门的行政长官设计的一种晋升竞赛，竞赛优胜者将获得晋升，而竞赛标准由上级政府决定，在过去的很长一段时间内，上级政府通常以国内生产总值（Gross Domestic Product, GDP）增长率作为竞赛标准。以经济增长为基础的晋升锦标赛结合中国政府体制和经济结构的独特性质，在政府官员手中拥有巨大的行政权力和自由处置权的情况下，提供了一种具有中国特色的激励地方官员推动地方经济发展的治理方式。

然而，晋升锦标赛也是一把双刃剑，其强激励本身也内生出一系列的反作用，即激励扭曲。在晋升激励下的地方官员只关注那些能够被考核的指标，而对那些不在考核范围内或者不易测度的后果不予重视。将 GDP 增长作为官员竞赛的标准可能会导致一些地方政府官员热衷于搞一些"面子工程"来增加政绩，这些工程虽然短期内增加了 GDP，但实际上对经济长期稳定健康发展无益。而一些"面子工程"的资金便是地方政府通过大量举债来筹集的。同时，地方政府官员为了在经济竞争中获得有利地位以增进政治晋升的机会，可能会动用一切政策手段（包括财政和金融工具）支持企业和其他商业的扩张。这种只重数量而非质量的扩张很容易形成政府的财政赤字及政府性负债。由于政府部门预算软约束的存在，地方政府预期中央或上级政府不会让其陷于财政破产的境地，从而进一步助长了地方政府粗放型的举债行为，这一现象在县乡级的政府债务问题上体现得更加明显。

（二）地方政府性债务审计相关理论

地方政府性债务审计相关理论，主要包括公共受托责任理论、国家治理理论、全面预算管理理论、管理控制理论和跟踪审计理论等。

1. 公共受托责任理论

目前，公共受托经济责任的定义十分广泛。根据美国审计署的观点，政府的受托经济责任是指政府或机构因为受托管理并授权使用了公共资源，所以有责任和义务向社会公众说明其一切活动。加拿大审计长公署将受托经济责任定义为受托方应履行被授予的职责并给予相应的回应。因此，受托经济责任至少存在授予职责的一方和接受、承担此职责的另一方，并就此职责的履行方式做出报告。最高审计机关国际组织则将受托经济责任定义为被审计人或实体被授予一项责任后，行为主体已依照委托人的委托条件对所受托管理的资金进行了控制。从狭义上来说，受托经济责任是一种法律概念，它是指受托人要对资源的法定的直接利益所有者（委托人）承担相应的职责；从广义上而言，它是一种社会概念，也就是被委托人有责任和义务对所有的利益相关者负责。

从上述诸多定义可以看出，受托经济责任十分重要，它存在于社会经济的方方面面，而审计就是为了能够有效地监督受托方履行受托经济责任。自十八届三中全会以来，党中央明确提出要"推进国家治理体系和治理能力现代化"，这也是新时代新形势对公共受托经济责任提出的新要求。而要实现有效治理，其内在要求就是保障经济安全，其中最重要的就是财政与金融安全，财政与金融安全是国家治理的重要基础。因此，财政与金融安全理应成为政府公共受托经济责任的重要方面。

根据受托责任理论，国家权力来源于人民，国家审计机关是国家权力的代理人。在地方政府性债务审计过程中，审计必须认真履行其受托责任，发挥其外部监督作用，并向社会公众公开审计结果，以降低信息不对称的影响，同时督促地方政府提升举债资金使用的效率和效果，防范和化解地方政府性债务风险。

2. 国家治理理论

国家自诞生之日起，就开始了国家治理的实践，并不断催生了各种国家治理理论。一般而言，国家治理体系是一个综合性概念，既包括国家治理的主体，如党、政府、民间团体以及广大人民群众等，也包括国家治理的客体，如经济、政治、文化、社会、生态环境等，还包括国家治理的道路、理论、制度、政策、方法等。国家治理能力则是国家管理社会各方面事务的能力。从中国国家治理的历史进程来看，无论是中国式农业国家还是现代国家，国家审计都是不可缺少的。国家审计与国家治理相辅相成。一方面，国家治理的需求决定了国家审计的产生，国家治理的目标决定了国家审计的方向，国家治理的模式决定了国家审计的制度形态（刘家义，2012）；另一方面，国家审计是为保证国家治理效果而建立的监督机制，也对国家治理体系的建立起至关重要的倒逼作用（唐大鹏等，2015）。

党的十八届三中全会明确提出，要推进国家治理体系和治理能力现代化。为此，国家审计应当并且能够发挥其独特的作用。根据国家审计的"免疫系统"理论，国家审计的本质是国家治理这个大系统中内生的"免疫系统"。该"免疫系统"具有预防功能、揭露功能和抵御功能。其中，预防功能是指审计可以起到监督和防范风险的功能；揭露功能是指可以通过审计来揭露体制缺陷和制度漏洞等问题，从而保障群众利益；抵御功能是指审计可以抵御和修复制度上的漏洞，保障经济正常运行。一方面，作为国家权力体系的重要组成部分，国家审计可以发挥有效制衡机制的作用；另一方面，通过发挥"预防、揭示、抵御"功能，国家审计能够全方位提高国家权力运行的成效。依据和运用制度来治理经济社会各项事务，是现代化国家治理的重要特征和本质要求。国家审计也是国家治理体系中的一项制度安排，而且国家审计的制度属性及角色分工决定了国家审计是国家治理中的一个重要保障。

地方政府性债务风险问题是攸关国家经济安全、社会大局稳定的重大问题，也是国家治理过程中必须稳妥应对的重大问题。为此，国家审计应当充分发挥其在国家治理体系中的监督职能与治理功能，通过实施有效的地方政府性债务查核，及时发现地方政府性债务管理中存在的问题和潜在的风险隐患，为地方政府性债务管理制度查缺补漏，并通过监测、评估和预警地方政府性债务风险，促进地方政府性债务风险的防范与化解。

3. 全面预算管理理论

"财政是国家治理的基础和重要支柱，科学的财税体制是优化资源配置、维护市场统一、促进社会公平、实现国家长治久安的制度保障"，而现代财政预算制度是现代财政制度的基础（楼继伟，2013），是现代国家治理体系中的一个重要制度载体。财政预算管理是政府预算实现的途径，通过预算管理的合规性控制保障政府资金的安全性，而通过预算绩效管理提升资金使用的有效性。我国的财政预算管理范围覆盖政府的全部收入和支出，即实行公共预算、政府性基金预算、国有资本经营预算和社会保障预算在内的全口径预算。因此，地方政府通过举债筹集的资金作为一项重要的财政收支，也应分门别类地纳入全口径预算管理。

我国的财政预算管理经历了从事后绩效评价到全过程管理、从局部探索到全国推广、从个别项目试点到全面预算管理的过程。全面实施预算绩效管理是推进国家治理体系和治理能力现代化的内在要求，是深化财税体制改革、建立现代财政制度的重要内容，是优化财政资源配置、提升公共服务质量的关键举措。因此，在将地方政府性债务纳入预算管理的同时，还要重视和加强债务资金使用绩效管理和监督工作。十八届四中全会强调，要完善审计制度，保障审计部门依法行使审计监督权，对重点领域实现审计全覆盖，加强国家审计监督常规性的制度体系建设。强化国家审计对地方政府性债务预算编制、执行和绩效评价与提升的监督作用，推动实现审计全覆盖。

4. 管理控制理论

较早体现管理控制理论的是诺伯特·维纳（Norbert Wiener）于 1948 年出版的《控制论：或关于在动物和机器中控制和通信的科学》一书。继之，控制论的理论和技术被广泛应用到自然科学与社会科学领域。在控制论中，"控制"被定义为通过信息获取和使用以改善单个或多个目标对象的功能或发展趋势的作用。在控制过程中，信息是基础，任何控制目标的实现都有赖于对信息的反馈，而所有的信息传递又都是为了控制。信息反馈是控制论中核心的概念之一。控制论的思想方法为其他领域的科学研究提供了支持，而管理是一个重要的应用领域，管理控制论是对控制论的具体化和深化升华。管理控制是指管理者根据事先确定的评价标准，对下属的工作成果进行评估，及时纠正偏差或防止偏差扩大或反复，指导下属工作更好推进、确保工作成果有利于组织目标的实现的过程；或者在计划执行过程中，随时根据组织内外环境的变化或新的发展需要，对原有的评价标准甚至原计划进行修订，并据此调整工作流程的过程。作为一个完整的复杂过程，管理活动中的控制是管理活动这一大系统中的子系统，其实质和控制论中的"控制"一样，也是信息反馈。信息反馈能够反映管理活动中的短板，根据这一反馈及时调整管理思路，改进管理标准和流程，使其趋于合理和稳定，并达至最优。

地方政府性债务审计是促进加强债务风险管理与治理的一项制度安排，而地方政府性债务风险的分析与评估又是地方政府性债务审计的一个重要环节。通过对地方政府性债务风险的量化与评估，可以了解和把握违约风险水平，据以制定风险应对举措，进而防范和化解风险。在这一风险控制系统中，风险评估不仅重视事后执行结果，而且关注事前决策管控，不仅注重内在数据，并且

20

要进行外部制度评价，不仅关注短期风险，还要着眼长期发展。在风险评估过程中，审计人员通过收集证据，获取相关信息，进行统计和分析，并将结果反馈给攸关方，以利于其进一步加强债务管理及风险防控。

5. 跟踪审计理论

通过对以上公共受托责任理论和国家治理理论等分析，可知国家审计在地方政府性债务风险管理中发挥着不可替代的重要作用；而通过对全面预算管理理论和管理控制理论的分析，又可以为国家审计作用于地方政府性债务风险防控提供一定的思路借鉴，其中最重要的启示是要扩大审计范围，并将审计关口前移，对地方政府性债务实行全覆盖、全过程审计。这种思路与跟踪审计理论不谋而合。

目前，学术界和实务部门对跟踪审计的认知尚未完全达成共识。一般而言，跟踪审计是指在审计事项发生后，审计机关依法对财政资金或政府投资项目进行的全过程、分阶段、有重点的持续性审计方式。跟踪审计的对象是政府投资资金使用者从事的经济活动，跟随被审计事项的发展过程持续进行审计，具有过程性突出、时效性强、效益性明显等特点。

关于跟踪审计的作用及适用范围，理论界认为跟踪审计能及时发现、反馈各个阶段存在的问题，有针对性地发表审计意见和建议，是一种动态监督活动。跟踪审计是跟随被审计事项同步进行的一种审计方式，其优势主要表现为及时发现问题、揭示风险，把可能出现的问题消灭在萌芽状态。审计机关能够利用自身专业知识与技能，对被审计单位管理上可能存在的漏洞早发现、早预警、早预防，从根本上解决过去事后监督时滞性问题。这不仅有利于全面促进和提高被审计单位管理水平，而且有利于提升财政资金的使用效率或促进政府投资项目的顺利开展。

随着经济社会的发展，跟踪审计的功能作用也在不断发生变化，而推动政策措施落实是跟踪审计的又一实践创新。2014年8月，《国务院办公厅关于印发稳增长促改革调结构惠民生政策措施落实情况跟踪审计工作方案的通知》，要求全国审计机关自2014年8月起，持续开展对地方各级人民政府、国务院相关部门贯彻落实政策措施情况的跟踪审计。总之，跟踪审计在及时发现与披露问题、揭示风险、推动政策措施落实等方面发挥了重要作用。审计署早在《2008至2012年审计工作发展规划》中就曾提出，对关系国计民生的特大型投资项目、特殊资源开发与环境保护事项、重大突发性公共事项、国家重大政策措施的执行试行全过程跟踪审计。我国政府审计机关已经实施并完成了汶川灾后重建、玉树和舟曲灾后重建、京沪高速铁路建设、西气东输二线工程等跟踪审计项目。

我国地方政府性债务的特点决定了有必要引入跟踪审计理念。一方面，我国地方政府性债务规模巨大、结构复杂、隐蔽性强，并且管理难度大；另一方面，我国地方政府性债务资金的使用，关乎多类民生问题，涉及范围较广。一旦发生严重问题，可能会对当地甚至更大范围产生不可逆转的危害。因此，仅仅依靠事后审计，即便发现问题，也可能于事无补。为了全面发挥国家审计"预防""抵御""揭示"的功能，满足审计工作的要求，应将跟踪审计融入地方政府性债务管理及治理，对债务项目与资金进行事前预防、事中控制、事后监督。根据当前地方政府性债务资金的使用、置换、偿还等方面的政策规定，可对地方政府性债务实施全过程的跟踪审计，以便客观、全面地查核与监督债务资金及其流转动态。因此，应对地方政府性债务运行的每个环节实施跟踪审计，以便全面监督和及时了解债务资金的运行情况。

二、文献综述

本书系统梳理地方政府性债务及其审计的相关文献。重点对地方政府性债务风险的成因、后果及防范等方面文献进行了分析与总结，并基于国家审计与国家治理尤其跟踪审计的相关文献，探讨国家审计是否以及如何在地方政府性债务管理及治理中发挥重要作用。

（一）地方政府性债务文献综述

对地方政府性债务相关文献的梳理，主要涉及地方政府性债务风险的基本含义、影响因素、经济后果和风险防范等。

1. 地方政府性债务风险概念界定

地方政府性债务是指地方政府以政府信用为基础向社会筹集资金所形成的债权债务关系。从广义范畴来说，地方政府性债务包括地方政府部门和机构、经费补助事业单位、地方政府融资平台等单位向社会筹集资金从而形成的债权债务关系（刘雅洁，2014）。

对于地方政府性债务风险，目前尚无严格定义和准确描述。但综合大多数学者的观点，可将之大致总结为：地方政府性债务风险是指由于地方政府财力受限、债务管理制度及手段存在缺陷以及其他因素的影响，导致债务收支规模失衡、期限错配、结构失调等，使得地方政府难以偿还债务，即发生偿债危机，以及由此引发系统性金融风险和危害社会稳定的可能性（郭琳和樊丽明，2001；缪小林和伏润民，2013）。

地方政府性债务风险，可按照偿债责任、表现形式等做不同的划分。目前，比较主流的分类方式是以偿债责任来源和预算安排为依据，将地方政府性债务风险分为直接债务风险和间接债务风险两大类。其中，直接债务风险，主要是针对直接显性债务而言，即由地方政府直接承担偿还责任的债务所引起的风险。这些债务的收入和支出都具有法定合理性，并纳入财政预算收支安排，因而由此类债务引发的偿债风险通常是可以预估和控制的，且发生的可能性较小；间接债务风险，主要是针对直接隐性债务、或有债务（显性和隐性）等而言的。这类债务本身就具有隐蔽性和不确定性，一般不在正常预算之内，因而由此引发的债务风险是事先比较难以预估的，并且一旦发生将会给地方政府造成巨大压力，这也是引发系统性金融风险的主要来源（刘尚希和于国安，2002）。

此外，根据债务风险的表现形式不同，可将地方政府性债务风险分为规模（债务总额）风险、结构（期限错配）风险、效率（管理制度和手段）风险和外在（系统性）风险四类（李敏，2014）。也有部分学者认为，按照债务风险来源及承担主体的不同，地方政府性债务风险可分为来自地方政府、平台公司和银行三个层面的风险（于海峰和崔迪，2010）。

2. 地方政府性债务的影响因素

影响地方政府性债务的因素甚多，债务风险的产生有其客观原因和主观原因。

(1) 地方政府性债务风险产生的客观原因

地方政府性债务的存在具有客观性和一定的合理性。费舍尔（Fisher）在1952年指出，地方公共设施、公共服务等方面的改进和完善，需要地方政府提供足够的财政资金作为必要的物质基础，而发行地方政府性债券是一种理想的筹措财政资金、保障政府有效履行其职能的方式。在此基础上，理查德·马斯格雷夫（Richard Abel Musgrave）（1959）和奥茨（Oates）（1972）等明确提出了地方财政分权制理论，并对其进行了深化研究。他们认为，地方政府有效行使其职能的前提保证是事权与财权相匹配，因而地方政府在拥有提供公共福利的"事权"的同时，作为地方政府"财权"重要组成部分的举债权也应该相应地归属于地方政府。相对于税收融资可能带来的代际不公、效率低下等问题，债务融资模式不失为一个平衡代际、提高效率的更好选择。后来，又有学者指出，地方政府性债务支出可以提高公众收入，缓解社会就业问题（Ebel & Yilmaz，2002）。因此，地方政府通过举债方式提供公共物品和公共服务具有一定的合理性和有效性（Wallis，2000；Banzhaf & Oates，2008）。

对于地方政府性债务，国内有些学者也论证了其存在的现实意义。随着我国经济的快速发展，各地都需要大量基础设施和服务与之相配套。然而，现行财政体制下，地方政府的财权与事权不相匹配，使得地方政府用于新建和改善公共设施和服务的资金不足。在这种情况下，发行地方政府性债务对于保障地方应有的财政权力具有积极意义，同时有利于降低地方政府年度收支差距（贾康和李炜光，2002）。

如果地方政府性债务规模适度、结构合理，就能为当地经济发展提供长久动力；但是，如果地方政府性债务规模过大，地方政府偿债能力不足，引发债务风险的可能性就会增加。地方政府性债务风险通常被认为是债务规模超常规增长和偿债主体能力有限所带来的不确定性预期，并且地方政府性债务风险更具传导性和隐蔽性（马海涛和吕强，2004；缪小林和伏润民，2013）。经过一系列理论分析和经验研究，相关学者已经证明地方政府性债务风险上升到一定程度时，就会危害社会稳定，阻碍经济增长，因而必须加强防范（Elmendorf & Mankiw, 1999; Reinhart & Rogoff, 2010；程宇丹和龚六堂，2015）。

（2）地方政府性债务风险产生的主观原因

地方政府性债务风险的产生，除了以上客观原因，很大程度上还是在于地方政府的主观原因，具体包括财政体制不完善、干部考核机制不合理、财政预算软约束、财政金融体制不成熟和债务管理不规范等。

①财政体制不完善。

不少学者认为，造成地方政府性债务迅速扩张的主要原因之一就是当前财政体制的不完善。因曼（Inman）(2001)指出地方政府性债务融资可能并不一定是源于财政活动的帕累托效率标准，而可能只是中央和地方各利益集团之间相互较量的结果。聂辉华（2008）也指出，在中国改革进程中，中央和地方之间权力的分配问题具有激励相容和激励扭曲的双面性，地方政府经常处于弱势地位，将承担主要改革风险，由此常常引发中央政府与地方政府之间的竞争和博弈。分税制改革的不彻底也使得中央政府过度把控财权和事权，导致地方政府的财权和事权存在严重的不匹配（贾康等，2010）。因此，地方政府性债务危机可以看作在财政体制不完善条件下，地方政府实施机会主义行为的结果，是在财政分权不合理的制度背景下，地方政府分割金融租金的攫取行为（曹信邦等，2005）。

在经济转型的背景下，当地方政府的财政支出大幅度提高，而其财政收入无法按相应比例提高时，地方政府的收支缺口就会进一步加大，融资压力大幅度提高（Wildasin, 1996; De Mello, 2000）。在我国处于计划经济向市场经济转型以及财政分权体制改革的过程中，地方政府财权与事权不匹配的格局极大地增加了地方政府财政赤字的程度（李昊等，2010；龚强等，2011；王叙果等，

2012）。此外，2002年的所得税分享改革、2008年年末为应对金融危机而实施的"四万亿"经济刺激计划等一系列财政政策和货币政策也进一步加剧了地方政府财权与事权的非均衡性，并加速了地方财政状况的恶化（陈炳才等，2010）。地方政府性债务规模不断膨胀的体制性诱因，是中央政府与地方政府之间的资源调配权力和承担责任的不统一（顾建光，2010）。

当然，除了"财权与事权不匹配"这一广为流传的解释，时红秀（2007）等通过经验研究对这一理论是否适用于解释地方政府性债务的不断累积提出了质疑，认为有必要探寻地方政府性债务产生的其他原因。

②地方干部考核机制不合理。

地方领导干部考核机制的不合理，也是地方政府性债务扩张的根本原因之一。由于信息不对称，上级政府往往以地方经济增长作为任期内的评估指标，从而使得地方官员处在"政治锦标赛"中，需要通过"资源密集型"工程来凸显自己的政绩（周黎安，2007），而这些工程往往需要巨额的资金支持，当地方财政收入不足以支撑工程款项时，地方政府性债务就产生了。地方政府部分官员单纯推崇GDP的政绩观思想导致地方政府性债务风险难以控制。马金华和王俊（2011）认为现行的地方政府官员考核方式存在过于看重GDP的考核指标的缺陷，这容易造成地方政府盲目投资，甚至重复投资，而这些投资项目数额巨大，迫使地方政府不断加大债务总量以保证其政绩提升。短期而言，地方官员要想取得显著成绩，就需要调动更多的资源，而税收的增加与摊配对政府官员声誉产生的负面影响较大，因而举债便成了突破现有预算的最佳途径（周雪光，2005）。

此外，中国式分权化也导致地方政府把主要精力放在了基本建设上，任意扩大资本支出，而现有的政府收入很难支撑这种需求，从而导致地方财政压力陡增（姜文彬和尚长风，2006；傅勇和张晏，2007；龚锋和卢洪友，2009）。

③财政预算软约束。

地方政府之所以能够"大而不倒"，是因为当地方政府财政面临风险时，中央政府会为其兜底。因此，地方政府存在无形的预算软约束，并且是长期存在的（郭玉清，2011）。而这种软约束又会引发一系列问题，例如，在单一制政体下，因为中央政府为地方政府的债务提供了隐性担保，因而地方政府更可能会采取举债的形式来应对财政问题（刘尚希和于国安，2002）。另外，干部晋升机制受到淘汰制和年龄的限制，而分税制又导致地方政府财力下降和事权增大。在这种背景下，地方政府受到的上级约束和社会约束明显不足，责任主体较为分散，不甚明确，权利责任不统一，这会强化地方政府机会主义动机，使其举债规模超出事前制定的预算，进一步抬升债务比率，增大财政风险（马骏和刘亚平，2005）。

关于预算软约束的现状、原因及后果，国内还有其他学者也进行过分析。比如，时红秀（2007）认为，地方政府之所以产生债务，主要是因为在中国"国有资源、国有资产、国有银行"三者共生的情况下，缺乏进行破产清算的预算软约束。王永钦等（2016）从交易城投债的金融市场的角度，验证了预算软约束在地方政府性债务中的普遍存在。

④财政金融体制不成熟。

中国的市场经济相比许多发达国家而言尚不成熟，市场机制不够完善，一些财政金融问题需要通过各级政府承担责任，推动问题解决。而地方政府又面临融资困难、财力不足的境况，于是只有通过其他资金来源予以满足，从而形成了或有债务（刘尚希和于国安，2002）。不仅如此，由于缺乏相关机制以完善财政金融体制，部分地方政府无法合规地筹集所需资金，从而导致地方政府性债务规模增加（孙琳和陈舒敏，2015）。而结构性减税政策、土地政策等国家宏观经济政策的影响，也是导致地方政府性债务风险形成的重要原因（赵云旗，2013）。

政府可以通过竞争机制更好地促进地方经济的发展，但这种竞争机制也可能引起宏观经济的波动。在一定意义上，这种竞争其实又是为了更好地控制资源。地方政府和金融机构特别是国有银行，在现行金融制度和财政产权制度下，通过分配债务人和债权人的模式控制着大多数借贷资源。这样的后果是，各级政府作为推动经济发展的主力，可能很难改变其发展模式和调整产业结构，也就导致了不断增长的负债，以及持续变化的货币政策等。

⑤债务管理不规范。

我国地方政府性债务管理还处于摸索阶段，缺乏管理的科学性、规范性，这也会在一定程度上引发地方政府性债务风险。第一，在制度完备性上，目前我国缺乏对地方政府性债务的一整套科学的管理制度、规定与办法，从而使得地方政府的债务过度增长（牟放，2008；裴育和欧阳华生，2007）；同时，缺乏科学规范的制度也导致了举债权的滥用。第二，在制度执行上，仍存在平台融资不规范（孙丽华，2015）、地方政府变相违规担保（罗荣华和刘劲劲，2016）、地方各级人大对同级政府的财政监督不力等现象，这些都是造成地方政府性债务持续增加的原因。第三，地方官员干部权力缺乏有效的监督，导致地方政府性债务从举债到还债的链条走向不透明，外界难以得知，也给政府审计增加了许多困难（刘衡和张超，2014）。孙丽华（2015）和王丽娟（2017）在对地方政府性债务确认和分类过程中的相关问题研究中,都发现了债务信息披露不恰当、标准不一致、数据获取难度大、利用率低等问题。因此,应该改变目前这种单一的融资方式,构建一个围绕政府债券市场多元化的公共融资模式,促使地方政府的债务更加公开透明(刘煜辉和沈可挺,2011)。

3. 地方政府性债务的经济后果

现有文献关于地方政府性债务的研究,主要是从地方政府性债务对经济增长和企业行为的影响以及地方政府性债务引发的风险等角度进行的。

第一,地方政府性债务对经济增长的影响。陈菁(2018)发现地方政府性债务对我国经济的影响具有显著的门槛效应,并存在唯一的门槛值。当地方政府性债务水平低于这一门槛值时,它对经济增长具有积极影响,一旦超出该门槛值,则会抑制经济增长。同时,欠发达地区相较于发达地区而言,地方政府性债务对经济增长的促进作用更显著且强度更甚,其门槛值也更高。一旦地方政府性债务水平超出门槛值,地方政府性债务对经济增长的消极影响也在经济欠发达地区更加明显。韩健和程宇丹(2018)发现地方政府债务规模增加对区域经济增长的影响是倒"U"型的,存在显著的阈值效应,当政府债务/GDP 规模超过一定比例时,负面作用开始显现。我国西部地区、债务规模较高的地区,政府债务规模扩张对经济增长有显著的负面影响。刁伟涛(2017)研究发现中国地方政府性债务存在明显的经济增长门限效应:当债务率高于112%左右之后,原本正向显著的经济增长促进作用基本趋近于无,而其作用渠道可以明确为如下传导机制,债务率高企带来地方政府偿债压力从而影响经济发展导向的财政支出。项后军等(2017)认为地方政府性债务波动确实会影响区域经济波动,伴随着地方政府性债务规模变动幅度的增加,区域经济波动更加剧烈,并通过投资波动这条渠道冲击经济稳定,且这种影响具有持续性;土地财政对地方政府性债务影响经济稳定具有推动作用;由于地方政府的举债行为具有政治周期性,使得地方政府性债务的扩张速度具有缓急之分,进而影响了经济稳定。郑威等(2017)研究发现中国地方政府竞争与地方政府性债务规模存在全域范围的正的空间自相关性,并且其局域性的空间集聚特征也尤为明显;不论是税收竞争还是引资竞争,均显著地促进了地方政府性债务规模的增长;相邻地区的地方政府竞争对本地区地方政府性债务规模存在显著的空间溢出效应,如果忽略这种影响,会低估地方政府竞争对地方政府性债务增长的作用。

第二,地方政府性债务对企业行为的影响。汪金祥等(2020)发现地方政府性债务规模通过减少上市公司的短期负债和经营性负债来降低其负债水平。地方政府性债务规模对非国有、基础设施和公益行业和亏损上市公司负债水平的挤出效应更大。地方政府性债务规模推高了上市公司债务成本。田国强和赵旭霞（2019）发现金融体系效率下降会推高金融系统自身的融资成本并造成金融资源错配，导致民企融资难、融资贵和地方政府债务高企；而地方政府债务增加，反过来又会加剧金融系统和民营企业的融资困境，从而金融体系效率与地方政府性债务形成紧密的循环关联性，并且两者交织合力导致民企融资难、融资贵的状况。刘焕鹏和童乃文（2019）发现政府债务对高技术产业创新具有显著的抑制效应；在高技术产业创新水平较高的地区，政府债务对高技术产业创新的抑制效应较强；市场化因素可以显著弱化政府债务对高技术产业创新的抑制效应，但会表现出显著的门槛特征。熊虎和沈坤荣（2019）研究发现地方政府性债务规模扩张压缩了非国有企业的短期借款规模，加剧了非国有企业的融资约束，从而降低了非国有企业的投资效率，并主要表现为加剧非国有企业的投资不足程度。孙刚和朱凯（2017）认为与地方政府性债务治理较好地区相比，处于地方政府性债务治理较差地区的地方政府控股国企的杠杆率均显著较高，但企业资本性投资效率显著较低，企业产能过剩的财务特征十分明显。

  第三，地方政府性债务引发的债务风险。李玉龙（2019）发现外生冲击造成的总产出下降会抑制家庭和企业的土地需求，土地价格下跌会降低地方政府的土地相关收入。由于土地财政因素的存在，土地相关收入下降会减少政府支出，且地方政府偿债压力增大，债务风险上升，导致债券利率上升和价格下跌。债券价格下跌会影响金融中介机构的资产负债表，使其杠杆率上升和信贷紧缩，导致系统性金融风险增大。当金融风险上升和经济形势恶化时，由于企业债务的违约风险高于地方政府债券，金融机构会增持地方政府债券，由此带来的信贷挤出效应会进一步抑制企业投资，导致总产出和土地价格进一步下降。经济中存在"金融加速器"机制，就是指债务风险和金融风险相互强化。熊琛和金昊（2018）认为应当尽量减少对超长期地方政府性债务的依赖以免强化金融风险对地方政府性债务风险的敏感性，且应当推行投资主体多元化以分散积聚在金融部门的风险，弱化风险的传染。毛锐等（2018）发现地方政府投资冲动驱使地方政府性债务规模呈现顺周期特征，商业银行对地方政府性债务的大量认购使债务风险转化为金融风险，商业银行是地方政府性债务扩张所致风险的载体。在中央隐性担保率不断下降的情况下，金融风险的累积性质扭曲了信贷配给效率，并使得居民和金融部门持有地方政府性债务的风险不断叠加，在达到临界值时将触发系统性金融风险。张平等（2017）发现我国影子银行业务以信托产品、融资租赁业务、银行理财产品和城投债为载体向地方政府债务传导风险，影子银行对地方政府债务有正的风险溢出效应。

4. 地方政府性债务的风险防范

梳理有关地方政府性债务风险防范的文献,主要涉及地方政府性债务风险评价指标、风险评估模型和风险预警等方面。

(1) 地方政府性债务风险评价指标相关文献

目前,有多种方法可用于地方政府性债务的风险评价,其中最为简单的方法是利用单一的规模指标来评价地方政府性债务风险。我国审计部门发布的地方政府性债务审计结果公告中,采用的是《马斯特里赫特条约》中设定的三大指标,即负债率、政府外债与GDP的比率、债务率以及逾期债务率。这三大指标是比较常用的地方政府性债务定量评价指标。刘蓉和黄洪(2012)曾使用上述指标度量和评估了2010年我国地方政府性债务风险,结果表明部分地区的地方政府性债务风险较高。中国人民银行投资银行部课题组在2011年为衡量中国地方政府性债务风险,选取了负债率、债务率、利息支出率、担保债务率四个指标,分别对长期及短期债务风险的触发条件进行了数据模型的推导测算,并认为中国各地区地方政府性债务风险各有不同。刘尚希等(2012)围绕"十一五"时期存量债务影响、公共投资需求、公共投资能力三方面,对"十二五"末的地方政府性债务余额、债务率、偿债率等指标进行了定量测算和压力测试。

在使用单一规模指标的基础上,相关学者曾尝试探索建立地方政府性债务风险综合评价指标体系,该体系涉及规模风险、结构风险、道德风险、项目投向风险、效率风险等相关方面,从而丰富和细化了指标分类。其中,较为典型的如 Rubinfield (1973)、Crowly & Loviscek (1990)、Gaillard (2009) 的研究。

伏润民等(2008)就适合我国地方政府横向类比的债务风险区间划分方法和单一主体当期可持续性债务理论模型进行了研究,并利用西部某省129个县(市、区)的数据进行了实证分析。章志平(2011)借助灰色系统理论构建了我国地方政府性债务风险预警机制。洪源和刘兴琳(2012)使用2007—2009年东、中、西部地区的27个县的情况和资料进行了实证研究,利用BP神经网络和粗糙集等人工智能方法构建出地方政府性债务风险非线性仿真预警评价模型。缪小林和伏润民(2012)从债务内部结构和外部负担两个方面构建了指标体系,并以西部某省为例构建了地方政府性债务风险评估模型。谢征和陈光焱(2012)借助灰色关联理论和BP神经网络算法构建了地方政府性债务风险指数预警模型。李腊生等(2013)将中央政府"父爱主义"提炼成地方政府性债务的可转移性特征,用KMV模型(credit monitor model)对我国地方政府性债务违约风险和地方政府性债务转移率进行了实证分析。伏润民和缪小林(2014)认为地方政府性债权责存在时空分离,加剧了债务主体之间的信息不对称问题,从而促使地方政府非社会利益对债务增长的驱动,增加了债务风险。刘骅和卢亚娟(2014)以融资平台财务指标为基础,使用多种定量方法测定了地方政府融资平台债务风险的阈值。

郑洁(2015)基于新《预算法》施行的背景,分别从"借、用、还"三个环节对地方政府性债务进行了分析与梳理,提出了相应的改进建议。庞晓波和李丹(2015)使用了马约经验风险约束指标、中央政府负债率和地方政府负债率上限等三重指标,分别对我国中央政府和地方政府的债务风险进行了测度。缪小林和程李娜(2015)将决定地方政府性债务风险的效率划分为"责任分担效率"和"投入产出效率",探讨了PPP模式在地方政府性债务风险防范上的积极作用。段晓凯(2015)从内部和外部两个维度,建立了地方政府性债务风险评价指标体系,使用因子分析法对30个省份的债务风险进行评价,并发现我国各省地方债务风险程度有所不同,其中青海、甘肃、贵州等省份的债务风险比较高,需要加以重视。陈共荣等(2016)利用KMV改进模型测算出债务偏离率,以此对美国加州州政府濒临破产年份的债务偏离率进行了测算,并与我国湖南省和江苏省地方政府性债务偏离率进行了对照比较。秦凤鸣等(2016)使用城投债利差衡量城投债的风险,并对房价与城投债风险之间的关系进行了研究。刘骅和卢亚娟(2016)从债务规模、经营管理和债务结构三个维度,构建了地方政府性债务风险评价指标体系,进一步运用CRITIC、灰色关联和TOPSIS(technique for order perference by similarity to an ideal solution)分析法,基于时间维度对江苏省3个代表性投融资平台近5年的债务风险进行了纵向测算。杜思正和冷艳丽(2017)运用因子分析、聚类分析和判别分析等方法,利用2012年我国30个省(市、自治区)的相关数据对地方政府性债务风险进行了预警评价研究。王涛等(2017)利用KMV模型在债务置换年度内,对不同债务置换规模所引致的违约概率变动进行测度,研究发现在未来年度内至少应置换当年到期债务的40%,否则理论上仍然存在极大的债务风险。

(2)地方政府性债务风险评估模型相关文献

一般来说,现有的地方政府性债务风险评估模型主要有二:一是建立在各类风险评价指标体系基础上的定性评价模型;二是从金融学和经济学角度出发建立的定量评估模型。

地方政府性债务的定性评价模型,比较主流的方法是层次分析法和模糊综合分析法。层次分析法(analytic hierarchy process,AHP)是20世纪70年代由美国萨蒂(Saaty. T. L.)教授提出的一种系统分析方法。该方法是将与决策相关的元素划分为目标层、准则层、方案层等多个层次,然后逐层进行判断与分析的一种评价方法。王振宇等（2013）以 AHP 为基础，建立了地方政府性债务风险识别体系，并利用该体系识别了"十二五"时期辽宁省的存量债务风险和基于不同经济增速假定条件下的新增债务风险。模糊综合评价法是一种利用模糊数学的隶属度理论，通过将模糊的定性判断转化为定量判断的评价方法。它能够较好地解决模糊的、不确定性强、难以直接量化的评价问题。许争和戚新（2013）采用模糊综合评价法，针对地方政府性债务资金的"借""用""还"三个环节分别设计风险预警指标体系，并在此基础上选取东北地区某市 2009-2011 年的样本数据，对该市地方政府性债务风险预警系统的实用性进行了分析和验证。

AHP 和模糊综合评价法虽然能解决被评价对象的不确定性问题，但也因其评价过程中主观判断成分较多而颇受诟病。近年来，综合上述两种方法的直觉模糊层次分析法（Intuitionistic Fuzzy Analytic Hierarchy Process，IFAHP）逐渐得到学术界和理论界的重视。IFAHP 的特点在于其兼顾了定性分析与定量分析两种方法，也是 AHP 与直觉模糊评价法的一种较完美的结合。IFAHP 既利用了 AHP 的清晰逻辑，又运用了直觉模糊集理论，有效减弱了只使用 AHP 带来的较强主观性；同时，模型中的群决策理论能够更加有效地处理不确定性风险信息，从而使评价过程更为严谨规范，使得评价结果更令人信服。张尚等（2016）使用 IFAHP 对电力系统运行状态进行综合评估，并指出该方法可弥补传统模糊分析方法的一些不足，能更细腻地区分人为评价中的模糊属性，提高综合评估的实用性和结果的有效性。顾婧等（2015）也采用 IFAHP 对创业投资引导基金进行过绩效评价。然而，目前尚未发现应用 IFAHP 对我国地方政府性债务风险进行评估的相关学术研究。

此外，我国部分学者还采用因子分析法，将债务风险评价指标体系归结成几方面进行综合分析，最终得到地方政府性债务的目标风险水平（刘骅和卢亚娟，2014）。该方法操作简单、结果直观，但使用该方法的前提是评价指标与债务风险之间是一种直接的线性关系，这就忽视了与债务风险之间呈非线性关系的其他诸多因素。近年来，随着计算机技术及其应用的发展，BP 神经网络法和支持向量机（support vector machine，SVM）方法也被用于各类风险评估研究中（刘骅和卢亚娟，2014；舒彤等，2014）。该方法虽具有较高的精度，但技术要求较高，实施难度也较大。

以上述及的模型设定方法均依赖于债务风险评价指标体系，指标设计的完整性、合理性以及评价的主观性等会在很大程度上影响模型设定的科学性。近年来，有关学者试图摆脱传统的指标体系的限制，而从经济学视角寻找测量地方政府性债务风险大小的研究方法。比较突出的研究方法，是未定权益分析方法（Contingent Claims Analysis，CCA）。

未定权益分析法是一种金融分析方法，即金融学中对用某种或某几种不确定商品或变量来进行估价的合同给予估计的相关分析方法。Harrison 和 Kreps 于 1979 年把期权定价理论与一般均衡理论相结合，研究发现状态未定消费权益的价格可行的充要条件，是存在一个对所有未定权益都一致的线性定价算子，在均衡状态下，任一经纪人的交易策略都是其投资组合计划问题的最优解。在这一思路下，刁伟涛（2015）使用该方法对我国地方政府在置换存量债务之后的整体债务流动性风险进行了探究，并对财政收入中可用于偿债的比例设置进行了初步分析，并加入了地方政府性基金收入作为偿债资金的重要组成部分。

在此基础上，Crosbie & Bohn（2003）所在的 KMV 公司使用 KMV 模型对企业债务的违约概率进行预估，即通过历史数据预估企业的未来价值、预期违约点和预期违约距离，进而估算出违约概率和违约风险。KMV 模型也因此成为金融领域用来评估企业信用风险的常用模型，只要获得了企业资产结构信息，在确定了资产价值的随机过程之后，根据该模型便可快速计算出企业在任意时点的违约概率。该方法在国内学术研究中备受推崇（韩立岩等，2003；韩立岩和王哲兵，2004；韩立岩等，2005；Han & Zheng，2005；蒋忠元，2011；徐占东，2014）。此外，王永钦等（2016）从交易城投债的金融市场角度，验证了城投债的流动性风险价差和违约风险价差，并利用双重差分的方法进一步识别了地方政府性债务的违约风险。郭玉清（2006）指出地方政府的违约债务具有不同的表现形式，可以使用数理经济学方法测算违约债务规模，维护地方财政安全。

(3) 地方政府性债务风险预警相关文献

在风险评估的基础上，通常还要强化对风险的预警（王晓光和高淑东，2005；谢虹，2007；许争和戚新，2013）。建立地方政府性债务风险预警机制，最典型的案例是美国俄亥俄州建立的"地方财政监控计划"体系，该"监控计划"由州审计局负责执行。我国一些学者也倡导借鉴美国俄亥俄州的做法，建立和完善我国地方政府性债务风险实时监控与预警机制。也有研究指出，当前我国地方政府性债务风险预警应该从显性债务开始，遵循循序渐进的原则来进行（裴育和欧阳华生，2007）。

有关地方政府性债务预警问题，最关键的是风险警戒线的划分，即在进行风险评估之后，风险水平达到什么程度时就要进入警戒区，以便采取相应措施。根据财政部等有关部门的不完全统计，发达国家和发展中国家的地方政府性债务风险警戒线如表 2-1 所示。然而，基于我国特殊的国情，要想找到可参考的、合理的警戒线水平并非易事。2011年中国工商银行课题组认为应选取与我国发展程度、经济结构和地方政府对经济的参与程度相似的国家或地区的警戒线作为参考，并据此分析认为哥伦比亚模式是最为相似或贴近中国国情的。

表 2-1 地方政府性债务风险警戒线统计表

国家	警戒线（%）	负债率	债务率	资产负债率	债务依存度	新增债务率	偿债率	利息支出率	担保债务率
发达国家	美国	13~16	90~120	<8			<10		
	加拿大	<25							
	新西兰		<150	<10				<20	
	日本				20~30	<9			
发展中国家	巴西		<200			<18	<13		<22
	俄罗斯				15				
	哥伦比亚		<80					<40	<150
	波兰						<15		

（二）地方政府性债务审计文献综述

目前有关地方政府性债务审计的研究较少，且鲜有从国家审计视角对我国地方政府性债务问题进行拓展性的研究。仅有的几篇文献也只是重点讨论了国家审计是否能够在地方政府性债务管理中发挥作用以及具体作用途径。

1. 国家审计与国家治理相关文献

关于国家审计方面的研究，学者们主要围绕着国家治理、国家审计及二者关系进行了较深入的探讨。

关于国家审计的目标，党的十八届三中全会提出的全面深化改革的总目标意味着国家治理的正式登场，其方法论价值主要表现在运作环境、目标体系、作用领域、推进策略和技术平台等方面（唐亚林，2014）。国家治理现代化是执政发展的最新阶段，是继"四化"之后提出的"第五化"，国家治理体系涵盖七大领域的治理，国家治理能力系统涵盖十大能力，最终目标是实现中华民族的伟大复兴（许耀桐，2014）。党的十八届四中全会提出，坚持法治国家、法治政府、法治社会一体建设，实现科学立法、严格执法、公正司法、全民守法，促进国家治理体系和治理能力现代化。而审计作为党和国家监督体系的重要组成部分，具有预防、揭示和抵御的"免疫系统"功能，通过对公共资金、国有资产、国有资源、领导干部履行经济责任情况的审计监督，摸清真实情况、揭示风险隐患、反映突出问题和体制机制性障碍，并推动及时有效解决，是促进提升国家治理能力的重要力量，是推动国家治理现代化的基石和重要保障（刘家义，2013）。其中，刘家义（2012）将"免疫系统"具体功能定义为：预防功能指国家审计凭借其威慑作用及独立、客观、公正、超脱、涉及经济社会各方面的优势，能够起到预防和预警经济社会健康运行中的风险隐患的功能，增强治理系统的"免疫力"；揭示功能指国家审计通过监督检查各项治理政策措施的贯彻执行情况，能够起到反映真实情况和揭示存在问题的功能，促进治理措施落实到位；抵御功能指国家审计通过促进健全制度、完善体制、规范机制，能够起到抑制和抵御经济社会运行中的各种"病害"的功能，促进提高国家治理绩效。

对于国家审计与国家治理的关系，基于福山的国家构建理论，国家治理与国家审计的互动主要是透过组织的设计与管理、政治制度的设计、合法化的基础、文化与社会等四个决定制度供给的要素展开的（廖义刚和陈汉文，2012）。从社会嵌入视角看，国家审计服务国家治理的作用机制包括对国家治理目标实现的控制作用、对国家治理主体运行的监督作用、对国家治理服务的评价作用、对国家治理结构不断优化的促进作用以及对国家治理环境的培育作用等（王会金和戚振东，2013）。通过不同国家的比较发现，国家审计服务国家治理的作用主要表现在提高政府透明度、惩治腐败、维护国家安全、协助国家应对危机等方面（李嘉明和刘永龙，2012）。

国家审计在国家治理中的重要作用主要表现在：第一，国家审计有助于提升中央企业效率。杨华领和宋常（2019）研究发现国家审计能显著抑制中央企业控股上市公司的虚增收入行为，该效应在审计年度和公告年度均存在。通过倾向得分匹配（propensity score matching, PSM）方法缓解内生性问题之后，上述效应依然存在。进一步研究发现，国家审计结果公告中披露的会计问题和经营管理问题越多，国家审计抑制中央企业控股上市公司虚增收入的效应越显著；而公告披露的其他问题不影响中央企业控股上市公司的虚增收入行为。王海林和张丁（2019）发现国家审计净语调、负面语调和非真性警示语调对企业真实盈余管理具有抑制效应，正面语调则作用相反；管理层权力适度增大会增强国家审计对企业真实盈余管理的治理效应。王美英等（2019）研究发现国家审计能够促进企业管理层提高其承担风险的意愿，当国有上市公司存在多个大股东时，国家审计能够更好地促进企业提高风险承担水平。张曾莲和赵用雯（2019）研究发现政府审计与国企产能利用率显著正相关，且非"十大"组较"十大"

组显著，二次审计较一次审计对产能利用率没有显著影响。此外，政府审计的监督力度越强，其对国企产能利用率的治理效果越好。潘孝珍和燕洪国（2018）发现政府审计只有在较好的法律制度环境下才能发挥对科技创新税收优惠政策的调节作用，而在较差的法律制度环境下，政府审计不能提升科技创新税收优惠政策的实施效果。

第二，国家审计对经济发展具有促进作用。张龙平等（2019）研究发现国家审计能够促进低碳发展，国家审计的预防、揭示和抵御功能越强，低碳发展水平越高；制度环境和财政状况越好的地区，国家审计促进低碳发展的作用发挥得越好。韩峰（2019）发现国家审计可以促进公共服务投资、优化公共服务投资布局和提高投资利用率，进而补齐本省与高公共服务供给省份间的公共服务供给缺口，但对周边省份公共服务供给缺口产生了放大效应。郑石桥和梁思源（2018）研究发现国家审计通过审计揭示功能、审计处理处罚功能与审计建议功能之间的协同作用对公共支出效率产生积极影响。

第三，国家审计可以提高政府管理效率。崔雯雯等（2018）研究发现现阶段国家审计确实能够防止权力滥用、促进资源的有效配置，从而服务于国家治理，但主要是借助其建设性而非威慑性功能。进一步研究发现，"免疫系统"理论在审计机关的贯彻落实，对提升审计建议的地位和作用具有显著的积极意义。国家审计应重视审计建议的数量和质量的改善，以进一步服务国家治理。张琦等（2018）研究发现国家审计介入能够显著抑制中央部门的"三公"预算，其中，国家审计在公务用车改革之前发挥出更强的公车预算抑制作用。

第四，国家审计对财政安全可以起到保障作用。刘雷等（2014）研究发现政府审计的揭示功能和抵御功能已经得到有效的发挥，可以显著地提高地方政府财政安全程度，而维护地方政府财政安全的预防功能暂时还未充分显现出来，需要进一步加强。王静和包翰林（2018）发现国家审计能够有效发挥"免疫系统"功能，防范化解地方财政资金运行风险，提高财政资金安全性，但国家审计功能的发挥与被审计单位对审计机关查处问题的整改力度相关：整改力度强，审计功能发挥得好；整改力度弱，审计功能作用不明显。陈艳娇和张兰兰（2019）研究发现政府审计可以在媒体关注促进地方财政安全的过程中起到中介作用，即媒体关注是通过作用于政府审计"免疫系统"功能的发挥，进而有效维护地方财政安全的。

当前，以法治和改革为重要特征的国家治理，已经开启了新的征程，呈现出新的动向。国家审计作为国家治理的重要组成部分，要顺应形势变化并更好地服务于国家治理现代化建设，不断总结经验、寻找差距，调整、校正发展路径，努力提升审计监督的层次和水平，以充分发挥其重要的保障作用。

2. 跟踪审计相关文献

对于跟踪审计的探索与研究，国外最早兴起于20世纪90年代，且开始于公共政策领域，如Dunn（1994）首次提出了公共政策评估的适应性标准。自2009年起，美国审计署对一系列重振制造业政策的执行和实施情况进行了跟踪审计，发布审计报告12篇。美国审计署还针对页岩油气开发进行跟踪审计，监督政策落实情况和项目进展情况，先后出具了89篇报告。而国内关于跟踪审计的研究却在进入21世纪之后才逐渐兴起。至今，关于跟踪审计的定义，学术界还未得出一致的结论，但一般是指审计机关依据国家有关法律法规，在相关被审计事项发展过程中的某个环节介入，并跟随被审计事项的发展过程持续进行的一种动态监督活动。刘志红和李镕伊（2012）认为跟踪审计具有以下显著特点：审计目标的预防性、审计介入的及时性、审计过程的持续性和审计内容的广泛性。白日玲（2009）根据跟踪审计的介入时间点，将跟踪审计分为全程介入式、适时介入式和重点介入式等。谭劲松等（2013）在分析跟踪审计含义的基础上，借鉴人体免疫系统的认知，提出跟踪审计具有三道"免疫防线"的特征。

近年来，我国审计模式由静态化制约向常态化跟踪转化的趋势越来越明显（刘国城和黄崑，2019）。回顾既往关于跟踪审计理论应用的文献研究可以发现，跟踪审计在政策落实情况、重大突发性公共事件、公共投资建设项目等方面应用广泛。

在政策跟踪审计方面，秦荣生（2011）、王彪华（2012）、王慧（2015）从政策跟踪审计定位、目标、内容、评价指标、具体方式等维度研究了政策跟踪审计现状，进而提出将政策执行机制与过程审计、政策制定评估等内容纳入政策跟踪审计范畴。为应对国际金融危机，我国政府于2008年启动了"扩内需促增长"等一揽子政策措施。开展的稳增长等政策跟踪审计是全国审计系统有史以来规模最大、内容最新、层次最高的一次政策跟踪审计，面对国家政策的庞大体系，地方审计机关承接此项任务，面临着审计组织管理复杂的困境、审计思维和方法转换、审计重点难以把握等问题（淄博市审计局课题组，2016）。上海市审计学会课题组认为，上海市审计机关持续开展政策措施落实情况跟踪审计取得了一些成效，但尚未形成比较成熟的操作模式，实际工作中面临着审计范围较窄、深度有限、组织管理不够健全、知识储备和人员素质不足等困难（2017）。王雷和刘斌（2016）还采用事件研究方法检验了稳增长等政策跟踪审计的市场传导效应，并进一步探讨了市场传导效应在不同企业之间的差异。

在打赢脱贫攻坚战中，实施扶贫政策跟踪审计成为审计机关的一项重要政治任务，由此也引发了国内学者对扶贫政策落实情况跟踪审计的探讨。寇永红和吕博（2014）分析了我国财政扶贫资金绩效审计现状，指出我国扶贫资金绩效审计工作存在覆盖范围有限、审计力度和深度不够、资源整合不到位以及公开程度不高等问题，在此基础上研究提出了加强扶贫资金绩效审计的改进措施。刘静（2016）针对扶贫资金使用效率低下问题以及挤占挪用、贪污腐败等行为，分析认为我国扶贫资金审计在目标、内容、方法、成果利用、信息公开、制度建设等方面存在一些不足。吕劲松等（2019）通过实证研究检验了扶贫政策及其跟踪审计的绩效和主要影响因素，扶贫政策跟踪审计具有明显的"滞后"特征，较少对政策制定过程保持应有的关注，预防性功能缺位，并且在扶贫政策执行环节，审计全覆盖有待进一步加强，揭示性功能不足。

在重大突发性公共事件跟踪审计方面，王中信（2009）认为全过程跟踪审计是对重大突发性公共事件审计的最佳方式，并以汶川地震抗震救灾款物全过程跟踪审计为例，对如何开展重大突发性公共事件跟踪审计进行了探讨。此外，我国在"非典"防治的专项资金审计、洪涝灾害、低温冰冻雨雪灾害救灾和抗震救灾的资金物资审计等背景下，实施"提前介入、全程跟踪、着眼预防、着力防范"的审计模式，充分彰显了国家审计"免疫系统"的"预警功能"；灾后重建资金物资的筹集是否合法有序，资金是否安全完整，灾后重建物资与资金的分配是否公平公正，其使用是否合规合理，项目是否有效，彰显了国家审计"免疫系统"的"预防保护功能"；灾后重建审计采取了全程监督、即时查错纠弊的动态跟踪审计方式，坚持"重建资金物资流向哪里，审计就跟踪监督到哪里"，彰显了国家审计"免疫系统"的"监督清除功能"；立足服务、灵活变通、促进机制制度的建设性作用，彰显了国家审计"免疫系统"的"修补功能"（黎仁华等，2011）。

在公共投资建设项目跟踪审计方面，唐振达（2009）明确指出将建设项目跟踪审计分为三个阶段，即立项阶段、建设阶段和项目竣工后阶段，并对每一阶段指明了具体的审计内容和审计重点，从而构建一个建设项目跟踪审计的简略运行机制。李冬等（2013）基于协同理论和跟踪审计理论，指出在政府投资项目绩效分析中要引入协同审计模式，提高项目整体绩效水平。近年来，国家推出了PPP模式，以此为基础进行的公共服务领域建设项目逐渐增多。王立国、张莹（2016）认为对PPP项目开展跟踪审计，是维护国家法律秩序、促进经济社会发展、实现动态均衡调整的必然要求，并基于国家治理视角和全生命周期价值理论，提出探索创新PPP项目全生命周期的四维度跟踪审计模式，重点对

PPP项目政策落实情况、项目立项可行性、项目过程合规性、项目投资绩效开展审计。宋常等（2016）基于跟踪审计对地方政府性债务进行研究，提出地方政府性债务资金跟踪审计的目标和重点。方俊等（2017）构建了一套包含23个评价指标、81项具体内容的PPP项目全过程跟踪审计评价指标体系，为审计机关开展PPP项目全过程跟踪审计提供参考。

3. 国家审计与地方政府债务相关文献

国家审计能够在地方政府债务风险管理中发挥有益作用。地方政府性债务资金是涉及国计民生和社会经济发展的重要公共资源，政府审计理应依法依规对政府性债务加强监督，以发现政府性债务举借、管理和使用中出现的新情况和新问题，揭示债务风险隐患，提出促进加强政府性债务管理，有效防范化解潜在风险，保障经济持续健康发展的意见和建议，促进地方政府性债务步入良性循环轨道（曾康霖和吕劲松，2014）。蒲丹琳和王善平（2015）、赵焱和李开颜（2016）通过建立经济模型，都证明了当加强债务审计问责力度时，地方政府过度举债行为会受到抑制。余应敏等（2018）基于2008—2013年我国31个省级政府面板数据，用国内贷款和债券之和与土地出让金和财政一般预算收入之和的比值衡量地方政府债务风险，实证检验发现审计监督力度越大，地方政府债务风险越小；在风险较高地区增加审计投入力度、在风险较低地区增强审计问责力度，更有利于降低地方政府债务风险。仲杨梅和张龙平（2019）也发现地方政府债务风险与国家审计功能发挥显著负相关，国家审计功能发挥越好，地方政府债务风险越低。财政透明度越低的地区，国家审计对地方政府债务风险的作用越显著。吴勋和王雨晨（2018）研究发现官员晋升激励与地方政府性债务显著正相关；国家审计免疫与地方政府性债务不存在显著相关关系，但审计揭示、抵御和预防功能皆能弱化官员晋升激励对地方政府债务扩张的影响程度。随着针对地方政府性债务审计的持续、深入和全面的开展，国家审计可以通过规范地方政府的举债行为以规范地方政府的行为方式，最终有助于实现地方政府的良治（廖义刚，2014）。以上文献都证明了国家审计确实在地方政府性债务风险管理中发挥着有益作用。

关于国家审计作用于地方政府性债务的具体途径，一些学者也进行了规范研究和实证分析。曾康霖和吕劲松（2014）认为在具体的审计监督过程中，国家审计部门可以重点关注的问题应当包括地方债务规模和风险情况、地方债务的管理情况以及债务资金的举借情况，其直接目的是促进地方政府性债务管理制度的完善以及推动地方政府决策符合科学发展要求，最终将有助于地方政府的良治。唐滔智（2015）指出为促进政府性债务治理水平提升，防范和消除政府性债务的相关风险，政府性债务审计应关注债务规模、举借、使用、平台公司融资情况和权力运行等方面。而宋夏云等（2016）通过使用调查问卷和回归模型，论证了国家审计在地方政府性债务风险管理中具有信息甄别和风险预警的功能。潘俊等（2019）研究发现政府审计的揭露效应能够有效降低地方政府债券发行利差，且政府审计处理力度越强，落实效果越好，地方政府债券发行利差越低。武恒光等（2019）研究发现，国家审计对信用评级和信用利差具有显著影响，但对两者的影响路径不同：在信用评级决策中，财政信息透明度的信号作用完全替代了国家审计的信号作用；而在信用利差决策中，高强度国家审计和高财政信息透明度均发挥了积极的信号作用。在市场化进程越低或者违约风险越高的地区，国家审计的信号效应越强，对发债成本的影响越显著。

此外，相关研究还通过对某省市（地区）政府性债务审计现状的调查，发现了存在的一些实际问题，如审计力度缺乏、审计创新能力不足、绩效审计薄弱等（崔思明，2011；田立方，2013）。诸多学者还进行了相应的审计对策研究。宋常等（2016）尝试将跟踪审计融入地方债务管理之中，深入研究了地方债务资金跟踪审计问题。此外，由于地方官员干部权力缺乏有效的监督，导致了地方政府性债务从举债到还债的链条走向不透明，外界难以得知，并给政府审计增加了许多困难（刘衡和张超，2014）。

（三）文献述评

诸多文献表明已有不少学者对地方政府性债务进行了探讨，并取得了一些研究成果。囿于我国独特的制度背景，研究我国的地方政府性债务相关问题，应当扎根中国大地，更紧密地结合我国国情，合理借鉴既有成果。根据文献梳理发现，关于地方政府性债务相关问题，在以下几方面尚有很大的挖掘空间和研究前景：

第一，鲜有文献专门从审计的视角深入研究地方政府性债务问题。国外有些文献资料或许能为我国地方政府性债务相关问题的研究提供一定的借鉴，但不同国家的制度背景不同，不同治理环境下监管和治理的方式方法存在差异，因而国外文献的参考价值较为有限。国内关于国家审计对地方政府性债务监督的相关研究，主要聚焦于国家审计对地方政府性债务发行管理、地方财政安全和PPP项目审计等方面。现有文献中尚未发现基于审计相关理论，结合我国国情，研究构建的完整、系统、规范、可行的地方政府性债务审计模式，以便为我国地方政府性债务的管理与治理提供重要的借鉴、参考或指导。

第二，现有关于跟踪审计的理论文献，大多是有关政策落实情况、重大突发性公共事件以及重要基建项目等方面的探讨，而与地方政府性债务直接相关的研究甚少。当前，我国地方政府性债务问题日益凸显，将跟踪审计的理念和思路应用于地方政府性债务审计、管理及治理，其在理论与实践上都具有一定的可行性和创新性。

第三，已有关于地方政府性债务管理及治理的研究，主要是针对融资平台公司政府融资功能、"城投债"发行等展开的，而对地方政府性债务风险关注不足，测度指标也不尽合理。即便有个别实证类文献涉及债务风险指标，但几乎还停留在简单地以单一存量债务指标作为衡量依据的阶段，尚未综合考虑债务分类、债务结构、债务置换、债务管理和隐性债务等因素。地方政府性债务审计工作，重在查核与评估，以查明情况、揭示风险。因此，亟须在现有成果的基础上，结合地方债务客观实际，构建全面合理的债务风险评价指标体系和有效可行的债务风险评估模型，并将定量评估与定性评价相结合，以恰当评估和评价债务风险。

第四，既有的国内诸多文献大都完成于新《预算法》和国发办"43号文"颁布实施之前，极少有针对这些新的法律规制中有关债务管理的相关条款及精神进行有效论证与深刻阐发的研究成果，这无疑是理论学术界一个重要的研究领域及机遇。在新近政策和现实背景下，我国地方政府性债务管理中出现了债务分类管控、债务置换、隐性担保等各种新情况，这对国家审计履行其在国家治理中的监督职责，更好发挥其揭示、抵御、预防等治理功能提出了新的更高的要求，因而需要因应时势，与时俱进，对此开展进一步的理论研究。

第三章

地方政府性债务及其审计的现状与改进

财政审计是国家审计业务所涉及的重要领域之一，是审计机构或人员依据法律法规及相关政策，对国家财政收支的真实性、合法性和效益性进行的审计监督。地方政府通过举借债务筹集的资金是一项重要的财政收支，故地方政府性债务审计是财政审计的重要内容之一，亦属于国家审计的常规内容。地方政府性债务审计能够规范政府对债务资金的举借、使用、偿还等行为，提高财政资金使用效益和资源配置效率，促进改革的逐步深化和稳步推进。特别是在全球经济趋黯、国际经贸局势紧张的大环境下，我国经济发展面临新的风险挑战，即便已经实施了较为强力的宏观调控举措，中国经济依然存在许多不确定性。因此，构建基于防范重大金融风险的地方政府性债务跟踪审计模式，以切实防范和化解财政金融风险，维护经济安全和社会稳定，显得尤为急迫和重要。

目前我国地方政府性债务存在规模较大、举债用资不甚规范、部分地区或行业偿债能力不足、债务监管不很到位等问题，埋下了财政和金融风险隐患。地方政府性债务审计在一定程度上能够对政府权力进行监督约束，纠错揭弊，促进政府加强债务的规范管理与协同治理，防范及化解与地方政府性债务相关的风险。然而，现有的地方政府性债务审计模式存在一定的滞后性和局限性。相对而言，跟踪审计贯穿被审计事项发展的全过程，对地方政府性债务同步进行监督与评价，能够及时发现问题并促进整改，有力推动风险防控机制建设和强化财政资金监管，从而可以用较少的审计资源实现地方政府性债务审计的总体目标。

鉴于目前尚没有完善的地方政府性债务跟踪审计模式，也没有充分地考虑地方政府性债务的风险防范与化解，因此，本章从地方政府性债务的现状出发，分析我国地方政府性债务存在的问题，阐发地方政府性债务审计的必要性和可行性。根据地方政府性债务审计的实施状况，结合国家审计的发展演变以及跟踪审计方式的实践经验，探析地方政府性债务审计工作的重点、难点、不足及改进。融合跟踪审计与地方政府性债务管理，充分论证实施地方政府性债务跟踪审计的有利条件和实践价值，从而为后续的基于风险防范的地方政府性债务跟踪审计模式构建提供现实基础和实践借鉴。

一、地方政府性债务的运行状况

地方政府性债务是关系一国经济安全、社会稳定的重大问题，也是国家治理过程中不可忽视的重要一环。地方政府性债券先后经历了财政部"代发代还""代发自还""自发自还"等阶段，演变出了地方政府一般债券、专项债券、置换债券、再融资债券等多种形式。地方政府性债务在一定程度上缓解了地方财力不足的问题，使财政资金的适用更加具备经济性和持续性，在应对地方危机、促进经济增长、改善人民生活等过程中发挥了重要作用。然而，过快的债务增长速度、变相的举债行为、不合法的举债渠道、不合理的债务资金使用及管理等，使得地方政府性债务风险剧增，已成为威胁我国经济金融安全的重大风险之一。摸清地方政府性债务及其审计的现状，客观反映债务管理及审计中存在的问题与不足，有助于地方政府性债务审计工作的优化与完善，明确审计工作的目标，理清工作的重难点，找准问题的核心，有针对性地开展审计监督及风险防范工作，从而提高审计质量与效率，提升整体治理效能，有效防范化解重大债务风险。

本节系统梳理地方政府性债务的历史变迁，总结我国地方政府性债务的总体情况和主要特征，分析债务管理中存在的问题并收集整理与地方政府性债务相关的政策文件。研究发现我国政府正在逐步加强和完善地方政府性债务管理，规范地方政府举债用资行为，努力发挥地方政府规范举债对经济社会的积极作用，从而防范化解金融风险。在这样的制度背景下，结合国家审计理论发展与实践经验，对地方政府性债务资金的举借、使用和偿还等各环节进行查核与评估、监督与协同，和对地方政府性债务相关政策措施落实情况进行跟踪审计具有重要的实践意义。

（一）地方政府性债务的历史沿革与发展演变

我国地方政府性债务的出现始于改革开放初期，1979年，全国有8个县区举借了政府负有偿还责任的债务，随后各地陆续开始举债进行经济建设。到1996年12月，全国90%左右的县级政府、市级政府和32个省级政府都担负有一定的政府性债务。及至2010年年底，全国只有54个县级政府没有举借政府性债务。地方政府债券先后经历了财政部"代发代还""代发自还""自发自还"等阶段，如表3-1所示。2009—2014年基本上属于试点阶段，2015年之后，才进入真正的地方政府债券阶段。进而演变出了地方政府一般债券（2015年3月起）、专项债券（2015年4月起）、置换债券（2015年3月起）、再融资债券

(2018年4月起)等多种形式。

表3-1 2009-2015年地方政府性债券发行阶段及规模

单位：亿元

年度	类型		规模
2009	财政部"代发代还"		2000
2010	财政部"代发代还"		2000
2011	试点地区（4个）"自发"+财政部"代还"，229亿元	其余地区，财政部"代发代还"，2271亿元	2500
2012	试点地区（4个）"自发"+财政部"代还"，289亿元	其余地区，财政部"代发代还"，2771亿元	3000
2013	试点地区（6个）"自发"+财政部"代还"，652亿元	其余地区，财政部"代发代还"，2848亿元	3500
2014	试点地区（10个）"自发自还"，1092亿元	其余地区，财政部"代发代还"，2908亿元	4000
2015	"自发自还"全面铺开		3.8万

数据来源：财政部网站数据整理

1. 试点阶段

（1）地方政府债券缘起

自1994年实施分税制改革以来，我国财政体制呈现出"财权重心上移、事权重心下压"的特征，财权与事权不匹配，以及地方财政入不敷出，使得地方政府资金短缺问题日益凸显。与此同时，在"GDP论英雄"的政绩考核标准下，地方政府负责人倾向于投资自身财力无法承受的大项目，而旧《预算法》（1994年3月颁布）又明确规定"除法律和国务院另有规定外，地方政府不得发行地方政府债券"，从而导致地方政府的财政收支矛盾日益加剧，融资需求越发迫切。

及至2008年年底，为应对席卷全球的金融危机，中央政府推出4万亿投资计划，但其中的2.82亿元由地方政府配套解决。为缓解这部分的配套资金压力，2009年政府工作报告首次提出2000亿元的地方政府债券发行计划，地方政府债券之门正式开启，债务规模迅速膨胀。

（2）地方政府债券"代发代还"阶段（2009—2010）

尽管2009年政府工作报告提出了2000亿元的地方政府债券发行计划，但当

43

时地方政府债券发行渠道尚未建立，地方政府并不具备单独发行债券的条件。为此，《2009年地方政府债券预算管理办法》规定，地方政府可以在国务院批准额度内，由财政部代理发行并代办还本付息（以下简称"代发代还"）。2009—2010年，"代发代还"型地方政府债券额度均为2000亿元。

在此阶段，尽管称之为地方政府债券，但实质上还是国家债券。因为债券的发行方式、偿还期限、支付利息等事项均由中央政府决定，发行规模需全国人大批准，地方政府只是"转借"使用该笔债券。在这种模式下，对于不同偿债能力、不同治理水准的地方政府，除了分配的债券额度不同，在评级、利率等方面完全相同，这对地方政府的偿债约束有限。当债务到期，地方政府无力偿还时，很大程度上还是由中央政府买单。

(3) 地方政府债券"代发代还"与"自发代还"并行阶段（2011—2013）

"代发代还"模式运行两年之后，2011年10月，财政部发布《2011年地方政府自行发债试点办法》，批准上海、浙江、广东、深圳四地在国务院批准的额度内开展自行发行债券试点。债券期限分为3年和5年，分别占发债总额的50%。这标志着地方政府债券从"中央代理"转向"地方自理"阶段。2012年5月，财政部印发《2012年地方政府自行发债试点办法》，继续在上海、浙江、广东、深圳地区试点自行发债，总规模为289亿元。此外，在3年和5年期的基础上，新增7年期限政府债券，并规定每种期限的债券规模均不超过当年限额的50%。2013年6月，财政部制定《2013年地方政府自行发债试点办法》，新增江苏、山东为试点地区。2013年，六个试点地区获批债券总额是652亿元。

2011—2013年，地方政府债券的发行总额（"自发"与"代发"之和）分别是2000亿元、2500亿元和3500亿元。除上述试点地区外，其他地区仍由财政部代理发行，因此这一阶段是"代发代还"与"自发代还"并行阶段。

地方政府债券由财政部"代发"过渡到地方政府"自发"，凸显地方政府还本付息的主体责任，使之成为地方政府债券的真正债务人，并将地方政府债券筹集的资金纳入预算管理，这不仅有利于提高地方政府债务的偿付能力，而且有利于提高地方政府融资的透明程度和规范性，促进地方政府债务管理的良性循环。但是，不论是试点地区的"自发"还是其他地区的中央"代发"，在此阶段的地方政府债券均由财政部代办还本付息，实质上是财政部提供"隐性担保"（贾康，2014），这种由中央政府"兜底"的发债模式并没有真正做到地方政府独立发债。

(4) 地方政府债券"自发自还"试点阶段（2014）

2014年5月，财政部发布《2014年地方政府债务自发自还试点办法》，批准上海、浙江、广东、深圳、江苏、山东、北京、江西、宁夏、青岛等10个省（市）开展地方政府债券的自行发行、付息和还本工作，这标志着地方政府债券进入"自发自还"阶段。此阶段的地方政府债券具有以下显著特征：其一，试点地区首次开展地方政府债券信用评级，由"国家信用"转向"地方信用"；其二，地方政府债券期限由3年、5年、7年扩展到5年、7年、10年，并且三种类型的比例为4∶3∶3；其三，信息全过程公开透明。债券募集资金用在什么地方、偿债资金从哪里来等信息，均要向公众交实底，并且每年都要对债务风险进行评估、披露。2014年，在4000亿元的地方政府债券总额范围内，上述10个省（区、市）试点地区的地方政府债券总规模为1092亿元，占比27.3%。其他地区仍由财政部代理发行地方政府债券。

相比之前的"代发代还""自发代还"，地方政府债券"自发自还"在一定程度上避免了"中央政府担保"，首次让发债主体和偿债主体趋向一致，实现了责权利、借用还相统一，明确了地方政府发债的合法地位和偿付义务，进一步提高了地方政府融资的透明程度和规范性，归位尽责。

2. "自发自还"全面铺开阶段

自2015年1月1日起，新《预算法》实施，规定地方政府唯一合法的举债途径就是在地方政府债务限额内发行地方政府债券。2015年3月，财政部印发《地方政府一般债券发行管理暂行办法》，规范地方政府一般债券的发行、利息支付、本金偿还以及信用评级、信息披露等事项。至此，地方政府债券"自发自还"进入全面铺开阶段。

地方政府债券"自发自还"对完善地方政府债务融资机制、强化市场约束、控制和化解地方债务风险等具有重要意义。从"代发代还"到"自发代还"，再到"自发自还"，地方政府债券发行逐渐向"自主化迈进"。尽管与完全自主的地方债券相比，还存在发行额由财政部批准、规模相对较小等问题，但对于降低地方政府表外债务所带来的风险至关重要。

在这一阶段，地方政府债券发行量剧增，债券类别也日益丰富。2016年，地方政府债券发行约3.8万亿元（包括新增0.6万亿元和置换债3.2万亿元），是2014年发行量（4000亿元）的9.5倍，是2009—2014年地方债发行总量（1.6万亿元）的2.4倍。近10年地方政府债券发行额如表3-2所示：

表 3-2 2009-2019 年地方政府债券发行额

单位：亿元

年份	2009	2010	2011	2012	2013	2014	2015	2016	2017	2018	2019
发行额	2000	2000	2000	2500	3500	4000	6000	38000	43581	41652	43624

数据来源：中国地方政府债券信息公开平台

地方政府债券类别包括一般债券、专项债券、置换债券、再融资债券等。以下分债券类别具体论述。

（1）地方政府一般债券

地方政府一般债券（以下简称一般债券）是省一级政府（含经批准的计划单列市）按照市场化原则为公益性项目（无收益）发行的，主要用一般公共预算收入偿还的政府债券。一般债券最显著的特点是"自发自还"，发债主体与偿债主体均为地方政府，发债规模遵照国务院下达的限额并报请地方本级人民代表大会常务委员会批准。

根据 2015 年财政部印发的《地方政府一般债券发行管理暂行办法》，一般债券的期限为 1 年、3 年、5 年、7 年和 10 年，由各地根据资金需求和债券市场状况等因素合理确定，但单一期限债券的发行规模不得超过一般债券当年发行规模的 30%。2018 年 5 月，财政部发布《关于做好 2018 年地方政府债券发行工作的意见》，针对公开发行的一般债券，增加 2 年、15 年、20 年期限。一般债券资金收支列入一般公共预算管理。并且自 2015 年始，财政部对地方一般债务比照中央国债实行余额管理，在限额内当年到期债务可以借新还旧，不再采取在发债额中扣抵。

2015 年以来一般债券发行如表 3-3 所示：

表 3-3 2015—2019 年地方政府一般债券发行额

单位：亿元

年份	2015	2016	2017	2018	2019
一般债券发行额	28659	35340	23619	22192	22137

数据来源：中国地方政府债券信息公开平台

（2）地方政府专项债券

2015 年 5 月，财政部印发《地方政府专项债券发行管理暂行办法》，标志着地方政府专项债券在我国落地生根。专项债券分为普通专项债券和项目收益专项债券（自2017年7月试点）两大类。普通专项债券（以下简称普通专项债）是指地方政府为有一定收益的公益性项目发行的、约定一定期限内以公益性项目对应的政府性基金或专项收入还本付息的政府债券。包括城镇化项目、重大基础设施建设项目、脱贫攻坚、公益性事业发展项目等，仅用于公益性资本支出。项目收益专项债券是指地方在法定专项债务限额内，按照地方政府性基金收入分类发行的专项债券。项目收益专项债券直接对应项目资产和收益，实现项目收益与融资成本自平衡，目前主要应用于土地储备、轨道交通、收费公路以及棚户区改造四大领域。但自2020年起，新增专项债券不得用于土地储备和房地产相关领域、置换债务以及可完全商业化运作的产业项目。

根据财政部印发的《地方政府专项债券发行管理暂行办法》，专项债券的期限分别为1年、2年、3年、5年、7年、10年，其中，7年和10年期债券的合计发行规模不得超过专项债券全年发行规模的50%。2018年5月8日，财政部发布《关于做好2018年地方政府债券发行工作的意见》，针对公开发行的普通专项债券，增加15年和20年期限，不再限制地方政府专项债券期限比例结构，同时省级财政部门在向财政部备案时不需要提供一系列信息披露文件，而只需要在发行主体单位的官网、中国债券信息网等网站披露地方政府债券发行相关信息即可。2015—2019年地方政府专项债券发行额如表3-4所示：

表3-4　2015—2019年地方政府专项债券发行额

单位：亿元

年份	2015	2016	2017	2018	2019
国务院批准的新增限额	1000	4000	8000	13500	21500
实际发行规模	907	4037	7937	13527	21487

数据来源：中国地方政府债券信息公开平台

2019年6月专项债新规《关于做好地方政府专项债券发行及项目配套融资工作的通知》出台，"允许将专项债券作为符合条件的重大项目资本金"，此规定大大突破了此前专项债使用范围的限制。同时，新规还鼓励金融机构提供配套融资支持，这预示着专项债券将得到进一步的发展。2019年9月国务院常务会议（以下简称国常会）又进一步扩大了专项债券在基础设施建设、民生领域的适用范围。地方政府专项债券因其有明确的偿还来源，相对封闭运行的融资偿还机制，所以能够有效隔离相关风险，预期会拥有更广泛的应用空间。

(3) 地方政府置换债券

2014年10月，国务院印发的《关于加强地方政府性债务管理的意见》（国发〔2014〕43号）指出，对甄别后纳入预算管理的地方政府存量债务，各地区可申请发行地方政府债券置换（以下简称置换债券）。此类债券置换实质上就是允许地方政府"借新还旧"，这样既不会增加政府债务余额，也不会增加财政赤字。尽管只是债务形式上的变化，但债务置换工作既能保障在建项目的融资和资金链不断裂，处理好化解债务风险与稳定经济增长的关系，又能够优化债务结构，降低利息负担，缓解部分地方财政支出压力，以腾出更多资金用于重点项目建设。

2015—2018年是我国地方政府债务的主要置换期，共发行了大约12万亿的置换债券。2019年，随着云南、贵州、内蒙古、湖南、甘肃、辽宁等6省份1579亿元置换债券的发行完成，置换债券基本上完成了历史使命。2015-2019年地方政府置换债券发行额如表3-5所示：

表3-5　2015—2019年地方政府置换债券发行额

单位：亿元

年份	2015	2016	2017	2018	2019
置换债券发行额	32493	48759	27683	13130	1579

数据来源：中国地方政府债券信息公开平台

地方政府置换债券主要有以下几种置换方式：

①用地方政府债券置换（甄别后的）政府债务。

2015年3月，财政部向地方下达1万亿元的地方政府债券额度，用以置换2015年内到期的地方政府性债务。由此，用地方政府债券置换地方政府性债务的大幕被拉开。2015年6月和9月又分别下达1万亿元和1.2万亿元的置换债额度。需要注意的是，2015年置换的债务必须是甄别后纳入预算管理的地方政府存量债务。

2016年以后，中央不再硬性下达置换额度，原则上由省级政府根据偿债需要、市场情况自行确定。2015—2018年，各地政府共发行了12.2万亿元的地方政府置换债，平均每年约置换3万亿元。2019年年初的《政府工作报告》提出"继续发行一定数量的地方政府置换债券"，置换债券已进入尾声。2019年，仅有贵州、湖南、甘肃、内蒙古4省份发行了置换债券。

②用地方政府债券置换或有债务。

《全国政府性债务审计结果》（审计署2013年第32号公告）将政府性债务

分为三类：政府负有偿还责任的债务、政府负有担保责任的债务和政府可能承担一定救助责任的债务。其中，政府负有偿还责任的债务是指，需由财政资金偿还的债务，属政府债务；后两类债务均应由债务人以自身收入偿还，正常情况下无须政府承担偿债责任，属政府或有债务。

2015年下发的财预〔2015〕225号文明确"对因预算管理方式变化导致原偿债资金性质变化为财政资金、相应确需转化为政府债务的或有债务，在不突破限额的前提下，报经省级政府批准后转化为政府债务"。也就是说，符合要求的或有债务可以先转化为政府债务，然后使用地方政府债券予以置换。

③用地方政府债券置换隐性债务。

与地方政府性债务和地方政府或有债务相比，地方政府隐性债务显得神秘得多。一般而言，地方政府在法定政府债务限额之外通过直接或者承诺以财政资金偿还以及违法提供担保等方式举借的债务，均属于政府隐性债务。从来源角度划分，隐性债务包括：地方政府（含政府部门和机构，下同）、国有企事业单位等举借，约定由财政资金偿还的债务；地方国有企事业单位等举借，由政府提供担保的债务；地方政府在设立政府投资基金、开展政府和社会资本合作（PPP）、政府购买服务等过程中，通过回购本金、承诺保底收益等形成的政府中长期支出事项债务；以及其他形式的隐性债务。

用地方政府债券置换隐性债务本质是将隐性债务转化为政府债务，这会导致地方政府性债务余额的增加，以及隐性债务规模的等额减少。如果是将隐性债务转为一般债务，则会导致财政赤字的增加；如果转为专项债务，则对财政赤字无影响。

④用贷款等金融工具置换隐性债务。

为降低地方政府存量隐性债务本金偿付压力和利息负担，地方政府可以引导城投等地方融资平台公司与金融机构协商，通过借新还旧、展期等方式将隐性债务置换为合适的金融工具，从而降低存量隐性债务风险。

（4）地方政府再融资债券

再融资债券是指用于偿还部分到期地方政府债券本金的债券。2018年4月，财政部公布地方政府债券发行和债务余额情况，首次出现再融资债券（以下简称再融资债券）一词，这表明此前（2015年起）发行的部分政府债券到了归还本金的阶段，实质上就是地方政府发新债还旧债，即"借新还旧"。2018年和2019年分别发行再融资债券18368亿元和11484亿元。

再融资债券与置换债券都是"借新还旧"，主要区别在于置换债券解决的可能是2014年被确定为地方政府应承担偿还责任的债务（主要是审计署于2013

年年底公告的地方政府债务），而再融资债券解决的是2015年及以后年份新发行政府债券形成的地方政府债务。

2018年，全国发行地方政府债券41652亿元。其中，发行一般债券22192亿元，发行专项债券19460亿元；按用途划分，发行新增债券21705亿元，占当年新增债务限额的99.6%，发行置换债券和再融资债券19947亿元。2018年，地方政府债券平均发行期限6.1年，其中一般债券6.1年、专项债券6.1年；平均发行利率3.89%，其中一般债券3.89%、专项债券3.9%。

（二）地方政府性债务的总体情况及主要特征

1. 地方政府性债务的总体情况

（1）债务规模与结构

根据中国社会科学院财政税收研究中心"中国政府资产负债表"项目组对中国政府负债规模的估算，2010—2017年地方政府性负债规模如表3-6所示。

截至2018年年底，全国地方政府债务余额183862亿元，控制在全国人大批准的限额（209974.30亿元）之内。其中，一般债务109939亿元，专项债务73923亿元；政府债券180711亿元，非政府债券形式存量政府债务3151亿元。

表3-6 2010—2017年中国地方政府性负债规模

单位：亿元

	2010年	2011年	2012年	2013年	2014年	2015年	2016年	2017年
地方政府直接负债	68978.68	74825.79	79368.60	108859.17	154000.00	147568.37	153164.01	164706.59
地方政府或有负债	37718.30	40084.37	42598.86	70049.49	86000.00	86000.00	86000.00	86000.00

注：①社保基金缺口应反映在附注中，在本表中为参考性数据。外债因口径发生变化，故所有年份按照统一项目归并

②2014年以前的数据来源于审计署公告或根据审计署公告数据估算。2014年以后的数据来自财政部

③2014年以前的数据来源是审计署公告或者根据审计署公告数据估算。2014年的数据来源于《关于提请审议批准2015年地方政府债务限额的议案的说明》，为8.6万亿元。2014年以后，由于在各种公开数据中无法获得地方政府或有负债的有关数据，按照谨慎性原则，本书在估算时不考虑可能的新增隐性债务，仍采取2014年年底地方政府或有负债总额作为2014年以后各年度的地方政府或有负债总额

从地方政府性债务的规模结构上看，2010-2018年我国地方政府的直接显

性负债、或有负债和隐性负债的规模增长都较快，直接负债从近7万亿元增加到18万亿元，或有和隐性负债从近4万亿元增加到8.6万亿元，增幅均超过1倍（如图3-1所示）。

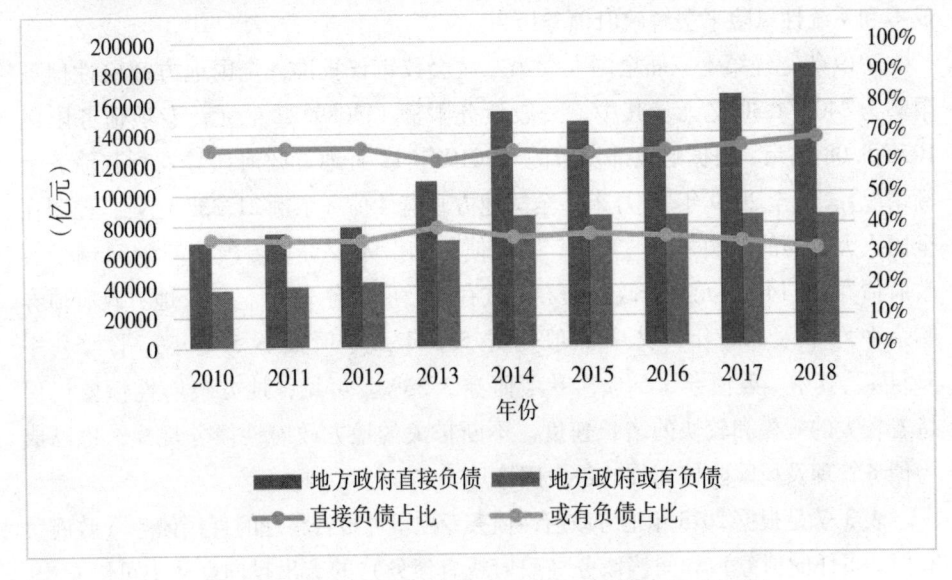

图 3-1　2010-2018 年地方政府性债务总额及相对规模

随着地方政府举债的自主性增强，金融市场对地方政府性债务管理行为的约束也会加强，主要表现在市场定价和市场监督两方面（朱莹和王健，2018）。市场定价方面，试点之前，地方政府依托融资平台发行的债券大多没有纳入一般公共预算，市场信息披露不足，而在"自发自还"阶段，地方政府发行的债券会有专门的银行、证券机构承销，并在债券市场上流通。投资者可以跟踪公开披露的信息判断地方政府性债务风险，从而通过市场定价机制对其进行定价。在市场定价机制下，债务风险较小的地方政府可以获得较低的风险溢价，债务风险较大的债券则会被定以高价，从而避免了逆向选择问题，并且能够从正向激励的角度，降低地方政府性债务风险。市场监督方面，地方政府自主发债更重要的意义在于其将政府的举债行为真正置于资本市场的监督之下。过去地方政府通过融资平台发债，公众难以得知项目的必要性、可行性以及资金运营效率等情况。在获得自主发债权之后，地方政府的债务将被纳入预算管理，这使得地方政府的债务总量及债务资金使用情况更加透明，从而在更大程度上接受市场监管。"自发自还"试点后，中央还在规范地方政府信用评级工作、建立考核问责机制和强化债权人约束等方面做出了明确的规定，这些基础制度的完善又能够进一步加强市场监督与约束。此外，我国金融市场的良好发展可以改善中央政府融资环境，优化金融体系，从而维护债务市场的长期稳定。充足的金融市场流动性也可以提高债券市场抵抗外部冲击的能力，并通过降低市场交易成本和系统性风险来缓解政府债务压力。

2019年，经第十三届全国人大第二次会议审议批准，全国地方政府性债务限额为240774.30亿元。其中，一般债务限额133089.22亿元，专项债务限额107685.08亿元。根据财政部发布的《2019年11月地方政府债券发行和债务余额情况》，截至2019年11月末，全国地方政府性债务余额213333亿元，控制在全国人大批准的限额之内。其中，一般债务118790亿元，专项债务94543亿元；政府债券211143亿元，非政府债券形式存量政府债务2190亿元。地方政府债券剩余平均年限5.0年，其中一般债券5.0年，专项债券5.1年；平均利率3.54%，其中一般债券3.54%，专项债券3.53%。可见，地方政府性债务仍保持着较大的规模和较快的增长速度。不断扩大的地方政府性债务规模，也已成为债务管理及风险防控面临的最大困境。

表3-7是根据2013年地方政府性债务专项审计报告整理的直接债务（政府负有偿还责任的债务）和间接债务（政府或有债务）的支出投向。从中可以看出，两类债务资金大部分被投入了市政建设、土地收储、交通运输等公益性事业中，用于工业、能源等行业的资金较少，总体符合政府对债务用途的要求。然而，表3-7也显示出，相比政府负有偿还责任的债务，政府或有债务数额十分庞大，这些或有债务若不认真加以识别和清理，由此引发的隐性风险不可预计。

表3-7 2013年地方政府性债务支出投向

单位：万元

债务支出投向类别		市政建设	土地收储	交通运输设施建设	科教文卫、保障性住房	农林水利建设	生态建设和环境保护	化解土地金融风险	工业和能源	其他	合计
政府负有偿还责任的债务		37935	16893	13943	6852	4879	4086	3219	1227	12156	101189
政府或有债务	政府负有担保责任的债务	5265	1078	13189	1420	753	580	435	805	2110	25635
	政府可能承担一定救助责任的债务	14830	821	13795	2676	4094	768	886	260	2552	40684

数据来源：2013年地方政府性债务专项审计报告

(2) 地方政府性债务的整体期限结构

表3-8统计了近年来我国地方政府性债务的整体期限结构。从中可以看出，我国地方政府性债务短期还款压力较大，2013年和2014年到期债务总额合计占比甚至超过40%。自2015年开始的存量债务置换工作有效缓解了债务期限结构不合理所带来的偿债压力，减少了近期融资成本。根据Wind数据库统计，在地方政府性债务中，各省置换债务占比均高于60%。新债换旧债有助于盘活存量债务，降低期限错配风险。对地方政府而言，债务期限的扩展有助于降低其融资成本，改善资产负债状况；对商业银行来说，能够降低其呆坏账率，改善杠杆率。

表3-8 近年地方政府性债务期限结构

单位：万元

偿债年度		2013年	2014年	2015年	2016年	2017年	2018年及以后	合计
政府负有偿还责任的债务	金额	24949	23836	18578	12609	8478	20420	108859
	比重	23%	22%	17%	12%	8%	19%	100%
政府或有债务	政府负有担保责任的债务	2473	4373	3198	2606	2299	11707	26656
	政府可能承担一定救助责任的债务	5523	7482	5995	4207	3519	16669	43394

数据来源：Wind数据库

(3) 债务限额及分类管理情况

自2014年新《预算法》颁布之后，我国开始对地方政府性债务实行限额管理，并将政府债务分成一般债务和专项债务进行分类管控。

图3-2显示了2015年部分省市的债务限额占GDP的比重。从中可以看出我国东部地区GDP的增长对债务资金的依赖程度相对较低，但中西部，尤其是西南地区的贵州、云南等省份对债务资金的依赖程度较高。这说明债务管理和风险水平与各地区经济发展水平有较大关系。

图3-3显示了部分省份的债务分类情况，从中可以看出我国正在实行一般债务和专项债务分类管控，各省份一般债务余额占比基本达到60%。从2015年

起，各级政府将一般债务收支和专项债务收支分别归入一般公共预算管理和政府性基金预算管理，确定当年政府债务资金举借需求和偿还计划。因此，地方政府性债务管理的精细化趋势日益明显。

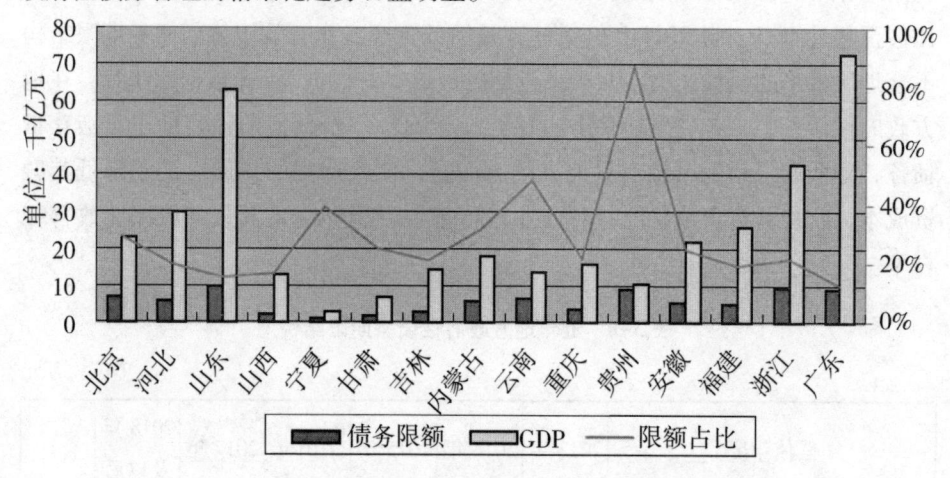

图 3-2　2015 年部分省市债务限额与 GDP
数据来源：CCER 经济金融研究数据库、CSMAR 数据库

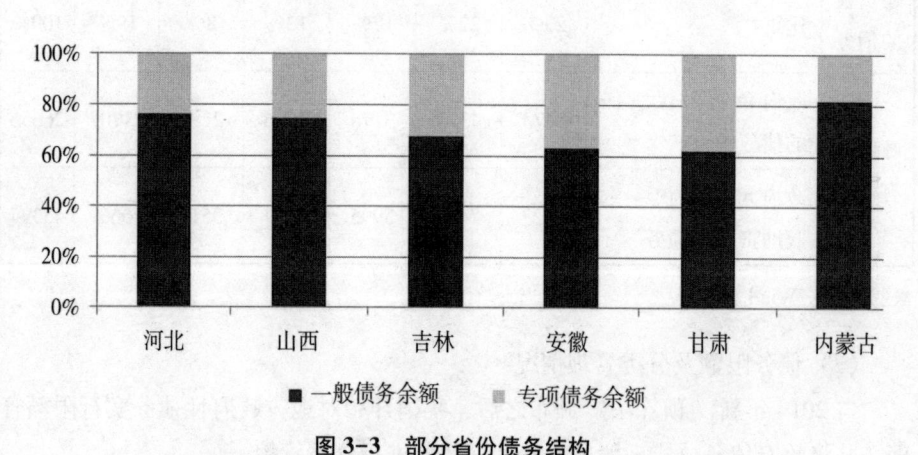

图 3-3　部分省份债务结构
数据来源：CCER 经济金融研究数据库、CSMAR 数据库

（4）地方政府性债务风险防控情况

2018 年，审计署对 18 个省本级、17 个市本级和 17 个县，共计 52 个地区的政府性债务进行了审计。从审计情况看，有关地区风险防范意识增强，违规举债势头得到遏制，债务风险总体可控。但是，也有 16 个省未按要求对困难较大

的市县制订风险应急预案；32个地区上报的债务数据存在漏报、多报等情况；11个地区有170.78亿元存量隐性债务没有制定化解措施，有些地区制订的债务化解方案缺乏可行性；35个地区有290.4亿元债务资金因筹集与项目进度不衔接等原因闲置，其中22个地区114.26亿元超过1年。截至2019年12月25日，相关省份和地区已做出相应的整改。

总体而言，我国目前地方政府性债务规模较大、增速较快，且存在区域分布不均匀，地方政府还款压力较大，风险防控机制尚不完善等情况，由此导致的地方政府性债务风险不容忽视。同时还可以看到，地方政府性债务管理的精细化趋势日益明显，这也对地方政府性债务的治理与地方政府性债务审计及风险防范提出了新的要求与挑战。

2. 地方政府性债务的主要特征

当前，中央政府要求各级地方政府积极推进城市化进程和发展模式转型。同时，伴随着各类保障与改善民生问题的财政投入增加，各级地方政府财政支出的压力也逐步提高。囿于我国现实制度背景，我国地方政府性债务有其特殊之处。防范化解地方政府性债务风险，须认真分析债务自身的特点，对症下药，以切实提升防范化解债务风险的能力。本小节主要从债务资金投向、借贷主体以及债券类型三方面分析总结了我国地方政府性债务的特征。

（1）债务资金集中于城市基础建设

在我国特殊制度背景下，基础设施建设主要依靠政府投入，一些地方政府的举债动机主要就是加强与完善城市基础设施建设，例如，交通系统建设与维护、教育资源培育与整合和经济适用房安排建设等。在高铁、轻轨、道路桥梁等大型公共设施中投入巨额资金是较为理性的选择，因为这有助于推进城市化进程，实现城乡空间的融合发展。然而这也给地方政府带来了一定的财政困难。2013年年底，审计署发布的《全国政府性债务审计结果》表明，交通、市政、能源等基础设施建设方面的投资占地方政府性债务资金的61.86%，用于基础设施建设的比例可见一斑。教育、科技、农林水利、征地与储存、生态建设等基础公益项目方面，地方政府支出了8756.13亿元，比例达到了86.77%。其中，市政建设投资37935.06亿元，土地储存投资16892.67亿元，交通设施建设139430.6亿元，经济适用房6851.71亿元。可见，地方政府举债主要是出于城市建设的需要，而且大部分债务资金最终也的确用在了城市建设方面。这些债务大多有相应的资产和收入作为偿债保障，具有较强的建设性、发展性和自偿性。

(2) 债务举借主要依托融资平台

地方政府融资平台公司是由地方政府及其部门和机构、所属事业单位等设立，直接向社会借债的经济主体，是各级地方政府举债的主力军。但是，融资平台公司水平参差不齐，许多公司并不具备良好的还款能力。中国的县级政府在各级政府中收支水平最不平衡，因此县级融资平台公司债务已成为中国地方政府性债务风险控制的核心对象。从2013年的审计查核数据来看，银行贷款、建设—移交（Buld-Transfer，BT）和债券发行占据了地方政府性债务的很大比重，分别共计55252.45亿元，11246.30亿元和11658.67亿元。地方政府通过融资平台筹集这些资金，进而运用于基础设施建设等领域。这样的融资体系存在的隐患就是，举债主体和用债主体不同，导致还债主体不明确，因此很容易造成债务拖欠，引发债务风险。

(3) 以公募发行的一般债券为主，集中在东部地区

从债务类型来看，地方政府发行的一般债券占据优势比例。根据2016年Wind数据库的统计数据，一般债券共发行654期，规模为35260.43亿元，分别占地方政府性债务的56.4%和58.3%，同比分别增长181.5%和165.5%。从发行方式来看，地方政府性债券仍以公开发行为主要形式。2016年，通过公开方式发行的地方政府性债券共746期，发债规模为44674.66亿元；通过定向方式发行的地方政府性债券共413期，规模为15783.74亿元。公开发行方式占据绝对的领先地位，在地方政府性债务中占比远超一半。其原因主要在于公开发行方式的成本较低，定向发行则主要是用于债券的置换。从区域分布来看，东部沿海地区的经济发达城市是债务发行的主力大军。截至2010年年底，东部11个省（直辖市）和5个计划单列市政府性债务余额达53208.39亿元，占49.65%；中部8个省政府性债务余额为24716.35亿元，占23.06%；西部12个省（自治区、直辖市）政府性债务余额为29250.17亿元，占27.29%。2016年，共有35个省市（包括计划单列市）发行了地方政府性债务，其中发行规模排第一的省份是江苏省，共发行4511.75亿元；第二是山东省，发行3865.40亿元；第三则是浙江省，发行了3582.70亿元。由此可见，我国发债主体主要集中在东部发达地区。

(三) 我国地方政府性债务管理中存在的问题

地方政府发行债券有利于缓解地方财力不足等问题，提高地方政府的自主发展能力，在一定程度上为应对地方危机、抵御自然灾害，并在改善民生、基础建设、环境保护和治理等方面提供有效的资金支持，有助于促进经济发展，稳定社会环境，巩固政治体制。然而，如果没有合理的严格的

约束机制,就可能出现地方政府过度举债、违约拖欠等情况,引发地方政府性债务风险。本小节结合3次全国地方政府性债务审计公告、国家重大政策措施落实情况跟踪审计结果,以及《国务院关于2018年度中央预算执行和其他财政收支的审计工作报告》,对我国地方政府性债务管理中存在的问题进行了总结归纳。

表3-9汇总了2011年和2013年审计署统一组织全国各级审计机关对全国地方政府性债务进行全面审计时发现的问题。提炼总结3次审计结果公告内容,可以看出,地方政府性债务规模大、增长快、举借和使用缺乏规范、依赖土地出让收入等是共性问题。随着有关地区风险防范意识的增强和相关地方政府性债务管理规定的出台,部分地区和单位的违规行为已得到整改,债务风险总体可控,但由于我国财税体制尚不完善,地方政府财力有限,领导干部缺乏有力约束以及法制意识不强等,地方政府性债务仍存在债务管理机制不健全、风险化解方案不合理、地方政府偿债能力不足等问题。

总体而言,目前我国地方政府性债务及其管理存在的突出问题主要有:

(1) 债务存量规模大,增速快

根据全国人民代表大会常务委员会预算工作委员会《关于规范地方政府性债务管理工作情况的调研报告》结果,2014年年底,全国地方政府负有偿还责任的债务余额为15.4万亿元,这一数字比《全国政府性债务审计结果(第32号公告)》中2013年上半年的105789.05亿元净增4.5万亿元,增幅为41%左右;2013年6月的债务余额较2010年年底上升了38679.54亿元,平均增长了19.97%,县、市、省级政府债务余额平均增长率分别为26.59%、17.36%及14.41%。

表3-9 全国地方政府性债务审计发现的问题

审计公告	审计发现的主要问题
2011年第35号	地方政府举债融资缺乏规范
	地方政府性债务收支未纳入预算管理,债务监管不到位
	部分地区和行业偿债能力弱,存在风险隐患
	部分政府性债务资金未及时安排使用
	部分单位违规取得和使用政府性债务资金
	地方政府融资平台公司数量多,管理不规范

续表

审计公告	审计发现的主要问题
2013年第24号	部分地区和行业债务负担较重
	一些地方通过信托、融资租赁、BT和违规集资等方式变相融资现象突出
	融资平台公司退出管理不到位，部分融资平台公司资产质量较差、偿债能力不强
	债务制度不够完善，债务资金管理使用不够规范
2013年第32号	地方政府负有偿还责任的债务增长较快
	部分地方和行业债务负担较重
	地方政府性债务对土地出让收入的依赖程度较高
	部分地方和单位违规融资、违规使用政府性债务资金

始于2015年的地方政府一般债券和专项债券总体上也呈加速扩大的趋势。自新《预算法》实施以来，地方政府举债的唯一合法形式就是发行地方政府债券，此外，国务院要求将15.4万亿元的存量债务3年内置换完毕，这使得2016年和2017年的地方政府债券发行规模急剧扩大。据有关统计，2016年，地方政府性债务经历爆炸式增长，发行额同比增长近1倍，增幅达到98.69%，这也使得地方政府债券一举超越金融债，成为第二大债券品种（第一大债券品种是同业存单）。截至2018年，我国地方政府债务余额已达18.39万亿元。

（2）部分地区债务负担重，偿债压力大

2013年《全国政府性债务审计结果》表明，截至2012年12月，全国范围内乡镇（3456个）、县（195个）、市（99个）及省（3个）四级政府的债务率超过100%。以新债还旧债的现象也较为凸显，2012年年底，有2个省、31个市、29个县、148个乡镇政府的借新还旧率超过20%。出现这种情况的原因是部分地区，尤其是中西部地区在经济发展与地方资金短缺问题之间难以抉择。截至2013年6月底，全国地方政府负有偿还责任的债务中，需在2015年偿还的有1.86万亿元（占17%）。重点抽查的9个省本级、9个省会城市本级和9个县，在2014年年底债务余额比2013年6月底增加了46%。至2015年年底，十二届全国人大常委会第十八次会议审议了《国务院关于规范地方政府性债务管理工作的报告》，对一些负债率超过100%的省份和地区，包括100多个市级和

400多个县级政府，给予了更多的关注。

许多"经济大省"同时也是"负债大省"。比如，江苏省2015年年底地方政府需偿还债务就已达10954亿元，位居全国第一，也是第一个突破万亿的省份；山东、浙江、广东、辽宁、贵州5个省份的债务水平也已超过8000亿元；其次是四川、湖南、云南、北京和上海，其债务水平在6000亿至8000亿元；河北、内蒙古、安徽、河南、福建、湖北和广西的债务水平在4000亿至6000亿元；其他省份的债务水平都低于4000亿元。但是，较高的绝对债务并不意味着债务比率也很高。统计数据显示，贵州和辽宁省的债务比率甚至超过了180%。内蒙古、云南、浙江、湖南、陕西、福建等省的债务比率紧随其后，均超过了100%债务比率的"红线"。2016-2018年部分省份的债务规模如表3-10所示。

及至2018年年底，政府债务余额与当年财政收入比率超过2倍的省份有8个，分别为青海、贵州、内蒙古、黑龙江、宁夏、辽宁、云南和吉林，均位于西部和东北地区；该比率小于1倍的省市有9个，分别为湖北、山东、河南、江苏、浙江、广东、上海、北京和西藏，上述省市财政收入可覆盖政府债务余额，其中广东、上海和北京的该比率均为0.55倍，西藏的该比率为0.42倍。

表3-10 部分省份地方政府性债务规模

单位：亿元

发行主体	2016年年底债务余额	2017年年底债务余额	2018年年底债务余额	发行主体	2016年年底债务余额	2017年年底债务余额	2018年年底债务余额
北京	3743.46	3876.88	/	湖北	5103.67	5715.53	/
天津	2912.74	3423.98	/	湖南	6827.80	7667.49	8708.22
河北	2320.80	1527.70	/	广东	8530.78	9023.37	9958.17
山西	2290.93	2578.56	2963.67	深圳	127.95	117.24	/
内蒙古	5677.36	6009.22	6358.60	广西	941.14	1075.86	1217.98
辽宁	8455.24	8455.24	/	海南	1560.00	1719.26	1941.70
大连	1939.11	1939.14	/	重庆	3737.10	4018.50	4690.60
吉林	2896.08	3193.27	3709.92	四川	7812.00	8503.00	9298.00
黑龙江	3120.30	3454.57	/	贵州	8709.79	8607.15	8834.14
上海	4485.50	4694.20	3962.90	云南	6353.22	6724.52	7139.80
江苏	10915.35	12026.28	13285.55	西藏	57.86	98.64	134.79
浙江	8390.80	9239.09	10794.40	陕西	4917.55	5395.43	/

续表

发行主体	2016年年底债务余额	2017年年底债务余额	2018年年底债务余额	发行主体	2016年年底债务余额	2017年年底债务余额	2018年年底债务余额
安徽	5319.70	5823.40	6704.60	甘肃	1779.10	2068.60	/
福建	4977.11	5462.76	5419.35	青海	1339.10	/	1763.00
江西	3956.78	4269.08	/	宁夏	1175.40	1248.40	1388.45
山东	9444.40	10196.80	11435.30	新疆	2836.93	3377.84	/
河南	5524.94	5548.47	6543.20				

数据来源：Wind数据库

（3）变相举债问题突出

在新《预算法》实施以前，国家法律并未赋予地方政府融资举债的权限，因此各地方政府举债融资的渠道、程序各不相同，多以向融资平台违规提供担保的方式获得资金，或直接进行举债融资。在这个过程中，以政府为背景设立的融资平台数量高达6576家，呈现出内容覆盖范围广、项目投资效率低、公司管理不规范、治理结构不健全等现象。根据现有报告和资料，地方政府违规举债问题不容忽视，部分地区政府仍存在通过信托、城投债、融资租赁、BT以及向非金融机构和个人借款等方式变相举借政府债，同时也存在部分政府将公益性资产和储备用地用于投资融资平台的情况。2013年审计工作发现，6月底以来，4个市本级违规由政府担保或不合规抵押融资157亿元，4个省市本级还通过非公开定向融资工具、私募债等方式举债69亿元。2016年6月审计署公布的地方政府性债务重点专项审计结果显示，截至2015年年底，浙江、四川、山东和河南4省通过违规担保、集资和承诺还款等方式举债153.5亿元。曾公开披露的违法违规举债融资的案例如表3-11所示。

表3-11 地方政府违规举债融资案例

地方政府直接向当地融资平台公司借款	2017年1月至7月，陕西省渭南市下辖的韩城市住房和教研组规划建设局等4个部门向韩城市投资（集团）有限公司和韩城市旅游投资有限责任公司借款3.57亿元，形成政府承诺以财政资金偿还的债务3.57亿元
让企业垫资或直接借款	2015年1月至2017年8月，海南省海口市各级财政及国土等政府部门分别发函，共要求61家企业和单位出资垫付征地拆迁资金，并承诺待相关土地出让金上缴市财政后，由财政安排资金进行偿还

续表

通过金融/准金融机构/融资平台公司举债	2015年至2016年，江苏省常州市金坛区，南通市通州区、海安经济技术开发区等8个设区市的15个县（市、区）共32个项，涉及地方政府及其所属部门通过信托或资产管理计划等方式违法违规举债担保问题
土地/公益性资产融资	2016年7月，洪泽区城市资产经营有限公司采用土地使用权抵押担保方式，根据上级政府批复的规划用地性质，发行人用于抵押的土地中，发行"16洪泽债"募资10亿元
通过政府出资的各类投资基金	2016年6月，望城市经济技术开发区管理委员会全资子公司望城经开区建设开发公司，与中国农发重点建设基金有限公司签订10年期、年投资收益率1.2%的基金投资协议，借款1.4亿元用于望城经开区电子信息化产业园配套基础设施建设项目，望城区人民政府出具承诺函，承诺以财政资金回购中国农发重点建设基金有限公司投放的资本金
违规推进PPP项目	2016年4月，浙江安吉经济开发区管理委员会通过下属国有企业虚构水环境综合整治项目并签订17.81亿元的政府购买服务协议。2016年11月，该企业以政府购买协议为质押与兴业银行湖州分行签订融资借款合同
利用政府购买服务	2017年1月初，内蒙古自治区交通运输厅被财政部点名且发函追责。此前，内蒙古交通运输厅与内蒙古高等级公路建设开发有限责任公司签订"委托代建购买服务协议"，约定于建设期及建设期后第1年至第17年或者第18年通过购买服务资金支付项目建设资金，向农业发展银行贷款105.5亿元

（4）"隐性债务"风险担忧加剧

在对地方政府性债务管理上，要重视债务的信息披露问题。除了纳入财政部门"政府债务管理系统"统计口径的显性债务，地方政府隐性债务一直存在统计口径争议，其实际情况有待查明。披露隐性债务相关信息有利于加强对地方政府性债务规模的控制及其风险监测、预警和评估。

目前，国家已对地方政府性债务管理提出了限制性规定和硬性约束。2017年财政部着力于出台地方政府性债务终身问责、倒查责任制度，坚决查处问责违法违规行为。2018年财政部在《关于做好2018年地方政府债务管理工作的通

61

知》中表示，建立健全"举债必问效、无效必问责"的政府债务资金绩效管理机制。然而"上有政策，下有对策"，部分地区又出现违规或变相举债的新问题，同时，政府的各类投资基金、政府购买服务、PPP、融资租赁等新模式层出不穷。对此，相关法律法规却尚未跟进，造成地方政府隐性负债骤增，隐性风险加剧。另外，政府与社会资本的权利义务划分仍不清晰，在政府不能申请破产的前提下，一旦项目出现纠纷或失败，就可能需要政府对风险进行兜底，而当隐性负债规模远远超出政府承受能力时，就会引发政府信用危机，毁损政府公信力。

(5) 存量债置换存在不足

根据国家相关规定，地方政府可以通过发行地方政府债券、推行存量债置换等措施，达到推迟还款期及降息等目的。然而，置换债务的期限一般在5年以上，这种较长周期会降低地方政府的重视程度，并且，目前置换债券的持有主要集中在银行业，导致风险过于集中。另外，由于地方政府债券的市场化程度较低，同期利率与同期国债较为一致，因此难以反映出其真实的信用评级。

(6) 债务资金使用不合规

2019年第三季度，审计署对相关地区和部门的债务资金使用情况进行了重点审计，发现有9.83亿元不需要按原用途支出的政府债券资金未及时调整使用。还有部分地区和单位将政府性债务资金违规用于非规定范围内的项目建设、楼堂馆舍的修建、房地产开发、资本市场投资、到期债务归还等，甚或一些部门违反产业政策，把债务资本投入产能过剩、高污染、高能耗、重复及低水平建设项目中。例如，2013年4个市本级违反合同约定将108.62亿元债务资金用于房地产开发、项目资本金或其他项目建设等。

(7) 高度依赖土地出让收入，偿债能力弱

由于地方政府性债务增速过快、规模较大、分类不明确等情况，部分地方政府在偿还债务的过程中过度依靠土地出让收入。全国政府性债务审计结果（2013年32号公告）显示，截至2012年12月，有1396个县级政府、316个市级政府以及11个省级政府，都使用了土地出让金偿还债务，涉及金额34865.24亿元，约占负有偿还责任债务总额的37.23%。与此同时，由于采取了债务置换措施，地方政府性债务利息成本下降，债务期限推迟，导致部分地方政府对其债务偿还缺乏紧迫感，进而增加了风险隐患。

(8) 融资平台公司转型困难

尽管新《预算法》和国发办"43号文"已剥离了融资平台的政府融资职能，但平台公司要想实现完全剥离和转型尚需较长时日。鉴于此前融资平台与

地方政府联系紧密，在剥离过程中，如果其大量的举债失控，在经济下行压力较大的情况下，就可能致使地方政府面临较大的财务困境及风险隐患。此外，按相关规定，若融资平台在转型后仍然承担公益性项目的融资，那么当地政府仍旧可以根据需要为其提供资金，这说明政府可能仍要为融资平台背债；对于非公益性项目，平台公司可能会通过分拆方式使其披上"公益性"的外衣，以顺利取得政府的财政支持，实现以小博大的目的。

（9）地方国有企业杠杆率过高，政府兜底压力大

近年来国有企业债务违约率直线上升。企业自身经营管理不善，还款困难，导致债务违约，债务违约则导致企业市场信用下降，在融资过程中难以获得市场认可，融资渠道收窄，现金流转困难，企业只能通过发行新债等方式筹集资金以偿还旧债以及用于改善企业经营管理，若企业积重难返，则导致新一轮的债务违约。在这种"旧债滚新债"的恶性循环中，企业走向破产清偿的可能性增大。东北特钢、大连机床、丹东港等相继发生的债券连环违约破产事件，已向市场提供了警示。一旦企业破产，地方政府可能面临兜底的压力。即使地方政府不对破产国企债务兜底，也要出资妥善安置破产企业的下岗职工。此外，与破产企业处于同一供应链、产业链、担保链上的企业和个人都会受到牵连，这无形中扩大了政府财政支出，进而在一定程度上加剧了政府财政收支缺口。换言之，当国有企业破产时，企业的负债会转移为政府的负债，甚至会导致政府债务规模的增加。

（10）风险防控机制不完善，债务监管措施不到位

目前地方政府性债务风险监测、防控、预警等措施尚不完善，主要体现在：各地方政府性债务收支没有纳入预算管理，无法有效控制举债规模；缺少风险预警和管理机制，部分地区并未按财政部《地方政府债务信息公开办法（试行）》（2019）的规定全面披露地方政府债券信息；省级政府与市县级政府之间的债券分配不透明；各类政府性债务管理分别由财政部不同业务司局负责，尚未归口统一管理；境外发行人民币债券等制度也不够健全等。这些问题进一步导致债务规模查核不清、偿还责任无法落实等情况。

近年来，财政部等部门和相关地方不断加强和完善债务资金查核、对账及风险防范预警等工作，我国地方政府性债务管理水平不断提高，基于显性债务视角的政府负债率处于可控范围之内。尽管如此，在债务资金举借、使用、偿还等各个环节仍然存在较多的潜在风险点和管控薄弱点。部分省份或地区仍存在债务规模控制难度大、偿债能力不足、风险防控机制及监督约束不完善等问题，局部债务风险威胁不可忽视。一旦局部风险触发转变为债务危机，就会带

来巨大的社会代价，不仅对经济效益造成直接的显著的负向影响，而且对政府的公信力、对公众的和谐感都是一种明显的、负面的、对冲性的不良因素，不利于国家的持续繁荣与长治久安。如何守住不发生区域性和系统性风险的底线，对我国各级政府来说都是巨大的压力与挑战。

2018年以来，防风险、降杠杆、强监管等政策持续发力，同时叠加经济下行、贸易争端、国内信用环境收缩等因素，债券违约有所增加，风险出现累积及扩散趋势，防范压力加大。与此同时，地方政府性债务管理的新情况、新问题层出不穷，这对加强地方政府性债务风险管理手段又提出了新的要求。对待地方政府性债务问题，一方面要承认其在地方经济社会发展中起到的积极作用，另一方面更需要加强审计以摸清其整体规模、控制增长速度，严格规范举债方式及债务资金投向，促进加强地方政府的债务资金管理，提前科学计划并合理安排其偿还方式及数量，有效防范地方政府性债务所引起的风险。

（四）我国地方政府性债务相关政策文献梳理

地方政府背负的巨额债务已经成为我国国民经济中一个突出的问题。为全面加强地方政府性债务管理，有效防控地方政府性债务风险隐患，政府部门出台了一系列政策措施，具体如表3-12所示。

表3-12 1994-2019年地方政府性债务相关政策

年份	发布主体	文件	目的与意义
1994	第八届全国人民代表大会第二次会议	《中华人民共和国预算法》	除法律和国务院另有规定外，地方政府不得发行地方政府债券
2009	财政部	《2009年地方政府债券预算管理办法》（财预〔2009〕21号）	规范地方政府债券收支预算管理
2009	财政部	《财政部代理发行2009年地方政府债券发行兑付办法》（财库〔2009〕15号）	规范财政部代理发行2009年地方政府债券的管理
2009	财政部	《财政部代理发行地方政府债券财政总预算会计核算办法》（财库〔2009〕19号）	规范和加强财政部代理发行的地方政府债券会计核算

续表

年份	发布主体	文件	目的与意义
2009	财政部	《财政部代理发行2009年地方政府债券招投标和考核规则》（财库〔2009〕21号）	规范代理发行2009年地方政府债券招投标和考核
2010	国务院	《国务院关于加强地方政府融资平台公司管理有关问题的通知》（国发〔2010〕19号）	加强对地方政府融资平台公司管理，清理债务，规范公司业务
2011	财政部 国家税务总局	《关于地方政府债券利息所得免征所得税问题的通知》（财税〔2011〕76号）	对企业和个人取得的2009年、2010年和2011年发行的地方政府债券利息所得，免征企业所得税和个人所得税
2012	财政部	《财政部代理发行2012年地方政府债券发行兑付办法》（财库〔2012〕46号）	规范财政部代理发行2012年地方政府债券管理
2012	财政部 中国人民银行	《关于加强代理发行地方政府债券发行远程招标现场管理与监督有关事宜的通知》（财库〔2012〕84号）	加强地方债发行远程招标现场（以下简称招标现场）管理与监督
2013	财政部 国家税务总局	《关于地方政府债券利息免征所得税问题的通知》（财税〔2013〕5号）	对企业和个人取得的2012年及以后年度发行的地方政府债券利息收入，免征企业所得税和个人所得税
2014	财政部	《财政部代理发行2014年地方政府债券发行兑付办法》（财库〔2014〕41号）	由财政部代理发行、代为办理还本付息和拨付发行费，地方债发行需由地方政府与财政部协商确定，采用市场化招标方式

续表

年份	发布主体	文件	目的与意义
2014	财政部	关于印发《财政部代理发行2014年地方政府债券招标发行规则》的通知（财库〔2014〕42号）	规范财政部代理发行地方政府债券发行程序
2014	国务院	《国务院关于加强地方政府性债务管理的意见》（国发〔2014〕43号）	建立地方政府债务管理的法律制度框架，赋予地方政府依法适度举债权限
2014	第十二届全国人民代表大会常务委员会第十次会议	《全国人大常委会关于修改〈预算法〉的决定》	省、自治区、直辖市经批准可发行地方政府债券
2014	财政部	《2014年地方政府债券自发自还试点办法》（财库〔2014〕57号）	建立规范的地方政府举债融资机制，试点地区可在国务院批准的发债规模限额内，自行组织本地区政府债券发行、支付利息和偿还本金的机制
2014	财政部	《地方政府存量债务纳入预算管理清理甄别办法》（财预〔2014〕351号）	部署各地清理存量债务，及时将存量债务分类纳入预算管理
2015	财政部	《关于对地方政府债务实行限额管理的实施意见》（财预〔2015〕225号）	自2015年起，每年提请全国人大或全国人大常委会审议批准地方政府债务限额。实行地方政府债务限额管理，依法设置地方政府举债规模的"天花板"
2015	财政部	《财政部关于印发〈地方政府一般债券发行管理暂行办法〉的通知》（财库〔2015〕64号）	规范地方政府一般债券发行等行为，采用记账式固定利率附息形式，由各地按照市场化原则自发自还

续表

年份	发布主体	文件	目的与意义
2015	财政部	《财政部关于印发〈地方政府专项债券发行管理暂行办法〉的通知》（财库〔2015〕83号）	规范地方政府专项债券发行行为，采用记账式固定利率附息形式，自发自还
2015	国务院办公厅	《国务院办公厅转发财政部人民银行银监会关于妥善解决地方政府融资平台公司在建项目后续融资问题意见的通知》（国办发〔2015〕40号）	支持融资平台公司在建项目后续融资，区分存量和增量实施分类管理
2016	财政部	《财政部关于做好2016年地方政府债券发行工作的通知》（财库〔2016〕22号）	采用定向承销方式发行置换债券
2016	国务院办公厅	《地方政府性债务风险应急处置预案》（国办函〔2016〕88号）	建立地方政府债务应急处置机制
2016	财政部	《地方政府性债务风险分类处置指南》（财预〔2016〕152号）	对地方政府性债务风险应急处置做出系统性安排，妥善做好风险事件应急政策储备
2016	财政部	《地方政府一般债务预算管理办法》（财预〔2016〕154号）	将地方政府债务全部纳入预算管理。将政府债务分类纳入一般公共预算和政府性基金预算管理，改变以往地方政府债务游离于预算之外的局面，主动接受人大和社会监督
2016	财政部	《地方政府专项债务预算管理办法》（财预〔2016〕155号）	
2016	财政部	《财政部驻各地财政监察专员办事处实施地方政府债务监督暂行办法》（财预〔2016〕175号）	建立地方政府债务日常监督机制。授予专员办就地查处的权力，建立"发现一起、查处一起、问责一起"的机制，实现地方政府债务常态化监督

续表

年份	发布主体	文件	目的与意义
2017	财政部	《新增地方政府债务限额分配管理暂行办法》（财预〔2017〕35号）	规范新增地方政府债务限额管理
2017	财政部	《关于进一步规范地方政府举债融资行为的通知》（财预〔2017〕50号）	开展地方政府融资担保清理整改工作，加强融资平台公司融资管理，规范政府与社会资本方的合作行为，健全规范的地方政府举债融资机制，建立跨部门联合监测和防控机制，推进信息公开
2017	财政部	《财政部关于做好2017年地方政府债券发行工作的通知》（财库〔2017〕59号）	规范2017地方政府债券发行工作
2017	财政部 国土资源局	《地方政府土地储备专项债券管理办法（试行）》（财预〔2017〕62号）	发行土地储备专项债券，规范土地储备融资行为
2017	财政部	《关于坚决制止地方以政府购买服务名义违法违规融资的通知》（财预〔2017〕87号）	严禁借政府投资基金、政府和社会资本合作（PPP）、政府购买服务等名义变相举债
2017	财政部 交通运输部	《地方政府收费公路专项债券管理办法（试行）》（财预〔2017〕97号）	发行收费公路专项债券，规范政府收费公路融资行为
2018	财政部 中国保监会	《关于加强保险资金运用管理支持防范化解地方政府债务风险的指导意见》（保监发〔2018〕6号）	强化保险机构责任意识，支持保险机构更加安全高效服务实体经济，防范化解地方债务风险

续表

年份	发布主体	文件	目的与意义
2018	财政部 住房城乡建设部	《试点发行地方政府棚户区改造专项债券管理办法》（财预〔2018〕28号）	在棚户区改造领域开展试点，发行地方政府棚户区改造专项债券
2018	财政部	《关于做好2018年地方政府债务管理工作的通知》财预〔2018〕34号	加强地方政府性债务管理，发挥政府规范举债对经济社会发展的促进作用，有效防范化解地方政府性债务风险
2018	财政部	《关于做好2018年地方政府债券发行工作的意见》（财库〔2018〕61号）	规范2018地方政府债券发行工作
2018	财政部	《关于做好地方政府专项债券发行工作的意见》（财库〔2018〕72号）	加快地方政府专项债券发行和使用进度
2018	财政部	《地方政府债务信息公开办法（试行）》（财预〔2018〕209号）	依法规范地方政府性债务管理，切实增强地方政府债务信息透明度，自觉接受监督，防范地方政府性债务风险
2018	财政部	关于印发《地方政府债券弹性招标发行业务规程》的通知（财库〔2018〕74号）	实行地方政府性债券弹性招标制度，完善地方政府债券发行机制
2019	国务院	《关于做好地方政府专项债券发行及项目配套融资工作的通知》	更好发挥地方政府专项债券的重要作用
2019	财政部	《关于做好地方政府债券发行工作的通知》（财库〔2019〕23号文）	从发行、定价、期限结构、信息披露、拨付管理等八方面进一步规范地方政府债券工作

从表3-12可以看出，自2014年新《预算法》颁布以来，国务院及各级部

69

门发布了一系列政策文件以规范地方政府性债务管理，缓解地方政府性债务风险。其中，最重要的几项政策规定、债务审计及其时间线如图3-4所示。

图3-4　地方政府性债务管理的重要事件

2014年8月，新修订的《预算法》颁布是地方政府性债务的重大转折点。业界普遍认为从2014年新《预算法》的修订到同年9月21日国发办"43号文"的出台，都证明我国对地方政府性债务的管理已经进入了一个新阶段。近年来，地方政府性债务已经被纳入全面预算管理（包括限额和余额），2014年10月，财政部《地方政府存量债务纳入预算管理清理甄别办法》的发布，明确提出了各地要清理存量债务，及时将政府存量债务分类纳入预算管理。而且相关政策法规也对地方政府债务融资渠道进行了规范和限制。2015年，新《预算法》实施后，地方政府债券不再由中央政府代发，也不可能再被中央政府"兜底"，风险由作为发行主体的各地方政府自行承担。地方政府通过城投公司的融资渠道被大幅收窄，发行债券成为其最主要的融资方式，即所谓"堵后门"与"开正门"（张帆，2016）。更为重要的是，地方政府的发债融资被纳入了地方财政预算管理之中，地方政府融资行为在阳光之下运行，使得隐性债务转变为显性债务，有利于债务风险的及时发现与有效控制（屈庆和李俊江，2018）。

2015年5月，国务院《关于2015年深化经济体制改革重点工作的意见》对地方政府性债务改革工作提出了明确要求："制定加强地方政府性债务管理意见的配套办法，加快建立规范的地方政府举债融资机制，对地方政府性债务实行限额管理，建立地方政府性债务风险评估和预警机制。"

2015年12月，财政部《关于对地方政府债务实行限额管理的实施意见》明确了对地方政府性债务余额实行限额管理，并提出建立健全地方政府性债务风险防控机制和妥善处理存量债务。但此意见对如何确定限额仅停留在原则性的表述上，而现行的对领导干部的考评制度以及本届举债下届偿还的情况很容易导致地方政府的举债规模难以控制。截至2016年1月22日，已公布往年地方债限额的省份有25个，绝大部分省份债务率处于安全水平。尽管如此，还是有很多省份的债务率已触碰红线。

2016年11月3日《地方政府性债务风险应急处置预案》（第88号文）公

布后，中央政府对地方政府性债务的管理逐步收紧。该文件根据政府债务风险事件的性质，影响范围和危害程度，将地方政府性债务风险事件分为四个层次。另外该文件中还明确提出，各级地方政府有责任偿还自身债务借款，中央政府不会无原则地去帮地方政府偿还债务。这对希望中央兜底的投机者来说是一个明确的遏制信号。

2017年，财政部分别与国土资源部、住房城乡建设部、交通运输部共同发布了地方政府土地储备专项债券、收费公路地方债券以及棚户区改造专项债券。可以看出，我国正逐步完善地方政府专项债券管理，逐步建立专项债券与项目资产、收益对应的制度，推进地方政府专项债券改革。地方政府专项债券由于有着明确的偿还来源，融资在项目体内封闭运行，能够有效隔离相关风险，市场透明度较高，因而更容易得到投资方的认可。由此可见，地方政府专项债券可望成为推动地方政府投融资体系变革的重要力量之一。

2018年，《地方政府债务信息公开办法（试行）》对增强地方政府性债务信息透明度提出了明确的要求，要求地方政府及时在地方政府及财政部门等门户网站公开与债务相关的信息；2019年12月31日，财政部正式上线试运行中国地方政府债券信息公开平台，定期公开地方政府债券限额、余额以及债券发行、存续期管理、经济财政状况等信息。这些大大有助于提高地方政府性债务信息的透明度和可靠性，有助于地方政府性债务审计工作的展开，有助于缓解地方政府性债务风险。

除了以上重要的措施，我国还通过发行新增地方政府债券，锁定并置换存量政府债务，摸清并排查风险隐患，严格落实地方政府性债务管理制度，实施地方政府性债务风险预警，强化监管政策引领，严肃处理和通报违法违规举债担保行为等方式来合理规范政府举债行为。

尽管地方各级政府已逐步建立规范的举债融资机制，在发挥地方政府性债务对经济社会发展的支持作用，改善民生，推动国家治理，防范化解金融风险等方面取得了阶段性成效。地方政府性债务风险总体可控，但仍有个别地区债务率较高，违法违规举债担保行为时有发生。在财政"收紧"的大背景下，已经出现了许多非法的"新变种"。这些变相的举债行为不仅触犯现行的制度规定，而且埋下了财政和金融风险隐患。因此，结合国家审计对地方政府性债务资金的举借、使用、偿还等各环节进行监督管理，对地方政府性债务相关政策措施落实情况进行跟踪审计，以及时有效防范地方政府性债务风险，守住不发生区域性系统性风险的底线，具有重要的实践意义。

二、地方政府性债务审计的实施情况

地方政府性债务审计是国家审计的常规内容之一，对政府性债务实施审计监督，维护公共财政的安全性和稳定性，是国家审计义不容辞的职责。虽然目前我国的地方政府性债务风险总体可控，但局部风险不可小觑。审计署一直密切关注中国政府债务的规模及管控情况，致力于发挥国家审计作为国家良治"助推器"和经济运行"安全员"的作用。

本节对地方政府性债务审计现状进行梳理，论证与分析从风险防范角度实施地方政府性债务审计的必要性和可行性，基于审计署开展的3次全国性的政府性债务审计实施情况，重点阐述目前我国地方政府性债务审计的重点和难点。同时，在国家审计的历史发展基础上，阐释国家审计的时代特征、当前面临的挑战及机遇，并结合国家治理的新动向以及跟踪审计的相关理论和实践经验探析国家审计的未来发展趋势，从而为地方政府性债务审计的改进提供方向指导。研究并指出应把跟踪审计与地方政府性债务管理结合起来，探索符合我国发展实际的地方政府性债务审计模式。

（一）地方政府性债务审计的必要性和可行性

1. 地方政府性债务审计的必要性

1978年以来，我国的中央与地方关系一直处在变化之中，虽然收放权在不断循环，但地方政府的独立性与自主性在迅速扩大。地方政府已逐渐成为独立的利益主体，拥有其自身的经济利益与社会发展目标，改变了以往单纯对中央控制的服从关系，深化了与其他地方政府的博弈关系，这种关系进展使得审计监督更为重要，特别是基于风险防范角度，从国家审计视角出发，对地方政府性债务及其风险进行查核、评估、监测及预警，在政策上和实践上都有其必要性。

从政策方面看，基于风险防范的地方政府性债务审计有其实施的必要性。2011年1月1日正式实施的《中华人民共和国国家审计准则》（以下简称《准则》）第四章第六十一条明确提出，审计人员可以从风险评估角度出发，确定、分析被审计单位与实现内部控制目标相关的风险以及采取的应对措施。但是该《准则》并没有明确指出使用何种方法对政府审计项目的风险进行评估以及如何应对。政府审计部门的工作重点是对被审计单位财务收支以及相关经济活动的合法性、真实性、效益性等进行监督，以推进法治民主进程，维护经济安全，推动廉政建设，为经济社会发展提供保障。因此有必要基于风险防范的角度对地方政府性债务进行审计。

2013年,十八届三中全会明确了强化中央及地方政府性债务及其风险预警机制的要求,需要对地方政府性债务进行科学规划,以形成监督严格、实施稳步、结构合理、举债规模适度及风险可控的管理机制。对此,应遵循以下几项原则:一是依法合规原则,在《预算法》等法律法规范围内实施举债;二是规模适度原则,充分虑及地方政府财政能力及经济发展水平,科学合理地控制举债规模;三是责权一致原则,加快推进地方政府融资举债体系建设,实现债务资金运行各环节协调统一;四是市场化运作原则,要依据市场运行规律,规范举债主体行为,健全信用评级机制,完善偿债约束机制和利率形成机制;五是公开透明原则,及时公开地方政府性债务资金举借、使用、偿还等全过程及其相关信息,以便人大及社会公众等查询、了解、监督及反馈;六是严肃问责原则,实行责任主体问责制,对举债中发现的问题实行终身问责,一查到底。审计机关在进行地方政府性债务审计时,除了需对地方政府性债务的情况进行彻底摸查,还要建立规范合理的风险预警机制。2017年6月23日,胡泽君审计长在第十二届全国人大常委会第二十八次会议上所做的《国务院关于2016年度中央预算执行和其他财政收支的审计工作报告》中提出,"切实加强重点领域监管和风险防控",并明确提出了"重点防范地方政府债务、不良资产、债券违约、影子银行、互联网金融等风险隐患,强化风险评估、预警和应急处置"。

总之,有关地方政府性债务审计的政策、文件等都明确提出了要对地方政府性债务进行审计并强化风险评估、风险防范、风险预警和应急处置。因此,有必要基于风险防范的角度实施地方政府性债务审计。

从现行实践看,基于风险防范的地方政府性债务审计有其实施的必要性。根据财政部门的预测,截至2015年12月,我国地方政府性债务余额限额为16万亿元,债务率预计达86%,低于风险警戒线(100%),风险总体可控。然而,地方政府性债务风险不仅在于债务规模,也在于其增长速度。事实上早期债务的过快的增长主要集中于地方政府。根据2013年《全国地方政府性债务审计的结果》,2013年6月底,地方政府性债务较2012年12月提升了12.6%,平均提升26.8%,显著高于GDP的名义增长率。因此,无论从政策指导方面还是从现实背景方面来看,基于风险防范的地方政府性债务审计都有其实施的必要性。

2. 地方政府性债务审计的可行性

(1) 法律保障

尽管新《预算法》、原《中华人民共和国担保法》(以下简称《担保法》)、《中华人民共和国审计法》(以下简称《审计法》)以及其他与政府审计有关的法律法规并没有直接对地方政府性债务审计过程中的风险防范进行明确的规定，但每部法律法规的具体条例中都有一些关于地方政府性债务风险防控的具体要求或意思表示。例如，1995年出台的《担保法》对政府担保行为做出了严格的限制。其中第八条就明确规定，国家机关不得为担保人，经国务院批准的国际经济组织或外国政府贷款的转贷除外。2000年，最高法在担保法的解释中规定，以公益为目的的社会团体、事业单位及国家机关违反法律进行的担保，该担保合同无效。

2014年新《预算法》中第十四、三十四、三十五、四十八条分别从不同方面对地方政府性债务做出了限制性的规定，比如，对举债主体进行限制，即经国务院批准的直辖市、自治区及省级政府为地方政府性债务的举债执行主体；又如，对举债规模进行控制，省级政府的债务举借规模，需经国务院、人大、人大常委会批准，地方政府性举债规模应在国务院规定限额内。再如，明确限制了举债方式，新《预算法》中明确规定，地方政府仅能以债券形式进行资金筹措，不得违反法律规定以其他举借方式进行举债，不得以任何方式向个人、单位提供间接甚或直接的债务担保；此外，还限定了债务资金用途，规定地方政府举借的债务只能用于公共预算中的公益性支出、建设投资等，而不得用于其他日常性支出。不仅如此，还要求地方政府向社会公开债务预算，将地方政府性债务举借列入政府预算调整方案，经人大批准后向社会公开，并做详细说明。尤其明确规定了要对债务风险进行严格控制。地方政府性债务应有稳定的偿还资金来源和偿还计划，要建立地方政府举债责任追究、应急处置、预警及风险评估等机制，由国务院财政部门对其实施监督管理。

新修订的《审计法》中对审计机关的职责进行了调整，将使用财政资金的事业组织、国有资本占控股地位或主导地位的金融机构、以政府投资为主的建设项目纳入了审计监督范围。而地方政府性债务资金所适用的范围中就包括以政府投资为主的建设项目。因此，从地方政府性债务所涉及的法律法规来看，对地方政府性债务基于风险防范视角实施审计有其可行性。

（2）制度保障

我国中央政府、各相关部委等一直很重视地方政府性债务风险，在诸多相关政策文件中都强调要重视对地方政府性债务风险的防范，从1995年的《担保法》中即可窥见一斑。国务院对强化地方融资平台管理的相关通知及财政部的相关规定等都对政府的担保行为做出了限制，规定地方政府不得在政府预算中纳入融资平台企业偿债资金，若融资平台经地方政府担保，则地方政府应在出资范围内对融资平台公司承担有限责任，且不得以行政事业单位国有资产、财政性收入或其他任何间接或直接方式提供融资担保。2000年颁布的《中华人民共和国审计准则》第三章《作业准则》中，对审计方案编制时的谨慎性和重要性进行了说明，并提出了通过审计对风险进行评估并围绕审计目标开展审计工作。2011年，审计署对《中华人民共和国审计准则》进行修订，修订后的《审计准则》第三章审计计划、第四章审计实施中都要求审计人员在审计过程中对被审计机关相关的内部控制及其执行情况进行风险评估，并采取相关的应对措施。审计署将风险评估修订吸纳在国家审计准则中，充分说明了审计机关在进行政府审计时对风险防范的高度重视。2012年，财政部预算司下发了制止地方政府违法融资的相关通知，明确规定了对政府违规担保行为的制止。地方政府部门及其社会团体、事业单位应严格依法依规执行《担保法》，不得变相或直接向个人、单位提供宽慰函、承诺函、担保函等担保协议，不得以国有资产对任何单位、个人进行质押或抵押担保，不得从事违法担保。2016年，国务院办公厅下发了《国务院办公厅关于印发地方政府性债务风险应急处置预案的通知》，其目的在于"建立健全地方政府性债务风险应急处置工作机制，坚持快速响应、分类施策、各司其职、协同联动、稳妥处置，牢牢守住不发生区域性系统性风险的底线，切实防范和化解财政金融风险，维护经济安全和社会稳定"。这些文件都充分说明了中央政府对于地方政府性债务风险防范的高度重视，而相关政策法规也为更好地对地方政府性债务进行审计及风险防范提供了制度保障。

（二）地方政府性债务审计实施状况及重难点

1. 地方政府性债务审计实施状况

自2011年6月至今，审计署共开展了3次全国性的地方政府性债务审计，2011年3月至5月组织全国审计机关对计划单列的5个市本级、31个省（直辖市及自治区）及其所属县（区、旗）、地级市（区、州、盟）三级地方政府的债务情况进行了全面审计；2012年11月至2013年2月，审计署对15个省、3个直辖市及其所属的15个省会城市、3个市辖区，共计36个地方政府自2011年以来的政府性债务情况进行了审计；2013年8月至9月，审计署对中央、31个省和5个直辖市及其所属市、县、乡的地方政府性债务情况进行了审计。此外，2015年3月起，全国人大常委会预算工委组成调研组，陆续对我国各地方政府债务管理工作进行了调研。本小节根据3次全国地方政府性债务审计的结果对审计范围、审计目的及审计内容等审计实施状况进行梳理、汇总及分析：

（1）审计署办公厅2011年第35号公告：全国地方政府性债务审计结果

此次审计的范围是：所有涉及地方政府性债务的政府机关和部门（25590个）、经费补助性事业单位（42603个）、融资平台企业（6576个）、公用事业单位（2420个）、其他相关单位（9038个）以及373805个项目，共计1873683笔债务。

本次审计对地方政府偿还性债务进行了重点审计，包含债务人存在偿还困难而政府具有担保责任的债务、政府可能承担救助责任的债务及其他相关债务等。根据2011年6月27日公布的《全国地方政府性债务审计结果》（2011第35号公告），截至2010年12月底，扣除54个无政府性债务的县级政府，全国县、市、省三级政府的债务余额高达107174.91亿元。其中，具有偿还责任的债务占62.62%（67109.51亿元），担保责任性债务占21.8%（23369.74亿元），可能承担救助责任的债务占15.58%，共计16695.66亿元。上述债务数额中，2008年及以前用于续建开工项目和举借的债务额度达54816.11亿元，占一半以上；县、市、省三级政府所担负的债务余额占比分别为26.53%、43.51%及29.96%，所涉金额分别为28430.91、46632.06及32111.94亿元。总体债务余额比上年增长18.86%，但增速下降43.06%，债务余额中银行贷款的数量占据总债务余额的79.01%。

（2）审计署办公厅2013年第24号公告：36个地方政府本级政府性债务审计结果

此次审计的目的在于摸清地方政府性债务增长变化情况，揭示债务管理中出现的新问题以及风险隐患。审计范围包括15个省、3个直辖市及其所属的15个省会城市、3个市辖区，共计36个地方政府自2011年以来的政府性债务情况。

根据2013年6月10日公布的《36个地方政府本级政府性债务审计结果》（2013年第24号公告），截至2012年12月，我国地方政府（36个本级政府）的政府性债务余额共计38475.81亿元，其中政府担保性债务达9079.02亿元，偿还责任性债务达18437.1亿元，其他相关债务为10959.69亿元，相比2010年增加了4409.81亿元，增长12.94%。具体而言，举债主体仍为融资平台、地方政府部门，占总举债金额的45.67%，且债务余额增长较大。而从债务资金来源看，仍以银行贷款为主，银行贷款数额占总举债金额的78.07%。从此次的审计结果来看，这36个地区的债务率仍处于较高水平。

（3）2013年审计署办公厅第32号公告：全国政府性债务审计结果

该次审计的范围包括：单列计划市（5个）、县（区、市、旗）2778个，市（区、盟、州、地）391个，省（直辖市、自治区）31个，乡镇（苏木）33091个，全面审计了其政府性债务状况。

依据2013年12月《全国政府性债务审计结果》（2013年第32号），截至

2013年6月，全国负有偿还责任的政府性债务总额达206988.65亿元，占负债总额的68.4%；其中，中央政府负有偿还责任的债务占比47.4%，金额为98129.48亿元，地方政府负有偿还责任的债务占比高达52.6%，金额为108859.17亿元。全国负有担保责任的债务总额为29256.49亿元，占负债总额的9.6%；其中中央政府负有担保责任的债务占8.9%，金额为2600.72亿元，地方政府负有担保责任的债务占比达到91.1%，金额为26655.77亿元。全国可能承担一定救助责任的债务总额为66504.56亿元，占比为22%；其中中央政府占34.8%，数额为23110.84亿元，地方政府占比高达65.2%，数额为43393.72亿元。从政府层级来看，乡（镇）、县、市及省等各级政府的偿还责任性债务金额分别为3070.1、39573.6、48434.61及17780.84亿元；从债务的资金来源来看，政府偿还性债务来源主要为债券发行、BT及银行贷款等，所涉金额分别为11658.67、12146.3及55252.45亿元。截至2013年6月，县、市、省三级政府偿还性债务余额是105789.05亿元，较2010年12月显著增加，年均增长率为19.97%，县、市、省三级政府的年均增长率分别是26.59%、17.36%及14.41%。

2. 我国地方政府性债务审计的重点

2011—2013年审计署发布的3次全国地方政府性债务审计结果公告，都明确列示了主要审计内容，即依据国务院对地方政府性债务审计工作的要求，将地方政府性债务按照审计相关责任主体分为三类，并对这三类债务分别进行统计查核。一是政府偿还责任性债务，即通过政府或政府机关单位进行举借的，用财政资金进行偿还的债务。二是政府担保责任性债务，即由政府提供间接或直接的担保的债务，当债务人偿还能力出现问题时政府负连带责任。三是其他相关性债务，该种债务未经地方政府担保，由企事业单位自行举借并投向公益项目，需以项目收益、单位自身收入等资金进行偿还，但当债务人出现偿还困难时，政府也可能给予一定的救助。

其中，只有审计署2011年第35号公告《全国地方政府性债务审计结果》有专门指出重点审计内容，即政府负有偿还责任的债务。国务院办公厅2011年2月13日发布的国办发明电〔2011〕6号文件《地方政府性债务审计工作方案》中也明确指出了全国地方政府性债务审计工作的内容和重点。本书依据中央政府机关发布的文件和已有的地方政府性债务审计结果对审计重点进行剖析。

现有文件表明，地方政府性债务审计的重点在于政府负有偿还责任的债务，即要对地方政府各年度、各层级的偿还责任性债务及其风险进行分析。还要探明并揭示债务规模较大的部门、行业及融资平台等的债务及其风险情况，对偿还性债务、相关性债务、担保性债务这三类债务的结构、规模、期限、来源、债务人构成、债务余额及变化，以及资金投向和偿还情况等进行详细的审计。具体阐释如下：

对地方政府偿还性债务及其风险进行审计，应重点关注地方政府的债务率、偿还率、预期债务率、借新还旧率、偿债率等指标。对各级次、各年度地方政府性债务的具体情况进行深入的剖析，揭示并防御地方政府性债务风险。

依照国发办"43号文"和新《预算法》中第34、35条的规定，政府债务应实行规模控制（各地的债务余额可以小于省财政厅下达的限额，但不得高于限额）和预算管理（分类纳入一般公共预算和政府性基金预算管理）；地方政府性债务只能利用政府和其机关部门进行举借，不得利用企事业单位举债，且举债主体仅限省级政府，省级以下无举债权（市县政府若确需举债，必须按照批准限额拟出本区域政府当年举债及应用计划，将其列入政府预算并调整方案，经人大常委会批准后报省政府备案，且由其代为举借）。并且，地方政府举借的债务仅能用于对存量债务适度归还及公益性项目的资金支出，不得用于日常性支出。故地方政府性债务审计应对照上述规定对地方政府在举债、用债过程中是否存在违法违规的行为进行核查，确认债务主体、资金用途和预算管理方式符合规定要求。

同时，地方政府新发生或有债务，要严格限定在依法担保的范围内。按照我国《担保法》和新《预算法》规定，保证人不得为国家机关（经国务院批准为实行国际经济组织及外国政府贷款的转贷不在此规定内），并且，地方政府和其相关部门不得向任何个人、单位提供任何形式的债务担保（法律另行规定的除外）。因此在审计过程中也要对地方政府是否在举债过程中存在违规担保的情况予以核查。

对债务规模比较大的行业、财政部相关文件提及的行业，比如，市政建设、交通运输等相关部门的债务及其风险情况进行审计，重点应包含以下几方面：①相关部门三类债务的规模及占比情况；②相关部门通过其经营性收入偿还债务及担保债务的能力；③依赖土地出让资金来偿还债务的程度；④举新债还旧债及债务预期状况的比重；⑤政府担保及其他相关债务转化为地方政府偿还性债务的可能性等。

对融资平台企业运营及其债务状况、偿还风险等进行审计，重点要理清与地方政府相关的融资平台公司的数量、类别、债务规模、债务比重等，并对融资平台企业的财务状况、资质水平、盈利情况等实施清查审核，掌握其债务偿还能力。

此外，还应对有关地方政府性债务资金的举借、使用、管理及偿还等制度方面的完善性和有效性进行审计。按照国务院强化地方政府性债务管理的相关规定，以及财政部对地方政府实行的债务限额管理意见等，考察当地是否建立或完善了政府债务管理制度，是否对政府性债务的预算、举借、使用、偿还、绩效评价等做出了明确规定，并检查相应制度的执行情况。具体包括但不限于：①对地方政府性债务管理机制的完善性进行审计，审查其债务资金运行流程是否规范，债务是否存在缺口管理、多头举债而导致债务规模摸底不实、债务应用审批手续不完善、资金管理缺失、偿还责任缺失、控制机制及风险预警不健全等问题。②对地方政府性债务资金应用的有效性、规范性进行审计，审查是否存在对低水平重复建设项目、高能耗和高污染产业的资金投入，是否违规投入楼堂馆舍、房地产、资本市场及其他形象工程等，债务资金投向是否经过审核批准，债务资金是否存在长期闲置等问题；审查地方政府及其部门机关、财政经费补贴性事业单位在2010年国务院下发加强融资平台企业管理的相关通知后，是否存在以财政性收入、宽慰函、承诺函、单位国有资产等形式违规向政府融资平台提供间接或直接担保的问题；审查融资平台的质押担保、抵押担保及其担保物估价是否存在不合法或虚假问题，以及是否超出其价值而获得贷款，是否存在资产不实、资本抽逃或将贷款作为项目本金等问题；审查债券发行中是否存在通过虚报收入、违规注资等来粉饰业绩的行为，以及主管单位审批不严的问题；审查地方政府及其相关部门、政府性融资平台、公用事业及财政经费补助性事业单位是否存在违反国家规定向社会公众、单位职工筹集资金的问题等。

3. 我国地方政府性债务审计的难点

结合全国人大预算工作委员会从地方政府性债务调研报告及审计署对地方政府性债务的3次审计结果公告，本小节对地方政府性债务审计的难点进行归纳、整理和提炼。

（1）独立性问题

审计工作能够得以有效开展的前提条件是审计人员的独立性。目前我国地方政府性债务审计一般实行同级审计和异地交叉审计。就同级审计而言，因审计机关与被审计单位处于同一级别政府领导下，故难以确保审计的独立性，而对举债主体为更高一级的政府而言，审计的独立性就更难保证。此外，地方审计机关的经费由地方财政部门统筹安排，受地方政府的影响，在审计过程中其独立性可能会缺少保障。因此，按照现行的审计制度，在进行地方政府性债务审计时，保持审计机关和审计人员的独立性是难点之一。

(2) 统计口径问题

目前我国对地方政府性债务尚未有完善的统计制度，也未形成规范的综合报告机制，相关部门对于地方政府性债务的统计口径、确认标准存在不一致，导致审计机关和审计人员无法明确、清晰、详尽地摸清各地方的政府性债务结构。不仅如此，审计还发现地方政府存在社会保险欠账、国有企业历史遗留，甚至通过举债发放养老金等问题，而这些或有负债很有可能转化为地方政府负有偿还责任的负债。此外，目前我国主要参照欧美标准制定债务风险警戒标准及风险指标，以债务增长速度和债务总量作为主要关注点，而对于债务结构和债务比例等衡量指标关注较少，因此尚无法全面、深度地反映各地方政府的实际偿还能力，这也会给审计工作带来一定困难，可能会使审计机关和审计人员在审计过程中难以做出清晰完整的判断与分析。

(3) 债务风险衡量问题

目前各地方政府通过发行地方政府债券、开展存量债务置换等方式推迟了现有存量债务的还债期限，以缓解偿债压力。但从目前地方政府性债务的运行状况来看，地方政府对债务偿还问题尚没有足够的紧迫感，债务规模持续扩大，缺乏强有力的债务监管措施及合理有效的风险防控机制。而且地方政府债券的市场化程度低，债券利率基本与同期国债利率持平，无法真实反映其信用评级，也没有形成市场有效约束机制。因此，如果无法识别各地债务存量置换债券的数量，且置换债券的持有者过度集中于银行系统，则会带来一定的债务风险。显然，这也是地方政府性债务审计的难点之一。

(三) 国家审计发展状况、面临的挑战与机遇

国家审计是我国监督体系的重要组成部分，在构建和完善国家治理体系，推进国家治理能力现代化中起着重要的保障作用。自党的十八届三中全会以来，完善和发展中国特色社会主义制度，推进国家治理体系和治理能力现代化，已经正式成为全面深化改革的总目标。基于此，在党的十八届四中全会上，国家又对审计制度的完善、审计监督权的独立行使、审计全覆盖的范围做出了明确规定。目前，我国已形成一整套具备中国特色社会主义特色的审计体系，国家审计业已成为国家治理中监督控制子系统的"免疫系统"，在推动经济社会发展中发挥着无法替代的作用。

地方政府性债务是国家治理的重要内容之一，是攸关国计民生和社会经济发展的重要公共资源。审计署"十二五"规划中已将地方政府性债务情况列为地方政府财政收支审计的重要内容。国家审计依法对地方政府性债务的资金流向、财政安全的维护和经济平稳运行负有监督责任。加强地方政府性债务管理，

防范财政金融风险也是我国的重大政策措施之一。国家审计是跟踪落实这一重大政策措施，防控地方政府性债务风险的重要力量。国家审计机关的独立性能够为地方政府性债务审计开展提供保障，国家审计制度可以在监管地方政府性债务的资金使用与管理、抑制地方政府性债务风险的膨胀态势过程中，发挥重要的积极作用。依法依规运用国家审计理论和方法对地方政府的债务举借、使用以及偿还行为进行监督管理，充分发挥审计的揭示、抵御和预防功能，能够更好地揭露风险隐患，推动地方政府性债务管理，有效防范和化解债务风险，保障经济持续健康发展。

下面，基于国家审计的历史演进，阐述国家审计的时代特征，分析当前面临的挑战及机遇，结合国家治理的新动向以及跟踪审计的相关政策和实践经验，探讨国家审计的发展态势，并将跟踪审计与地方政府性债务结合起来，以探索构建符合我国发展实际的地方政府性债务审计模式。

1. 国家审计的发展现状

国家审计是随着国家的产生和发展而逐渐演变的独立的经济监督活动，在不同的政治经济社会发展阶段，国家审计发挥着不同的职能作用。早在西周时期便有了带有审计性质的财政经济监察工作，这是国家审计的萌芽。秦汉时期，初步确立了审计监督制度，汉朝则制定了"上计制度"，规范了审计主体，明确了审计内容。及至宋朝，专门设置了"审计司""审计院"，进一步完善了国家审计工作。元代忽视了审计制度建设，明清时期的审计职能也不完善，到了民国，由于政府腐败、时局不稳，国家审计有名无实。在抗战时期，中国共产党建立了一套较为严密的审计体系，并成立了专门的审计组织，但因为战争形势的影响，一直到解放战争后期，才逐渐建立起了比较独立、系统、完善的审计制度。

新中国成立之初，未设置独立的国家审计机构，而是将审计监督工作交于财政、监察部门，由这些部门对财政预算决算进行审查，对预算执行情况进行监督，并对各部门、各单位的违规违纪问题进行检查和处理。1982年，《中华人民共和国宪法》（以下简称《宪法》）规定国家要建立审计机关，确立社会主义审计监督制度。1983年，中华人民共和国审计署成立，自此，全国各地相继建立了地方政府审计机关，陆续开展审计工作。

经过几十年的发展，我国已形成了具有鲜明的中国特色的审计制度，构建了相互衔接、相互联系、科学合理的审计法律法规体系。在这几十年历程中，我国国家审计按照党中央、国务院决策部署，认真贯彻落实宪法、审计法等法律法规，紧密结合审计工作的职责任务和履职特点，坚持问题导向、创新驱动，服务国家经济、政治行政改革的需要，不断创新体制机制，不懈探索适合我国国情的审计监督制度。具体审计工作中，针对不同时期国家与政府工作重心来确定审计工作对象以及新形势下的审计目标，持续强化审计队伍建设，不断提升审计能力和水平，为更好地服务于经济社会的持续健康发展做出了应有的贡献，走出了一条颇具中国特色的审计道路。

国家审计既是我国监督体系的一部分，也是国家治理体系的重要组成部分。改革开放40多年来，我国的政治、经济、文化环境等都发生了翻天覆地的变化，这便要求国家审计随势而动，调整职责和工作重心。适时调整职责和工作中心。国家审计要以习近平新时代中国特色社会主义思想为指导，一切从实际出发，实事求是，坚持"依法审计、服务大局、围绕中心、突出重点、求真务实"的审计工作方针，认真履行宪法和法律赋予的职责，全面监督财政财务收支的真实、合法和效益。其目标服从国家治理的需要，与中国特色社会主义目标始终保持一致，把维护人民根本利益、维护国家安全、推动国家治理作为审计工作的根本目标，把"推进法治、维护民生、推动改革、促进发展"作为审计工作的出发点和落脚点，内涵更加丰富，职能更加全面。具有以下鲜明的时代特征：

（1）审计的目标更注重效益

从注重真实性、合法性，守卫国家财产安全到以真实合法与效益并重，进而更加注重效益、效果和质量。根据审计署公布的审计工作发展规划，2003年的第一份规划仅有13处提及"效益"，2006年的第二份提及了26处，是2003年的2倍，以后的每份工作发展规划以同等程度提及了"效益"或"绩效"，共20余处。

（2）审计的客体更加复杂，审计的范围更加广泛，更关注公众利益

从收入到收支并重再到以支出为主，从国企审计到领导人经济责任审计再到资源环境审计、民生审计等，国家审计充分反映了政府从政治统治型向经济建设型，再向公共服务型的转变。

（3）审计的方法更加科学、多样，审计的方式更加信息化、智能化

立足中国特色社会主义制度建设实际，国家审计经过40多年来的改革与发展实践陆续探索出了多种审计模式，形成了多种审计方式结合、上下联动、全国"一盘棋"的审计工作局面，并且不断结合信息技术的发展，丰富完善审计工作模式，大大提高了审计工作的效率与水平。

(4) 协同监督与治理

国家审计机关与监察委员会协同对我国公共权力进行监督约束，共同在维护国家经济健康运行与反腐倡廉中发挥作用。从审计阶段来看，审前，二者基于自身的职能及外部环境做出工作规划，相互配合，协同作业；审中，二者通过信息资源共享，发现问题，识别风险，并通过技术共享，整合资源，评估风险，最后协同处置，控制风险；审后，二者交叉监督，国家审计机关追踪监察委员会处置的公职人员的相关经济活动，监察委员会对国家审计机关审计过的经济活动相关人员进行持续监察。

(5) 更加重视风险防范与化解

审计署"十二五"审计工作发展规划提出，审计工作任务的主要任务之一就是关注国家财政安全、金融安全、国有资产安全、民生安全、资源与生态环境安全、信息安全等，揭示存在的风险，提出防范和化解风险的对策性建议，切实维护国家利益和国家安全。

新时代背景下，国家审计已经成为国家治理的重要手段，它的独立性、权威性及其独有的预防、揭示和抵御功能，使之成为国家治理中监督控制子系统的"免疫系统"，是其他监督方式，如行政监督、经济监督、法律监督、社会监督等，所不可取代的。2018年3月，由习近平总书记兼任主任的中央审计委员会建立，其办公室设在审计署，主要负责研究提出并组织实施在审计领域坚持党的领导、加强党的建设的方针政策，审议审计监督重大政策和改革方案，审议年度中央预算执行和其他财政支出情况审计报告，审议决策审计监督其他重大事项等职责。这对我国的国家审计管理体制而言具有深远的影响和意义，体现了党中央对审计工作的高度重视。中央审计委员会的成立贯通了审计监督与其他各类监督，消除了审计监督的"孤岛效应"，有利于实现审计监督全覆盖，进一步加强了审计机关的独立性与权威性，有利于形成"全国一盘棋"的审计工作新格局，是我国国家审计发展的新里程碑。

近些年来，地方政府性债务的内容、类别、规模、期限、资金来源、资金投向等都发生了很大的变化，分类更加精细，范围更加广泛。这在客观上要求地方政府性债务审计机关进一步改进方式方法，创新审计工作模式，以提升审计工作质量与效率。同时，伴随国家审计对风险防范的日益重视，地方政府性债务审计也相应调整了职责和工作重心，更加关注国家财政与金融安全，通过监督地方政府性债务资金运行流程，核查并揭示地方政府性债务风险情况，从而切实维护金融秩序、防范重大金融风险。

2. 国家审计面临的挑战与机遇

国家审计在我国历史发展进程中发挥了至关重要的作用。在当前全面深化改革的新时期，面对政治经济文化等外部冲击以及国家治理新动向带来的挑战与机遇，作为服从并服务于国家权力机关特定政治、经济目的的专门机构，国家审计应与时俱进，不断优化、创新和完善。

从外部环境上看，政治经济环境的变化要求国家审计进行不断的完善与优化。我国是正在向市场经济转型的发展中国家，经济的发展、社会的进步、资源的配置与使用等都使经济环境发生了很大的变化，这就要求国家审计在内容上更加广泛和深入，在业务类型上更加丰富和完善；政治体制改革、权力结构变化等制度因素，也要求国家审计制度进行相应的改革创新。作为国家治理的工具，现代国家审计如何充分有效地发挥对权力的监督和制约作用是审计机关在新时期需思考的问题。

从技术层面上看，信息技术日新月异，对国家审计产生了深刻的影响。技术进步、认知深化，迫切要求国家审计进行动态调整与优化。随着时代的发展，人们对于审计的本质有了更加深刻的认识，其不只要守卫国家财产安全，还要能够预防风险，揭示风险，抵御风险和可能带来的危害。而技术的进步给充分发挥审计的本质作用提供了可能。依托大数据、云计算、物联网等技术可以建立统一的审计平台、汇总分析审计数据，使数据可视化；第五代移动通信技术（5G）能够大大提高审计的工作效率；人工智能、机器学习等能够提升审计工作的智能化水平；而区块链等技术又可以保障信息的可靠性。因此，要做好审计工作，必须进行改革创新，尽快结合信息技术构建"科学有效、监督有力"的审计模式，运用互联网技术和信息化手段开展工作。

从审计工作本身来看，随着我国国家审计的内涵不断扩展、审计范围不断扩大、审计业务日益复杂，审计工作自身的一些体制机制性弊端也逐渐显现出来，如审计资源紧缺、审计监督链条不完整、监督力量分散，进而导致审计执法不到位、审计事实未查透、审计证据不确凿等问题。同时，我国国家审计具有浓厚的内部审计色彩，当遇到国家利益和地方利益发生冲突时，往往出现地方政府干预审计机关的工作等情况，严重损害了国家审计的独立性、权威性和真实性。这些问题亟须通过改革创新来解决。我们需要重新整合审计资源，创新审计组织制度安排，优化审计流程，培养技术和理论兼备的审计人才，以保证审计目标的实现。

此外，在全面深化改革的今天，国家治理发展的新动向也对国家审计提出了前所未有的挑战。"天下未乱计先乱，天下欲治计乃治。"——纵观中国审计发展史，国家审计自产生之日起就已经成为国家治理的重要组成部分，并在不同的历史时期、不同的国家治理模式中，发挥着不同的作用。国家审计与国家治理是相伴相生、相互促进的，国家审计适应国家治理新动向，存在着客观必然性。其主要原因在于：

(1) 实现国家审计本质的必然要求

作为事物的唯一决定属性，本质是某一事物区别于其他事物的唯一判别标准，具有绝对排他性和相对稳定性，其在内涵上是唯一的，在外延上是多样的。人对事物、现象、过程等的认识是从现象到本质，从不甚深刻的本质到更深刻本质的深化的无限过程。伴随着新中国审计事业30多年的发展历程，人们一直在探讨国家审计的本质等问题，对其认识也在不断深化与提高。2014年年底，刘家义审计长明确指出，国家审计作为党和国家监督体系的组成部分，具有预防、揭示和抵御的"免疫系统"功能，是推动国家治理现代化的基石和重要保障。从国家审计的发展历史来看，从古代以"考、听、计、勾、稽、比、磨、勘"等用语来反映审计活动，到红色苏维埃政权时期确立的"三级三审"制度，再到新中国成立后，特别是改革开放以来，审计监督体系的逐步确立，国家审计始终是国家治理的重要组成部分，并在不同的历史阶段，发挥着不同的重要治理作用。这些历史现象揭示，国家治理的需求决定了国家审计的产生和发展，国家治理的目标决定了国家审计的发展方向，国家治理的模式决定了国家审计的制度形态的规律。正是这种源自并内生于国家治理的本质，决定了国家审计与国家治理间天然的密不可分的关系。国家审计职能的发挥具有鲜明的时代特征，国家审计必须顺应国家治理的发展变化，不断转变自身的目标、任务、重点和方式，才能更好地适应国家治理发展变化的新要求，更好地服务于国家治理的中心任务和发展方向。

(2) 全面推进依法治国和深化改革的客观需要

全面推进依法治国的总目标是建设中国特色社会主义法治体系，建设社会主义法治国家。全面深化改革的总目标是完善和发展中国特色社会主义制度，推进国家治理体系和治理能力现代化。国家审计作为国家治理体系的一个重要组成部分，既是权力运行的"紧箍咒"和深化改革的"催化剂"，也是全面推进依法治国和深化改革的重要保障。纵观世界各国发展史，国家审计能较好发挥作用的时期，通常也是其法治化程度及国家治理水准较高的时期，反之亦然。

当前，从我国法治建设和改革发展的现实需求来看，虽然长期以来，特别是改革开放以来，我国法治化建设和诸多领域改革都取得了显著成效，全社会法制观念日益增强，相关制度和体制逐步完善，但仍无法完全适应全面建成小康社会、实现中华民族伟大复兴的中国梦的要求。主要表现在：法制建设方面，有些领域仍然无法可依，一些已经出台的法律尚不完善或不适应客观形势的要求，部分法规间不协调、不衔接甚至相互矛盾；法律执行方面，人治传统的影响还很深，权力至高无上观念的惯性还较强，有些地方、领域有法不依的现象还很严重；执法监督方面，监督资源比较分散，个别部门、领域还存在监管真空；一些国家工作人员特别是领导干部依法办事观念不强、能力不足，且知法犯法、以言代法、以权压法、徇私枉法现象依然存在。同时，当今经济发展态势更加复杂，群众利益诉求更加多元，反腐倡廉任务更加艰巨，各种风险隐患日趋显现，深化改革已进入了攻坚期和深水区。面对这种形势，客观上亟须审计在推进法治、推动改革上有所作为。

审计监督制度是中国特色社会主义法治体系的重要组成部分，职权法定，加之审计本身所具有的经济监督的专业性优势，使得审计机关在实践中，能够通过专业性监督有效防止权力设租、寻租，防止以权谋私和贪污腐败等问题，遏制权力"越线"，维护法律的严肃性；能够从宏观和全局的角度，分析和反映审计发现的问题，从体制、机制和制度上提出解决问题的建议，推动实践急需、行之有效的制度措施上升为法律法规，促进健全完善法律法规体系，筑牢法治"篱笆"；能够通过反映影响科学发展的体制障碍、机制扭曲、制度缺陷和管理漏洞等深层次矛盾，以审计"倒逼"制度完善，从而持续推动国家各领域的改革，做好深化改革的"催化剂"。

（3）推动国家审计高质量发展的重要机遇

国家治理的新发展和新动向，不仅给国家审计发展带来了新挑战，提出了新要求，也为国家审计发展提供了新机遇，创造了新条件。主要表现在：第一，营造了良好的外部环境。随着深化改革和依法治国的全面推进，民主法治的观念更加深入人心，社会各界遵纪守法的意识更加强烈，各部门各单位依法自觉接受审计监督的自觉性不断提高，减少了一些审计障碍和阻力，为审计工作的顺利开展营造了良好氛围；同时各领域法律法规制度更加完善，也为审计评价提供了更为完整科学的标准。第二，提供了先进的技术支撑。随着创新驱动战略的不断推进，以信息技术为重要特征的高科技不断发展，并在国家治理现代化中扮演着日益重要的角色。国家审计能否从中有效借鉴吸收大数据、云计算等先进技术手段，不断改进审计方式方法，进而提升审计能力和效率，将成为未来国家审计发展战略的关键一环。第三，造就了有利的发展态势。随着审计客观环境的发展变化，全面深化改革和推进依法治国为国家审计发展创造了良好的契机，特别是党的十八届四中全会决定和《国务院关于加强审计工作的意见》，二者紧扣长期制约审计工作开展的制度机制性问题，是新时期全面加强审计建设的纲领性文件，为审计事业科学发展扫清了障碍。

总之，在经济形势蓬勃发展、全面治理成为新趋势的今天，国家审计面临着新的机遇与挑战。未来，国家审计要主动适应国家治理新动向，把握新时代下经济社会运行特征，坚持科技强审，创新方式方法，及时揭示和预防风险，反映经济社会各领域的新情况、新问题、新趋势，从而有针对性地提出意见和建议，保障相关重大政策措施贯彻落实，助力国家实现创新驱动发展，更好发挥国家审计的监督作用。

对地方政府性债务审计而言，除了经济社会环境变化所带来的机遇与挑战，地方政府性债务治理中存在的新动态也要求地方政府性债务审计不断优化、创新和完善。从地方政府性债务运行状况中可以看出，目前我国地方政府性债务规模大、增速快，这无疑为审计机构和审计人员摸清各级地方政府的债务情况增加了工作量和工作难度。并且，我国地方政府性债务风险问题已成为经济发展中的一大隐忧，地方政府性债务风险防范与预警日益得到重视。2014年《国务院关于加强审计工作的意见》特别提出，审计工作应关注地方政府性债务领域的苗头性、倾向性问题，并提出化解风险的建议。我国的地方政府性债务管理制度也更加精细与严格，陆续明确多项举措以加强对地方政府性债务的治理，如规范和限制融资渠道，锁定并置换存量政府债务，实施地方政府性债务风险预警，严肃处理和通报违法违规举债担保行为等。

这些地方政府性债务管理中存在的问题以及地方政府性债务治理的新动态都迫切要求地方政府性债务审计不断地转变自身的目标、任务和重点，创新审计程序和方法，不断提高工作质量与工作效率。只有这样，地方政府性债务审计才能更好地适应地方政府性债务治理发展变化的新要求，更好地服务于地方政府性债务治理的中心任务和发展方向。

（四）国家治理中国家审计未来发展趋势分析

1. 国家审计的现代化发展策略

十八届三中全会明确提出，必须构建"决策科学、执行坚决、监督有力"的权力运行体系，加强行政监察和审计监督。国家审计作为治理国家的一项制度安排，是国家治理体系的一个重要组成部分，是依法用权力监督制约权力的重要方式，是国家治理中的一个重要保障。因此，国家审计既是党和国家监督体系的一部分，也是国家治理的重要组成部分。国家审计是为满足国家治理的客观需要而产生和发展的，国家治理的需要决定了国家审计的产生，国家治理的目标决定了国家审计未来发展的方向。

面对国家治理新动向,结合国家审计的发展现状,当前国家审计应以落实十八届四中全会关于推进依法治国、完善审计制度和《国务院关于加强审计工作的意见》有关充分发挥审计的保障与监督作用、实现审计监督全覆盖等要求为统领,紧密围绕国家治理的新变化、新动向,以推进"反腐、改革、法治、发展、民生"为主线,有针对性地推进国家审计现代化。因此,在今后一段时间,国家审计应着力把握以下方面:

(1) 适应全面治理,推动审计监督全覆盖

国家治理范围涵盖了经济社会发展的方方面面。按照宪法、审计法等规定及十八届四中全会有关要求,对公共资金、国有资产、国有资源和领导干部履行经济责任情况实行审计全覆盖。基于此,要加大审计力度,创新审计方式,提高审计效率,统筹部署、有序推进,确保对重点审计对象每年审计一次,其他对象至少五年审计一次,逐步探索完善审计监督的范围、方式、方法等,加快推进实现审计监督全覆盖,使审计监督不留盲区和死角,实现全方位适应并服务于国家治理。对于落实好审计监督全覆盖,刘家义审计长指出,我们应把握好四个方面:其一,要有深度。不仅需广覆盖,更要对每个项目审深审透,做到深覆盖;其二,要有重点。围绕党和国家工作中心,把握总体,突出重点,提升成效;其三,要有步骤。坚持实事求是,统筹部署,有序推进;其四,要有成效。做到审计覆盖面"广",反映情况"准",查处问题"深",原因分析"透",措施建议"实"。

(2) 适应依法治国,强化依法审计

对审计机关来讲,落实依法治国,第一维度是审计行为要依法,依法的首要是依宪。我国宪法规定,国务院设立审计机关,在国务院总理领导下,依照法律规定独立行使审计监督权;同时地方各级审计机关依照法律规定独立行使审计监督权,对本级人民政府和上一级审计机关负责。可见,国家审计职权法定,其独立性是其依法履职的基础与条件。为此,要依照宪法等法律法规及四中全会决定的有关精神,加快完善审计制度,逐步强化上级审计机关对下级审计机关的领导,加快探索省以下地方审计机关人、财、物的统一管理,不断提升审计独立性和依法审计的能力。同时,加强审计法治化建设,本着"于法周延、于事简便"的原则,构建健全、完整,相互衔接、相互贯通、相互支撑的审计制度体系,确保各项制度兼具实体性规范、程序性规范和保障性规范,保障审计工作在法治化轨道上运行。第二维度是国家审计要通过职责履行,推进各部门、各地方依法守规。应紧紧围绕当前党中央对全面推进依法治国的总体部署开展审计,在各项审计中都要关注有法不依、执法不严等问题,促进法律

严格执行，切实维护法律尊严；揭示法律法规不完善、不配套等问题，积极提出加强法制建设的建议，促进健全完善法律法规体系；评估各项法律法规执行效果，提升法治绩效，促进法规政策更好地发挥效用，在全面推进依法治国的过程中，充分发挥好审计职能作用。

(3) 适应深化改革，充分发挥审计建设性作用

在推进深化改革中，国家审计不仅要坚持批判性，更应着眼建设性和保障性，促进落实整改、完善规制、改善管理。要提升和突出国家审计的建设性与保障性，重点在于四点：一是立足宏观性。站在国家治理全局的高度，深入开展政策执行情况跟踪审计，及时发现和纠正有令不行、有禁不止的行为，促进改善宏观调控和改革措施落实。二是增强前瞻性。密切关注投资、消费、进出口、物价、就业等宏观指标变化情况，准确把握事物的特征及其演化趋势，及时揭示改革发展中潜在风险，当好经济社会发展的"安全员"。三是深挖根源性。深入反映体制机制制度性问题，提出深化改革、完善制度的建议，以审计"倒逼"各项制度的完善。四是保障实效性。健全整改问责制度，做到有责必问、有错必纠，对整改不到位的，要与被审计单位主要负责人进行约谈；对整改不力、屡审屡犯的，要严格追责问责，促进从根本上杜绝"屡审屡犯"问题。

(4) 适应高质效治理，提升绩效审计质量和水平

绩效审计作为国家治理中检验、评价和监督政府部门履行绩效责任范围和程度的一种制度安排，在政府绩效管理中具有基础性作用。为应对经济发展新常态，适应高质效国家治理要求，国家审计需全面推广实施绩效审计。为此，需真正地将绩效审计的理念贯穿始终，继续把绩效审计嵌入所有的审计项目，提升各个项目绩效审计的质量，综合分析经济效益、社会效益和环境效益，深入查明贪污浪费、资源毁损及效益低下等问题，确保资金、资源、资产的使用效益。当前，围绕国家治理的重点，有三项主要发展目标：首先，国家审计既要关注促进用好增量资金，又要促进盘活存量资金，促进提质增效；其次，在审计过程中要持续监督检查中央八项规定、国务院"约法三章"和厉行节约反对浪费等规定的贯彻落实情况，促进建设俭朴政府；最后，要加大对环境保护和各类资源使用情况的审计力度，促进发展方式转变，推动生态文明建设。

(5) 适应高压反腐新常态，加强反腐倡廉和权力监督制约

随着反腐败工作的不断深入，反腐败机制和权力运行制约机制的逐步完善，国家审计需更好地履行其在反腐败方面的"天职"。一方面，要强化对权力运行的常态化监督和制约，不断拓展和加强经济责任审计的广度、力度和深度，循着资金、权力运行，一查到底，责任追究到人，同时要做到理好财、用好权、

尽好责，促进政务公开以及决策执行和结果透明，推动各级各部门各单位领导干部守法、守规、守纪、尽责，念好权力运行的"紧箍咒"。另一方面，要坚持将反腐倡廉作为一项长期的根本性任务，在"打老虎""拍苍蝇"和推动完善反腐败机制上下功夫，严肃揭露和查处违法违纪问题，深入推动不敢腐的惩戒机制、不能腐的防范机制、不易腐的保障机制以及不想腐的教化机制的建立与完善，做反腐败的尖兵和利剑。

(6) 适应民本治理，深化民生审计

宪法规定，中华人民共和国的一切权力属于人民。人民是国家的主人，国家治理和国家审计的最终成效要体现在维护人民的根本利益上。同时，审计机关的权力是体现人民意志的法律所赋予的，审计工作的成果最终将由人民群众来评判。当前，随着我国社会主义民主法治进程的不断推进，公民权利诉求更加丰富与多元，民生审计正是直面民权、保障民生的重要方式。为此，国家审计要始终以维护广大人民群众根本利益为根本目标，将为民审计融入民本治理。在审计实践中，把关系民众生计、生产、生活的内容纳入审计视野。重点关注企业改制、征地拆迁、环境保护、涉法涉诉等领域中涉及损害群众利益的突出问题，加大对扶贫资金、社保资金、环保资金等专项资金的审计力度，特别是要加强对地方政府性债务、棚户区改造、保障性住房等相关民生资金和公共设施建设资金的审计，从而促进公共资源、公共资产、公共服务公平合理分配，推动民生改善和社会公正，促进防范和化解重大系统性风险，推动经济高质量发展，确保国家经济安全和社会稳定。

(7) 适应高科技治理，创新审计方式方法

国家治理高科技化，要求国家审计必须与时俱进，创新发展审计技术及方式方法，以适应审计客观环境发展变化的要求，切实履职尽责。一方面，在审计技术手段上，由于审计信息化决定着审计未来发展的成败，因而国家审计应致力于审计信息化建设，需牢牢把握住以下要素：一是数据，即逐步根据审计工作需求，实现全面归集，加快构建国家审计数据系统；二是技术，即积极引入云计算、数据挖掘、智能分析等先进技术，为数据运用打好基础、建好通道，同时积极运用检测测量、模型评价、卫星定位等新兴技术，推进审计技术手段和方法现代化；三是结合，即把数据、技术与审计工作需求紧密结合，逐步加大数据综合分析力度，大力推进联网审计，切实提高"总体分析、系统研究、发现疑点、分散核实"的数字化审计水平。另一方面，在审计方式方法上，伴随着经济社会发展的高度融合，各类型审计在实践中常常相互交叉和相互支撑，财政资金流转于金融、企业、环保、投资等领域，金融资本遍及经济社会发展

的各个方面，因而传统的、单一的专业审计界限日趋模糊，多专业融合、多方式结合的综合审计将成为一个重要的发展趋势。此外，为适应不同的审计方式，还需变革传统的审计组织方式，逐步探索"大兵团"、扁平化、矩阵式等组织方式的引入与结合，以不断提升国家审计的效率与水平。

总之，国家审计是为满足国家治理的客观需要而产生和发展的，是国家政治制度的重要组成部分和国家治理的基石，发挥着重要保障作用。国家治理的目标决定了国家审计的发展方向，国家治理的模式决定了国家审计的制度形态。当前，国内外环境复杂多变，随着全面深化改革的协同推进与依法治国战略的全面实施，我国国家治理诸多领域得到新发展，因而对国家审计提出了新要求。为适应国家治理发展的新形势、新动态、新要求，国家审计须积极因应、找准方向、把握规律、围绕中心、创新发展，推进国家治理现代化，并借此契机，努力推动国家审计自身现代化。

对于地方政府性债务审计，需要从维护国家经济安全的高度，以守住不发生区域性、系统性风险为底线，坚持问题导向，着眼于风险防范，立足于风险化解，在贯彻真实性、合法性、效益性原则的基础上，力图做到审计监督全覆盖，有重点、有深度、有成效地推进地方政府性债务审计工作。同时，要着眼建设性和保障性，根据各级地方政府的债务状况，分析其偿债能力，揭示其风险状态，监督各级政府及各部门经济履责情况，充分发挥国家审计检查评价的揭示弊端作用和处理整改的纠正问责作用。另外，还要增强前瞻性，通过汇总整合审计资源，总结审计经验，提出审计建议，充分发挥国家审计的预防保障作用。还要发挥审计结果公开的公众协同治理作用，通过披露地方政府经济行为及经济后果，加强公众监督，从而督促地方政府规范举债行为，采取积极措施控制地方债务增量规模，优化地方债务存量结构，主动防范化解债务风险。作为国家审计的一项重要监督手段，跟踪审计相比其他审计方式而言，能够贯穿地方政府性债务资金流向的全过程，持续监督地方政府性债务治理情况，通过信息收集、评估、分析与报告等方式建立较为全面的风险防范与预警机制，具有时效性较强、过程性突出、预防性明显、效益性显著等特点。故本书拟构建地方政府性债务跟踪审计模式，后续将对跟踪审计的理论与实践进行详细的阐述。

2. 跟踪审计的发展及实践经验

按照审计实施的时间，可以将国家审计业务划分为事后审计和跟踪审计。其中，跟踪审计是审计主体根据相关法律法规，介入被审计事项的发展过程中，持续对被审计事项进行监督的审计活动。跟踪审计强调与被审计事项同步发展，贯穿于被审计事项发展的全过程。近年来，在政府部门的强力推动下，基于加强财政资金监督的客观需要，跟踪审计不断拓展，并已成为国家审计的一种重要的工作方式和监督手段。

跟踪审计最初主要运用于政府投资审计领域，而后随着审计目标的变化、审计业务的多样化和复杂化，逐渐扩展到了其他审计领域。最重要的一个应用即为国家重大措施落实情况跟踪审计。它是指审计机关依据法律法规和政策规定，对国家重大政策措施和宏观调控战略的具体部署、执行进度、执行效果等情况，特别是重大项目落地、重点资金保障，以及简政放权推进情况所进行的审计监督。

1999年2月，国务院办公厅《关于加强基础设施工程质量管理的通知》首次提出各级审计部门应对国家拨款的基建项目进行跟踪审计和专项审计。2001年8月，《审计机关国家建设项目审计准则》提出，对关系国计民生或财政性资金投入较大的国家建设项目，政府审计机关可以对其前期准备、建设实施、竣工投产的全过程进行跟踪审计。2008年，《审计署2008—2012年审计工作发展规划》强调，"对关系国计民生的特大型投资项目、特殊资源开发与环境保护事项、重大突发性公共事项、国家重大政策措施的执行试行全过程跟踪审计"。2011年6月30日，《审计署"十二五"审计工作发展规划》进一步强调要加强跟踪审计，"对关系国计民生的重大建设项目、特殊资源开发与环境保护事项、重大突发性公共事项、国家重大政策措施的执行实行全过程跟踪审计"。2014年8月，《国务院办公厅关于印发稳增长促改革调结构惠民生政策措施落实情况跟踪审计工作方案的通知》要求，"审计机关持续开展对地方各级人民政府执行政策落实措施情况的跟踪审计"。2014年11月，《国务院关于加强审计工作的意见》也提出，要加大对经济运行中风险隐患的审计力度，密切关注财政、金融等方面存在的薄弱环节和风险隐患，特别是地方政府性债务、区域性金融稳定等情况，持续组织对国家重大政策措施和宏观调控部署落实情况的跟踪审计，推动政策措施贯彻落实。刘家义审计长在2014年全国审计工作会议上表示，今后一段时期审计署会加大对中央重大政策措施落实情况的跟踪审计力度。

实践中，国家审计机关已经成功实施了汶川大地震救灾款物和灾后重建项目、玉树地震救灾物资项目、城镇保障性安居工程、西气东输工程、京沪高速铁路、北京奥运会等重大项目的跟踪审计，积累了较丰富的跟踪审计实践经验，为开展地方政府性债务跟踪审计奠定了一定的基础，并提供了可资借鉴的相关思路与经验。

加强地方政府性债务管理，防范财政金融风险是我国的一项重大政策措施。

为规范地方政府的举债行为,缓解地方政府性债务风险,推进经济社会发展,国家有关部门相继出台了一系列相关政策。对地方政府性债务实施跟踪审计正是要审查地方政府性债务资金的统筹使用和资金到位情况,关注地方政府性债务资金是否及时投入使用,是否存在闲置或滞留,资金投向和结构是否合理,是否及时发挥效益等问题。还要审查地方政府性债务相关政策的贯彻落实情况,关注各地区是否按照法律法规及政策要求,优化财政支出结构,加快财政支出进度,保障资金的及时性、有效性,充分发挥地方政府性债务对经济社会发展的支持作用。更要审查各地区防范化解重大风险的情况,持续跟踪地方政府性债务风险和地方财政收支的真实性、合法性,密切关注地方政府性债务资金使用过程中可能出现的风险和问题,重点关注地方政府性债务的规模、结构、期限、偿债资金安排等情况,特别是地方政府隐性债务的规模与结构,揭示地方政府可能存在的变相融资、违规担保等行为,并探究深层次的动机及资金用途,给出可靠的完善制度、管控风险的审计建议。因此,跟踪审计是防范地方政府性债务风险的有效措施,也是后续研究的分析重点之一。

三、地方政府性债务审计的不足及改进

地方政府性债务管理中层出不穷的新情况、新挑战,为从国家审计视角加强地方政府性债务管理提出了现实需求。国家审计作为一种制度安排,是为满足某种客观需要而不断发展的,具有很强的时代性。在地方政府性债务管理工作中,国家审计需要时刻紧跟时代需求,不断完善审计制度,调整审计目标、审计内容、审计方式等。

2014年新《预算法》颁布实施以后,有关地方政府性债务管理的多项制度规定接连发布实施。国发办"43号文"从指导思想、基本原则、举债融资机制、规模控制、预算控制等多个方面对加强地方政府性债务管理提出了具体明确要求;国务院及财政部也相继就地方政府性债务余额限额和债务风险应急处置机制等一系列问题做出了总体部署和系统性安排。这些都为研究国家审计在地方政府性债务管理中的功能识别提供了新的法律和制度环境。

2016年,我国《"十三五"国家审计工作发展规划》强调要关注财政、政府债务等社会薄弱方面的风险隐患,防范系统性和区域性风险,并在该规划中提出了进行地方政府性债务审计的总体要求和目标,即严格按照协调推进"四个全面"战略布局的部署要求,围绕"提高发展质量和效益"这个中心,贯穿"供给侧结构性改革"这条主线,贯彻党政同责、同责同审的要求,并按照十八届四中全会的要求,实行审计全覆盖,做到应审尽审、凡审必严、严肃问责。

这对国家审计功能的发挥提出了明确的要求和指向。对构建和完善地方政府性债务审计模式、创造新的制度供给提出了纲领性的发展要求。

在这些债务管理政策背景下，根据地方政府性债务审计的实施情况，总结地方政府性债务审计工作的经验与不足，分析实施地方政府性债务跟踪审计的有利条件及实践价值，对未来地方政府性债务审计模式的改进具有重要的理论和实践意义。

（一）地方政府性债务审计工作存在的不足

纵观近些年来地方政府性债务审计工作，可以发现还存在一些问题和不足。主要有以下五方面：

（1）信息和数据掌握不尽全面，不能真实反映地方政府性债务情况

对债务信息和数据掌握不全，发现债务"隐情"难度较大。根据国务院要求，审计署曾于2013年对地方政府性债务进行全国性审计，目的是对中央、省、市、县、乡镇五级政府性债务进行较为全面的摸底和测评。根据审计署披露的数字，截至2013年6月底，地方政府性债务总规模约为17.9万亿元，其中负有偿还责任的直接债务约为10.9万亿元，或有债务约为7.0万亿元。然而，根据2014年的审计报告，截至2014年年底，地方政府性债务总规模达到了24万亿元，其中政府负有偿还责任的债务为15.4万亿元，相比2013年6月增长约为41.3%，或有债务8.6万亿元，增长22.9%。有些省份，如贵州、云南等省市债务扩张尤其明显。对于地方政府性债务激增的原因，相关人士分析，部分地方政府在2013年上报时有所顾虑，倾向于少报、瞒报债务，当得知可以通过发行地方政府债券等方式置换存量债务时，为了获得债券置换额度，才不再隐瞒。同时，也不能排除在近一两年地方财力迅速下滑的背景下，地方政府趁灰色举债后门被完全堵住前突击举债的可能性。

从该情况可以看出，尽管2010年以来，审计署先后组织开展的全国地方政府性债务审计、全国政府性债务审计和36个地方政府本级政府性债务审计，在一定程度上确实摸清了政府性债务底数，促进了债务信息的公开和透明化，但是从2014年地方政府性债务突增的现象来看，地方政府性债务审计可能存在债务信息和数据掌握不全的问题，资金流从哪儿来，到哪里去，政府性债务形成的资产如何在报表中显示得比较模糊且微妙的，要想摸清地方政府融资用资问题上的"名堂"，发现债务"隐情"，还有较大难度。

（2）"借""用""还"各环节尚未理顺

"借""用""还"各环节未完全理顺，对或有债务关注度不足。根据审计署和财政部官方网站相关信息可以看出，近年来，地方政府性债务审计重点关

注了一类债务,即政府负有偿还责任的债务。但对债务的"借""用""还"各环节还未完全理顺,尤其是对地方政府性债务二、三类债务(也可统称"或有债务",包括政府负有担保责任的债务和可能承担一定救助责任的债务)的具体业务细节关注较少,且债务报表中尚未有效确认和计量,对二、三类债务的信息质量也要求过低。二、三类债务转化为一类债务的风险防范亟待加强。尤其随着PPP模式的推广,防范各种隐性债务风险的压力也会越来越大。

一方面,虽然新《预算法》剥离了地方投融资平台公司的融资功能,但是转型之后的地方投融资平台公司仍被允许作为社会资本参与政府PPP模式。尽管该类公司在政府建设项目实施和管理上存有一些可供借鉴的经验,但由于公司之前与当地政府存在密切的合作,即使公司改制转型,也有可能存在或形成新的内部利益关系。因此须严密防范原有合作模式的"惯性",防止政治寻租行为。另一方面,地方政府有时会通过包装项目工程、附加具有倾向性的条款、暗保兜底、不公平回购协议等方式吸引社会资本与政府进行合作。一旦这种变相举债的模式得以实现,那么当项目的经营风险或者财务风险爆发时,便又形成了地方政府的债务。出于此类债务的新颖性和隐秘性,审计人员要想发现蛛丝马迹,并追查到底,绝非易事。

(3)审计人才队伍专业性比较欠缺

现有审计人员胜任能力受限,审计人才队伍专业性欠缺。自国家审计机关成立以来,国家审计队伍不断壮大,出色完成了一系列规模大、任务重的审计工作。但是,随着新政策、新技术的出现,国家审计队伍也确实遇到了一些挑战。主要表现在四方面:一是相对于审计任务量来说,国家审计队伍人数相对偏少,而且由于行政管理层过厚,可利用基层业务人员比例偏低,浪费了过多的国家审计资源;二是经验型人员过多,在职教育或后学历人员比重较大,知识和人员老化现象严重,学习动力不足,学历层次、知识结构、执业能力等都有待进一步提升;三是政治色彩仍然很浓厚,审什么、要谁审、得结论在很大程度上受到政治级别和政治任务的影响,审计人员缺少独立性;四是单一型人员比例过大,复合专业(审计+财政)背景的人才,特别是能适应债务管理新模式的人才偏少。

在此背景下,国家审计人员对地方政府的举债决策、债务资金的使用、管理和偿还等环节尚缺乏有针对性的揭示、评价和监督。尤其是对高风险的重要项目的审计,事后审计方式占多数,不能贯穿审计事项发展的全过程。并且,随着债务置换、PPP等模式的推广,各项隐性负债可能会大规模增加。其中,PPP模式在我国发展还不是很成熟,与地方政府性债务管理制度尚不能做到完全衔接，这会使地方政府性债务产生新的变化，产生新型的地方政府性债务。面对层出不穷的新模式，国家审计机关及审计人员能否顶住压力，快速适应新情况，创新审计思路，改进审计方式方法，还有待观察。

(4) 债务审计工作理念相对落后

债务审计工作理念较为落后，工作方式信息化程度较低。在对地方政府性债务进行审计时，审计人员思路没有完全打开，一直延续原有的审计理念，缺少持续的改进创新。如今，对于地方政府性债务的审计，不能仅停留在查出经济问题的层面，除了充分发挥揭示功能，为推进国家治理体系和治理能力现代化，更需发挥预防和抵御的功能。然而，现有国家审计多采取事后审计模式，这种模式一方面不利于预防和制止债务资金运行过程中违规违法行为的发生；另一方面，主要关注债务规模及其后果，对于形成过度举债的原因并没有或不能进行非常细致深入的分析。因此，事后审计方式的滞后性导致审计人员不易及时发现地方政府性债务及其管理的缺陷和不足，一旦债务风险扩大并蔓延，对国家整体的财政安全会构成较大威胁。

当前，我国地方政府性债务管理信息系统尚未有效建成，债务信息还未实现实时共享。现有债务审计工作，多是依据被审计单位提供的纸质审计材料，使得审计人员在数据搜集和资料获取方面具有很大的被动性。对资料的完整性和真实性的判断过程，极大地考验着每个审计人员。同时，手工收集和整理数据资料，难免会出现遗漏、遗失的情况，导致关键数据无法充分获取。因此，利用高科技理念和设备改进和创新工作方式，构建统一的实时共享的信息平台来实现债务审计的信息化势在必行。

(5) 风险防范方面工作不到位

尽管各地方政府风险防范意识已有所增强，但仍有部分地区存在违规举债行为以及漏报、错报债务的情况，没有及时采取风险防控措施，未打造有成效的风险应急预案，还有些地区制订的债务化解方案缺乏可行性。故而地方政府性债务风险威胁仍不可忽视，债务资金"借""用""还"等各个环节中仍然存在较多的潜在风险点和管控薄弱点，倘若转变成债务危机，会给社会经济带来严重的后果。这就需要各地政府积极推进风险防控机制建设，每年及时对地方政府性债务加以识别和清理，对债务风险进行评估和披露，建立及完善风险预警和管理机制，守住不发生区域性和系统性风险的底线。需要通过加强审计来摸清地方政府性债务的规模、增速、资金投向等情况，督促地方政府加强债务管理，科学计划并合理安排地方政府性债务的举借、使用和偿还等，有效防范和化解地方政府性债务风险。

目前，大多采用的事后审计方式具有较大的局限性，即使发现问题，也往往因为纠偏成本很高或木已成舟而于事无补。相比而言，跟踪审计突出过程监督，能有效克服事后审计的这种缺点，具有时效性较强、过程性突出、预防性明显、效益性显著等特点，充分体现了国家审计的"免疫系统"本质（宋常等，2014）。因此，有必要扩大审计对地方政府性债务资金的监督范围，将地方政府性债务资金的举借、配置、使用及偿还等环节纳入其中，对地方政府性债务实行动态化、常态化的审计监督，即实施全过程跟踪审计。

从我国目前的地方政府性债务审计工作中，尚未发现完备的地方政府性债务跟踪审计模式，在风险防范方面，也没有权威一致的评估标准，现有审计监督不足以有效防范风险。虽然理论上对地方政府性债务跟踪审计已有相关研究，但因其任务重、成本高，实践中未能有效实施。因此，本书拟构建一套地方政府性债务跟踪审计模式，将关口前移，对地方政府性债务资金的"借""用""还"各环节进行实时动态的监督，并在审计实施阶段加入风险评估，以摸清地方政府性债务的风险情况，有力开展实质性审计，使审计更好地发挥其作用。

（二）地方政府性债务跟踪审计的有利条件

目前，地方政府性债务资金的投向与审计署实施的跟踪审计项目已有部分交集。财政部《2009年地方政府债券资金项目安排管理办法》明确规定，地方政府债券资金主要安排用于中央投资地方配套的公益性建设项目及其他难以吸引社会投资的公益性建设项目。据审计署2013年12月30日公告显示，截至2013年6月30日，大部分省市的地方政府性债务资金主要用于基础设施建设和公益性项目，主要投向市政建设、交通运输、土地收储和教科文卫及保障性住房等。

强化审计监督要做到财政资金运用到哪里，审计就跟进到哪里。无论对重大项目还是对政策措施落实情况进行跟踪审计，其根本落脚点还是财政资金的使用效益（效率与效果）。围绕财政资金使用，加强对重点领域、重点项目的监督是跟踪审计的应有之义。因此，财政资金是连接地方政府性债务与跟踪审计的纽带，如图3-5所示。

图3-5 地方政府性债务与跟踪审计的逻辑关联

地方政府性债务资金投入的项目大多具有投资规模大、建设周期长等特点，其资金使用效果会在一定程度上影响国家有关政策的落实,因而对这些项目加强跟踪审计十分必要。其实,国家审计不仅仅是为了查核被审计单位存在的问题,而且是为了督促被审计单位整改问题,改善经营管理,堵塞各种漏洞,进而提高被审计单位的经营绩效。审计的主要目标,应该体现为审计发现的问题都能够及时引向制度上的缺陷,并监督其改进,减少"屡审屡犯"和"屡犯屡审"的现象。目前的地方政府性债务事后审计方式显然达不到这样的预期目标。

《国务院关于加强审计工作的意见》规定,对公共资金、国有资产、国有资源和领导干部履行经济责任情况实行审计全覆盖。审计署《关于 2015 年地方审计机关开展审计业务工作的指导意见》指出,要持续跟踪审计地方政府性债务,注意反映和揭示新情况和新问题,促进国务院关于加强地方政府性债务管理的意见的贯彻落实。据此,更多的地方政府性债务资金项目将纳入审计全覆盖的范围,与跟踪审计的交集也会越来越多。

由此可见,对地方政府性债务资金实施跟踪审计是可行的、有利的,既有稳增长等政策措施落实情况的跟踪审计实践经验可资借鉴,又有国家审计的相关理论予以指导,更重要的是审计机关当前正在实施的部分跟踪审计项目所关注的对象就是地方政府性债务资金。因此,无论是从提高地方政府性债务资金使用效益,还是从控制地方政府性债务风险来看,地方政府性债务管理工作都需要跟踪审计的积极参与。

(三)地方政府性债务跟踪审计的实践价值

实施地方政府性债务资金跟踪审计具有重要的实践价值,主要表现在以下几方面:

(1)完善地方政府性债务监督管理体制

将跟踪审计融入地方政府性债务监督管理之中,一方面能全程监督并及时发现地方政府性债务资金举借、配置、使用、偿还等各环节中可能存在的舞弊、违规、违纪行为;另一方面也能就发现的问题第一时间向有关各方揭示和分析,即时查错纠弊,督促相关部门改进地方政府性债务管理工作,及时堵塞内部控制和管理过程中的漏洞,有效预防和减少违法违规活动,进一步完善地方政府性债务资金监督管理体制。

(2)提升地方政府性债务管理水平

从审计署 2013 年审计结果看,近 87% 的地方政府性债务资金投向了市政建设、土地收储、保障性住房、农林水利、生态建设等工程。这些工程一般周期长、业务复杂,往往在债务资金运行过程中存在大量浪费现象,而事后审计具有滞后性,发挥的监督作用相对有限,通常仅是事后批评与处罚。跟踪审计则由于其能更早地发现和反馈地方政府性债务资金运行中的种种浪费现象及不合理问题，督促被审计单位自查自纠、加强后续资金的管理，可在一定程度上避免项目后续过程中资金运行低效甚至无效的行为，因而有利于节约地方政府性债务资金，提高其使用效率和管理水平。

（3）促进地方政府性债务相关政策措施的落实

如前所述，地方政府性债务资金主要投向关系国计民生的基础设施、重大工程项目及配套工程建设中，大多属于贯彻国家宏观经济政策的重要资金投向。执行地方政府性债务跟踪审计能及时发现和纠正有令不行、有禁不止的现象，总结和反映好的做法和经验，促进政策落地生根及不断完善。通过开展地方政府性债务资金跟踪审计，可以连续监控有关宏观经济政策措施的实施过程，并如实反映及客观评价重大政策执行情况，推动政策措施的贯彻落实。

（4）提高地方政府性债务审计的效率和效果

跟踪审计的优势之一是能够大大提高审计介入的及时性，增强审计的预防功能。通过将监督关口前移，跟踪审计不仅能够及时发现并纠正问题，而且通过信息的及时反馈，可以有效地降低地方政府与资金使用单位之间的信息不对称程度，抑制或降低道德风险，进而提高地方政府性债务资金的使用效果。此外，跟踪审计还具有审计过程的持续性，通过持续对被审计对象进行查核评估、揭示弊端并纠正问责，能在一定程度上促进被审计单位资金管理水平的提高，缓解被审计单位对审计工作的抵触情绪，从而营造良好的审计氛围，提高审计效率。另外，地方政府性债务资金从举借、配置、管理、使用到最终偿还需要在很多部门之间流转，如果每一个环节都各自开展审计工作，必然造成衔接困难、重复劳动、效率低下。而跟踪审计则能自始至终围绕地方政府性债务的某一笔资金开展工作，可以有效减少审计流程中的重复环节，优化审计资源，提高审计效率。

总之，传统的地方政府性债务审计主要审计地方政府性债务的规模、结构及期限，很少涉及资金举借、配置、使用及偿还等方面的内容。如果采用地方政府性债务跟踪审计，则可以将审计监督的关口前移，对债务资金运转过程中出现的问题及时发现与反馈，促进纠正整改，进而起到亡羊补牢甚或未雨绸缪的作用。因此，在地方政府性债务资金管理中实施跟踪审计，对地方政府性债务监督管理体制的完善、管理水平的提升、政策措施的落实及审计效果的提高都具有重要意义。

四、本章小结

审计是党和国家监督体系的重要组成部分,是国家利益的"捍卫者"、政策落实的"督查员"和公共资金的"守护者"。国家审计是治理地方政府性债务的一个重要手段,加强审计对地方政府性债务资金运行的监督是国家经济社会发展的客观需要。审计署《"十二五"审计工作发展规划》曾明确提出要对地方政府性债务实行动态化、常态化的审计监督,并提出要着力构建财政审计大格局。整体谋划、系统安排财政审计项目,按照清晰统一的审计目标,对审计内容、审计重点、审计资源、组织实施和成果利用进行统筹管理,提高审计质量,提升审计工作报告和审计结果报告的层次和水平。

本章节分别对中国地方政府性债务的运行状况和地方政府性债务审计的实施情况进行了全面系统的梳理,从历史发展、制度背景等角度,对政府性债务的内涵、特征及其管理中存在的问题进行了深入分析,阐发了地方政府性债务审计的必要性和可行性,探析了地方政府性债务审计的重点和难点。与此同时,根据地方政府性债务审计的实施状况,结合国家审计的现状及其在国家治理新动向下的未来发展,总结归纳了当前地方政府性债务审计工作中的不足及改进方向,研究构建并主张实施地方政府性债务跟踪审计模式。

通过对地方政府性债务审计现状的分析发现,在我国供给侧结构性改革背景下,地方政府性债务审计工作仍面临很多挑战。传统的地方政府性债务审计主要审计地方政府性债务的规模、结构等情况,很少涉及债务资金的流程,对容易产生风险的相关环节还不能做到有效的识别与把握,例如,举债环节,项目的真实性、必要性和可行性,审批程序的正规性;用债环节,债务资金使用的及时性、有效性,管理的合规性、配置的合理性;偿债环节,偿债资金来源的可靠性,风险预警机制的完备性等,未做到全程监督和即时反馈,还不足以防范地方政府性债务风险。

为充分发挥国家审计在促进国家重大决策部署落实、维护国家经济安全、提升国家治理能力的监督作用,国家审计相关部门和人员要积极探索新的债务审计工作机制和工作方向,加强组织领导,提升审计技术和能力,全面建立与国家治理体系和治理能力现代化相适应的审计监督机制。具体到地方政府性债务管理层面,需要国家审计在促进债务管理政策完善落实,敦促债务管理人员尽职尽责,督促债务资金规范高效使用,推动债务管理信息系统建设,加强债务风险实时监控预警等方面发挥重要作用。

实施地方政府性债务资金跟踪审计是一个新的尝试,它有利于实现对地方政府性债务的动态监督和有效管理。同时，将风险导向理念融入地方政府性债务审计中，构建基于风险防范的债务审计模式，可以提高地方政府性债务审计的效率和水平。此外，为了更好地实现国家审计的揭示、预防和抵御的功能，进一步推进地方政府性债务管理，还需要从审计主体、审计客体、审计程序和审计方式等方面寻求改进路径。随着我国对地方政府性债务管理的要求更趋严格、规定更为明确，国家审计也将更具针对性、更加精细化。与此同时，信息科学与相关技术日新月异、迅猛发展，这也为联网审计和大数据审计等方式方法在地方政府性债务审计中的高效应用提供了可能。正因如此，应当将两者有机结合起来，深度挖掘各种要素资源潜力，努力构建全覆盖的债务信息共享与共同治理体系，实现债务信息实时传递和适时共享，充分发挥各个部门监管效应及协同治理效能，以确保国家经济安全，维护社会大局稳定。鉴于此，本书后续各章节将探索创建符合我国发展实际的地方政府性债务全程跟踪审计模式。

第四章

地方政府性债务审计目标

一、地方政府性债务审计的总体目标

政府审计目标是指在一定社会环境下政府审计活动欲达到的理想状态或预期效果，是审计工作的出发点和归结点。政府审计目标的确立是主观见之于客观的活动，是政府审计本质与特定环境相互联系和相互作用的产物。政府审计的目标是根据公共受托责任论，即受全体人民委托对各级政府及其各部门、使用公共资金的企事业单位、社会团体及其相关个人等受托责任的履行情况进行检查、做出评价而派生出来的。简而言之，审计目标即是监督被审计单位财政财务收支及有关经济活动的真实性、合法性和效益性。

地方政府性债务审计作为国家审计的重要工作内容，是依据《中华人民共和国审计法》（以下简称《审计法》）等有关法律法规作出的一项重要的制度性安排。《审计法》的立法目的是维护我国财政经济秩序，提高财政资金的使用效益，促进廉政建设以及保障国民经济和社会的健康发展。《审计法》对于审计监督的内容和审计目标也有所列示，即国务院相关部门、各级地方政府及其所属部门财政收支、企事业组织财务收支、国有性质金融机构财务收支，及依法应接受审计的财务、财政收支，均应接受审计监督。审计机关对上述财务及财政收支的效益性、合法性、真实性依法实施审计监督为此审计的目标。

国务院及审计署在2016年6月印发的《审计署关于印发"十三五"国家审计工作发展规划的通知》明确指出，形成有利于依法独立行使审计监督权的审计管理体制；健全与审计全覆盖相适应的工作机制；建立具有审计职业特点的审计人员管理制度；大力推行现代综合审计模式。通知中还指出，对领导干部、公共资金、国有资源及资产的经济责任履行情况进行全覆盖审计，做到应审尽审、凡审必严、严肃问责。而地方政府性债务与国有资产以及领导干部的经济责任履行情况都有一定的相关性。

根据以上规制及相关文件中所提及的内容与目标，结合地方政府性债务"借、用、还"的实际情况，本书将地方政府性债务的总体审计目标设定为真实性目标、合法性目标和效益性目标三方面。

（一）真实性目标

真实性目标是指审计机关对审计事项的真实性进行审计监督，这一目标主要是确定财政、财务收支是否与实际情况相符，是否已经发生，有无差错、虚假、舞弊行为等；各种经济信息是否客观、真实、全面、正确地反映了实际的财政、财务收支状况和经营管理成果；政府各项经济责任是否如实履行，向社会和公众所发布的信息是否真实无误，所作承诺有无如约兑现等。

地方政府性债务审计的真实性主要是指：第一，关于"举债"方面，主要是地方政府进行举债的方式、渠道，政府融资平台募集资金的数额、渠道、资质等情况，以及地方政府性债务的数额、结构、债务类型的真实性等；第二，有关"用债"方面，主要是地方政府性债务资金的投向性问题；第三，关于"偿债"方面，主要是地方政府性债务偿还情况、是否有大规模以新债抵旧债以及用土地出让收入进行偿还等情况，并对债务偿还能力、偿还风险进行分析。

从债务主体来看，地方政府及其相关部门是地方政府性债务的主体，但在实际中，地方政府及其相关部门、金融监管机构等均是债务举债方，且又是其监管方，因此可能会出现举债方对自身利益的追求，以及与外部金融机构、外部投资人的信息不对称所造成的监管缺失，导致对地方政府性债务相关信息的真实性测度有所偏误。审计部门作为第三方，不受其他行政机关、社会团体和个人的干涉，依法独立行使审计监督权，因此需要对涉及地方政府性债务相关部门的制度实施情况、资金来源情况、资金使用情况等信息的真实性进行核实。

从地方政府性债务本身而言，需要对其实际规模数量、构成情况、债务准备金数量、违约率等已发生的事件的真实性进行详细审计。对于地方政府性债务的实际数量，几次较大规模的地方政府性债务审计只是摸清了地方政府性债务的"底数"而非"实数"，许多地方往往还有一些隐性债务并没有涉及，因此在进行地方政府性债务审计时也需要对地方政府性债务的实际规模进行再次核算。对于债务准备金问题，根据2013年《全国政府性债务审计结果》中所披露的情况，地方政府准备金共计3265亿元，而地方政府性债务余额高达108859亿元，政府债务准备金的覆盖率仅为3%。而《国际金融组织和外国政府贷款还贷准备金管理暂行办法》中第6条，对还贷准备金的金额规定为，此金额应至少满足其未来一年内到期债务周转的垫付需求，一般应超过本地贷款债务余额的5%。参照此规定，我国政府债务准备金覆盖率低于国际标准，必须引起重视。对于债务违约率的情况，根据政府性债务审计结果，2012年全国政府性偿还债务负债违约率为5.38%，因此可以确定，地方政府性债务违约是存在一定隐患的。

基于上述有关地方政府性债务主体及本身所涉及的真实性问题，还需要明确量化地方政府性债务风险，明确风险的真实性程度，深度挖掘风险成因，揭示债务管理弊端，发挥审计建设性，纠正问责，督促改进，以保障国民经济健康持续发展。

（二）合法性目标

合法性目标是指审计机关对审计事项的合法性进行审计监督。这一目标主要是确定各项财政财务收支是否符合法律和规章制度的规定，包括财政财务收支的发生是否违反法律规定，财政财务收支程序是否合法，各项会计处理是否遵循了法律和会计准则的规定，特别是对政府是否依法行政、规范行政，其行政执法行为是否客观、公正等进行审计监督。

地方政府性债务审计的合法性主要涉及的内容有：①举债方面，地方政府进行举债的方式、渠道必须符合法律法规的要求；②用债方面，地方政府性债务资金必须符合投向合规、管理严格和使用效率高等要求；③偿债方面，政府偿还债务时所用资金必须符合法律法规的相关要求。

举债方面，地方政府性债务主体融资的合法性在新《预算法》和《担保法》实施前、后存在一定的差异。按照国发办"43号文"关于强化地方政府性债务管理的相关意见和新《预算法》第34、35条规定，限额管理政府债务，不得由企事业单位举债，而仅能通过政府及其相应部门进行举借；举债主体仅限省级政府，省级以下无举债权（市县政府确需举债的，应依照经批准的限额，提出本地区政府当年的债务应用计划，并纳入预算调整方案，报人大批准后再报省级政府备案并由省级政府代为举借）。然而，2015年以前《担保法》和《预算法》禁止地方政府举债和担保，而地方政府在进行项目建设时通常缺乏配套资金，在这种情况下，由于法律并未禁止地方政府部门下设的公司进行举债，因此在新《预算法》颁布前，地方政府更多的是通过组建融资平台公司变相举债。据审计署公布的数据，截至2012年，全国涉及地方政府性债务的融资平台公司多达6576家。此外，《担保法》明确规定，保证人不得为国家机关，但国务院批准为应用国际组织及外国政府贷款而转贷的不在此列。新《预算法》也规定，地方政府及其相关部门不得以任何方式向任何个人、单位提供担保，但法律另有规定的除外。因此，在审计过程中应对地方政府性债务主体在2015年以前的地方政府性债务融资渠道、债务担保是否合法，举债是否超出限额等问题予以关注。

用债方面，根据新《预算法》《担保法》规定，对地方政府性债务实行用途限定（不得用于日常支出，仅可用于适度归还债务存量及公益性支出）、规模控制（各地的债务余额可以小于各省财政厅下达的限额，但不得高于限额）和预算管理（分类纳入一般公共预算和政府性基金预算管理）。因此，地方政府性债务只能用于偿还当前债务或指定的公共服务或项目债务。在对地方政府性债务资金使用情况审计时，需要对资金是否用于公益性资本支出而非经常性资本支出以及挪用于其他非指定项目、闲置等情况，依照审计署规定的"见人、见账、见物；逐笔、逐项审核"的原则进行详细审计。

偿债方面，如上所述，目前我国地方政府性债务存在用新债还旧债、还债违约率较高等情况，因此对地方政府性债务偿还时所用资金的合法性也应予以关注。

（三）效益性目标

效益性目标是指审计机关对审计事项的经济效益、社会效益和环境效益进行审计监督，着重解决财政财务收支活动是否符合经济性（economy）、效率性（efficiency）、效果性（effectiveness），在西方又称作"3E"审计。经济性用以评价实际资金投入或者费用列支与预计相比，是否节约，即一项经济性活动应该是在保证质量的前提下，将其资源消耗降到最低程度。效率性用以评价实际资金投入或者费用列支与预计相比，是否获利以及获利程度。一项有效率的活动应该是在保证质量的前提下，以一定的投入实现最大的产出或实现一定的产出使用最小的投入。效果性用以评价实际所得与预计相比，其结果的优劣程度或者目标的实现程度。

地方政府性债务资金管理是我国财政管理的重要内容之一，地方政府性债务资金使用的效益性包括经济性、效率性和效果性。围绕这三个特性的提案到决策至最后的评估，贯穿经济活动的整个过程。

2013年全国政府性债务审计的结果显示，2010年12月底，尚未支出的地方政府性债务余额占其总量的10.31%，为11044.47亿元，其中2008年及此前举借到2010年12月底，各级政府未能支出债务余额占比为11.95%，金额1319.8亿元，财政资金在2010年为此支付了67.74亿元的利息。影响债务资金使用效益发挥的主要因素有：①政府举债的盲目性；②资金投向未落实；③项目准备不充分；④担心银根缩紧而超前融资；等等。因此，在审计过程中，需要查明已有项目未落实款项、长期未实施项目等情况存在的原因，以确定债务资金的效益性。

从长远的角度来看，真实性、合法性、效益性三者互相联系、相互影响。其中，真实性是合法性、效益性的基础，真实性目标实现了，在很大程度上就解决了合法性问题，被审计单位真实的效益也必然清晰地反映出来。因此，在查证和认定信息真实的基础上，通过揭露查处各种严重违纪违法行为，促进被审计单位加强改善经营管理、提高经济效益和社会效益，有利于逐步实现真实、合法、效益三个审计目标的统一，从而全面实现债务审计的目标。

自我国恢复建立审计机关以来，国家审计一直是以真实性、合法性为其重要目标，这是与我国当时的历史条件和特定环境相适应的。有限的审计资源使得审计机关只有先解决真实性问题、查处各种弄虚作假行为、纠正会计信息失真问题，才有可能真正实现合法性和效益性目标。政府审计以真实性、合法性为目标，对维护国家财经法纪、严肃财经纪律、促进廉政建设，发挥了应有的作用。但随着我国社会主义市场经济体制的建立与完善，所有权与经营权进一步分离，政府的职能逐步由直接管理企业向以宏观调控为主和改善企业运作环境的方向转变。公共财政、公共管理等政府治理行为的转变，使得以效益性作为政府审计的目标逐步成为可能。在此种环境下，政府审计的目标已不仅仅是真实性、合法性，因为这与公共受托责任、市场经济体制、民主法制建设对政府审计所提出的新要求不完全相符。于是，我国审计机关开始了注重效益性目标的政府绩效审计实践，像国债资金、扶贫资金、三峡移民资金等，虽然没有把绩效审计的效益性目标明确提出来，但已经在具体实施过程中体现了不同程度的效益性。

从各国绩效审计的实践来看，与国外相比，我国目前开展的以效益性为目标的绩效审计还有一定的差距，其原因主要有三：一是有限的审计资源制约着政府审计向绩效审计延伸，虽然绩效审计作用大、效果好，但其投入的审计资源较大，在审计资源有限的情况下很难向绩效审计领域倾斜；二是开展绩效审计的条件尚不完全具备，大多数被审计单位管理水平相对有限，会计核算不很规范，因而开展绩效审计难度较大；三是审计主体的素质尚不能完全适应绩效审计的要求，这也是未来我国政府审计亟待改进和强化的一个方向。为此，我国的国家审计应根据自身的实际情况，将财务审计与绩效审计相结合，逐步探索一条有中国特色的绩效审计之路。

二、地方政府性债务审计的具体目标

2011年国务院第6号文件，即《国务院办公厅关于做好政府性债务审计工作的通知》的附件——《全国地方政府性审计工作方案》曾明确提出了全国地方政府性债务审计的工作目标，即依据提出建议、分清类型、摸清规模，以及结构分析、原因查找、问题揭示等的工作思路，实现下列目标：①分年度摸清各级地方政府的债务结构、规模、增减变化等；②依照政府债务偿还责任对债务类型进行划分；③对政府债务偿还能力进行分析，揭示其风险情况；④对地方及相关部门债务管理中的突出问题进行反映和揭示；⑤对地方政府形成债务的根本原因进行深入分析，针对化解及防范潜在风险、完善融资举债体系和强化政府债务管理等提出相应建议、意见。该文件虽然指出了部分审计目标，但并未给予详细的说明和解释。因此，在新时代背景下，债务审计的具体目标还应予以明晰和扩展。

鉴于此，下面分别按照地方债务资金的举借、使用和偿还等环节系统地阐述具体审计目标，这也与现行的债务审计工作的内容和程序相一致。将审计业务进行"切块"是一种通行的工作安排，在地方政府性债务审计中，通常将债务资金循环划分为若干较小的部分或分块来执行。这种划分更便于有力推进和管理审计工作，也有助于将审计任务在审计小组的不同成员之间进行合理分派。地方债务资金的"举借""使用"和"偿还"等不同环节，有其特定的具体特征，潜在的问题类型各异，因而审计的目标和重点也各有不同。地方政府性债务的具体审计目标是基于地方债务资金循环各个环节的特点确定的，突出体现了地方政府性债务的审计重点，便于对地方政府性债务审计各个环节的具体任务予以明确。

（一）与"举债"相关的审计目标

地方债资金举借环节的目标与重点是要做到依法适度。地方政府性债务举借环节是地方政府性债务资金运行的起点。新《预算法》规定，从2015年起地方政府性债务全部纳入地方政府预算管理。经国务院批准，省、自治区、直辖市政府预算中所必需的建设投资资金，可以在国务院确定的限额内，通过发行地方政府债券的方式适度举借债务，市、县级政府确需举借债务的应由省、自治区、直辖市政府代为举借。政府债务只能通过政府及其部门举借，不得通过企事业单位举借。然而，地方政府举债的规模、期限、利率等信息并未完全公开。针对举债环节的审计应重点关注地方政府性债务举债主体、举债方式、举债规模、举债程序等内容。该环节可能存在的问题有：地方政府未遵循新《预算法》的规定，委托非政府机构代为举债，比如通过地方融资平台公司举债；地方政府仍存在债券以外的融资方式，举借规模超出预算规模，举债不按规定程序，等等。

针对地方政府性债务举借环节可能存在的主要问题，查明是否依法适度是该环节审计的目标与重点。第一，明确举债主体，即地方政府性债务的举债主体是否符合新《预算法》的相关要求，是否仍然通过地方融资平台这类举债主体举债；第二，规范举债方式，即除发行债券外，融资方式是否还有其他形式；第三，控制举债规模，即核算地方政府性债务规模是否超出了地方财政的实际承受能力、偿债峰值是否超过地方政府可支配财力；第四，严格举债程序，即核查地方政府的举债行为是否严格遵循法定程序。

通过以上分析，可以认为与地方政府性债务资金"举借"相关的审计目标具体如下：

1. 存在

所列的债务金额确实存在。这一目标涉及已入账的地方政府债务金额是否确实应该列入政府账目。审计人员需注意债务的真实性，确保债务金额没有被"虚报"或"夸大"。例如，如果账上记录了原本不涉及地方政府权利与义务的债务，或者涉及的金额不准确，就不符合存在的审计目标。

2. 完整性

存在的债务金额均已列入。这一目标涉及所有应当列入的地方政府性债务金额是否确实已经全部列入账目。审计人员应关注政府账目中的地方债务是否有遗漏，是否还存在隐藏债务的情形。例如，如果地方政府通过设立企业，并以企业为依托，借助种种手段进行举债，债务的权利归政府享有，债务的义务却并未反映在政府账目中，这种情况就不符合完整性的审计目标。

3. 分类

地方政府性债务已按照规定进行分类。这一目标涉及确定地方政府账目中所列示的地方政府性债务是否进行了合理的分类。按照《国务院办公厅关于做好地方政府性债务审计工作的通知》，地方政府性债务可分为以下三类：

①地方政府负有偿还责任的债务，是指地方政府（含政府部门和机构）、经费补助事业单位、公用事业单位、政府融资平台公司和其他相关单位举借，确定由财政资金偿还，政府负有直接偿债责任的债务。

②地方政府负有担保责任的债务，是指因地方政府（含政府部门和机构）提供直接或间接担保、当债务人无法偿还债务时，政府负有连带责任的债务。

③其他相关债务，是指政府融资平台、经费补助事业单位和公用事业单位为公益性项目举借，由非财政资金偿还，且地方政府（含政府部门和机构）未提供担保的债务（不包含拖欠其他单位和个人的债务）。政府在法律上对该类债务不承担偿债责任，但当债务人出现债务危机时，政府可能需要承担救助责任。

被审计单位应当将债务类型进行合理划分。例如，如果将政府在法律上不承担偿债责任，但可能需要承担求助责任的债务划分为地方政府负有偿还责任的债务，就不符合分类的审计目标。

4. 合规性

合规性目标涉及确定地方债务资金的筹借是否符合法律法规以及各项规章制度的要求，包括举债主体的合法性、举债方式的透明性、举债规模的合理性、举债用途的合法性，以及举债程序的规范性等。举债主体的合法性是指债权方必须是合法的法人或自然人，债务方为政府或与政府有关的机构或单位，审计人员应审查举债主体是否真实存在，是否存在虚假举债的情况，以及摸清举债主体双方的关联关系，打击非法举债。举债方式的透明性是指地方政府举借债务需通过市场途径，公开透明地举债，不得通过非法手段举债。举债规模的合理性是指地方政府应对当年地方政府债务总额及配置做好评估和规划，不得盲目举债，举债规模应控制在一定的标准内。举债用途的合法性是指地方政府举借债务的目的和用途需合规合法，不得为私人项目举借政府性债务。举债程序的规范性是指地方政府举借债务的程序应当按照相关法律、规章制度的要求进行，不得跳过程序，暗自交易。

5. 项目可行性

地方政府性债务的举借往往与公共项目挂钩，而公共项目尤其是地方基础设施建设往往耗资巨大，且时间跨度也较大，仅依靠地方财政拨款难以维持，所以地方政府通过发行地方政府性债务的方式来支持地方公共项目的支出。因此，当地方政府为公众项目而举借债务时，需对项目进行可行性分析，审计人员需对项目的可行性评价进行审计。

(二) 与"用债"相关的审计目标

地方债务资金的使用首先要考虑债务在各地区之间的配置问题，地方债务资金配置的目标与重点要做到有理有据。地方政府性债务资金的配置主要是在省、自治区、直辖市范围内分配地方政府性债务资金的问题。在我国现行的行政管理体制下，财政资金要从省、自治区、直辖市到市、县、乡（镇）进行层层拨付，因此地方政府性债务资金的分配环节过多、时间过长等问题突出，甚至有些资金始终没有拨付，常年挂在账上。为提高财政资金使用效率，李克强总理在2015年先后多次在国务院常务会议中部署盘活财政存量资金工作。

地方政府性债务资金配置环节可能存在的主要问题有：省、市、县之间的资金配置缺乏分配依据，比如未考虑各级政府的财力及偿债能力而进行几乎平均的分配；程序不合规，未遵循项目确定、预算安排、人大审批等程序；分配不及时，存在资金滞留、挤占或挪用等现象。因此，地方政府性债务资金使用环节的审计应重点关注省、市、县之间如何合理分配地方政府性债务资金，是否充分考虑各级政府的财力及偿债能力，是否及时分配、及时拨付，是否存在资金滞留、挤占或挪用等现象，决策过程是否公开透明等。

通过以上分析，可以认为与地方债务资金"使用"相关的审计目标具体如下：

1. 发生

已记录的地方政府债务资金的使用金额确实存在。这一目标涉及已记录的地方债务资金是否确实被使用，使用的去处是否是清晰明确的。审计人员应当逐笔、逐项地查明地方债务每一笔资金的去向。如果被审计单位无法解释地方政府债务资金的去向，或者在账目上债务资金已经被使用，但实际上并未使用，则不符合发生的审计目标。

2. 完整性

存在的地方政府性债务资金的去向皆被记录。这一目标涉及每一笔地方政府性债务资金是否都被完整地记录。审计人员需重点审查地方政府性债务资金是否存在缺漏，是否存在资金已经被使用但并未入账的情况。

3. 准确性

已记录的地方政府性债务资金的使用金额准确。这一目标涉及地方政府性债务使用的金额是否准确，能否和项目相对应、匹配，审计人员需对使用的金额进行审查，查看金额是否有误，是否存在多记、少记的情况。

4. 效益性

地方政府性债务资金的使用具有效益性。地方政府性债务资金应当与具体项目相匹配，确保每一笔债务资金都使用在对应的项目上，不得随意改变用途和挪用，同时应当对每个项目的现金流进行记录和评估分析，确保项目的顺利实施。审计人员应审查与地方政府性债务资金有关的项目产生的现金流量是否准确，对现金流量的评估结果是否公允，项目的效益评价是否合理，等等。审计人员还需关注地方债务资金的占用和耗费是否节约和经济。审查债务资金在项目上的投入和产出之间的关系，判断被审计单位对地方政府性债务资金的使用是否经济有效，并查明低效率的原因。此外，审计人员还需对被审计单位计划完成情况进行审查，即审计产出是否达到了预期效果，是否获得了理想的效益，评价被审计单位经济活动是否符合预期要求，利用资源的具体方式和手段是否有效，是否实现了预期的经济效益和社会效益。

5. 合规性

被审计单位应当遵循相关法律规制的要求，合法合规地使用地方政府性债务资金。如果存在非法挪用地方债务资金的行为，属于严重的违法行为，不符合合规性的审计目标。

（三）与"偿债"相关的审计目标

地方债务偿还环节的目标与重点是要做到足额及时偿还本息。偿债环节是地方政府性债务资金运行的终点。落实还款来源、优化还款方式是这一环节的关键。该环节可能存在的主要问题包括，偿债责任不清、偿债意识不强、偿债机制不健全，以及偿债计划缺失，地方政府无相对固定的偿债资金来源，还款资金来源渠道少，等等。

地方政府性债务偿还环节的审计应重点关注偿债资金的及时到位及规模，即偿债资金到位的及时性及稳定性，偿债资金是否有预算安排；地方政府是否建立了债务监控体系，是否有系统的偿债约束机制，是否实行了债务报告制度，债务相关信息是否透明，等等。

通过以上分析，可以认为与地方政府性债务本息"偿还"相关的审计目标具体如下：

1. 稳定性

合理安排地方政府性债务资金的偿还。被审计单位应对自身的偿债能力进行分析，以合理安排地方债务的偿还工作。审计人员需注意审查地方政府的偿债能力，是否存在稳定的还款来源，是否有完善的偿债计划，是否有系统的偿债机制，以及是否存在资不抵债、偿还能力弱等情况。

2. 及时性

地方政府性债务偿还应足额、及时。这一目标涉及地方政府性债务偿还的金额是否与债务本息相符，偿还的时间是否在规定或约定的期限内。审计人员应注意审查地方政府性债务是否存在拖欠或者借新还旧等情况。如果被审计单位夸大了地方债务的偿还金额，或者存在长期拖欠不还的情况，则不符合及时性的审计目标。

3. 合规性

地方政府性债务偿还应符合相关法律、规章制度要求。这一目标涉及政府对债务的偿还责任是否合乎规定，当地方政府对债务负有偿还责任时，地方政府才需要进行偿还，地方政府不得偿还不负有偿还责任的债务，当地方政府需承担担保责任时，需要依照相关法律规定与上级政府进行沟通处理，不得私下使用公共财政偿还私人债务，否则就不符合规性的审计目标。

4. 风险预警

地方政府应建立风险预警机制，针对地方政府性债务偿还风险进行预警，建立健全"事前预防、事中控制、事后反馈"的运行机制，防控地方债务违约风险。审计人员应对地方政府内部控制进行测试，注意地方政府是否建立了风险预警机制并对其风险预警机制进行评价，注意地方政府性债务的风险因素，对地方债务违约风险进行评估，并提出审计意见和建议。

上述各个环节具体的审计目标，如表4-1所示。

表4-1 地方政府性债务审计目标

与地方债务资金"举借"相关的审计目标	与地方债务资金"使用"相关的审计目标	与地方债务资金"偿还"相关的审计目标
存在——所列的地方债务金额确实存在	发生——已记录的地方政府性债务资金的使用金额确实存在	稳定性——合理安排地方政府性债务资金的偿还，被审计单位应对自身的偿债能力进行分析，合理安排地方债务的偿还工作
完整性——存在的地方债务金额均已列入	完整性——存在的地方政府性债务资金的去向皆被记录	及时性——地方政府性债务偿还应足额、及时
分类——地方政府性债务已按照规定进行分类	准确性——已记录的地方政府性债务资金的使用金额准确	合规性——地方政府性债务偿还应符合相关法律、规章制度要求
合规性——地方债务资金的筹借符合法律法规以及各项规章制度的要求	效益性——地方政府性债务资金的使用具有效率和效果	风险预警——地方政府应建立风险预警机制，针对地方债务偿还风险进行预警
项目可行性——地方政府性债务的筹借往往与公共项目挂钩，需对项目进行可行性分析	合规性——地方债务资金的使用过程中应当遵循相关法律、规章制度的要求	

三、本章小结

本章讨论了地方政府性债务的审计目标。首先，将地方政府性债务审计的总体目标设定为真实性目标、合法性目标和效益性目标。其次，依据资金运动一般规律，结合债务资金运行流程，按照国家审计既定程序，统筹地方政府性债务的资金与项目及其审计，就地方政府性债务资金的举借、使用和偿还等环节的审计进行了具体设计和重点安排，分别确定了每个环节的审计重点和具体的审计目标。

第五章

地方政府性债务审计主体

一、地方政府性债务审计的既有经验

根据2011年、2013年全国地方政府性债务审计结果和2014年各地区地方政府性债务审计结果，分析总结的全国和各省份地方政府性债务审计报告的审计主体如表5-1所示。

表5-1 地方政府性债务审计主体

报告	审计主体
2011年全国地方政府性债务审计结果	审计署统一组织全国各级审计机关
2013年全国政府性债务审计结果	审计署组织全国审计机关
2014年安徽省地方政府性债务审计结果	审计署组织郑州特派办和安徽省各级审计机关
2014年北京市政府性债务审计结果	审计署统一组织京津冀特派办和北京市审计机关
2014年重庆市政府性债务审计结果	审计署统一组织重庆特派办和重庆市各级审计机关
2014年福建省政府性债务审计结果	审计署统一组织深圳特派办和福建省审计机关
2014年甘肃省政府性债务审计结果	审计署统一组织兰州特派办和全国各级审计机关
2014年广东省地方政府性债务审计结果	审计署统一组织审计署驻广州和深圳特派员办事处以及广东省各级审计机关
2014年广西壮族自治区政府性债务审计结果	审计署统一组织哈尔滨特派办和广西壮族自治区（以下简称自治区）各级审计机关
2014年贵州省政府性债务审计结果	审计署组织昆明特派办和贵州省各级审计机关
2014年海南省政府性债务审计结果	审计署组织广州特派办和海南省各级审计机关

续表

报告	审计主体
2014年河北省政府性债务审计结果	审计署组织审计署太原特派办和河北省审计机关
2014年河南省政府性债务审计结果	审计署组织郑州特派办和河南省各级审计机关
2014年黑龙江省政府性债务审计结果	审计署统计组织哈尔滨特派办和黑龙江省审计机关
2014年湖北省政府性债务审计结果	审计署统一组织武汉特派办和湖北省各级审计机关
2014年湖南省政府性债务审计结果	审计署统一组织长沙特派办和湖南省各级审计机关
2014年吉林省政府性债务审计结果	审计署驻长春特派员办事处、吉林省审计厅组织全省审计机关
2014年江苏省政府性债务审计结果	审计署统一组织南京特派办和江苏省各级审计机关
2014年江西省政府性债务审计结果	审计署统一组织武汉特派办和江西省各级审计机关
2014年辽宁省政府性债务审计结果	审计署统一组织沈阳特派办和辽宁省各级审计机关
2014年内蒙古自治区政府性债务审计结果	审计署统一组织审计署长沙特派办和内蒙古自治区各级审计机关
2014年宁夏回族自治区政府性债务审计结果	审计署统一组织西安特派办和宁夏回族自治区审计机关
2014年青海省政府性债务审计结果	审计署统一组织兰州特派办和青海省各级审计机关
2014年山东省政府性债务审计结果	审计署统一组织济南特派办和山东省各级审计机关
2014年山西省政府性债务审计结果	审计署的统一安排部署下，审计署驻太原特派办和山西省各级审计机关共同组织
2014年陕西省政府性债务审计结果	审计署统一组织西安特派办和陕西省审计机关
2014年上海市政府性债务审计结果	审计署组织上海特派办和上海市、区（县）审计机关

续表

报告	审计主体
2014年四川省政府性债务审计结果	审计署统一组织成都特派员办事处和四川省各级审计机关
2014年天津市政府性债务审计结果	审计署统一组织审计署京津冀特派办和天津市审计机关
2014年新疆维吾尔自治区政府性债务审计结果	在审计署统一组织下，新疆维吾尔自治区各级审计机关和新疆生产建设兵团（以下简称兵团）相关审计机关
2014年云南省政府性债务审计结果	审计署统一组织昆明特派办及云南省审计机关
2014年浙江省政府性债务审计结果	审计署统一组织审计署驻上海特派员办事处和浙江省各级审计机关

由表5-1可知，以往的经验中地方政府性债务的审计主体是审计署及派出机构和地方各级人民政府审计厅、审计局。因此，根据已有的做法和经验，地方政府性债务的审计主体是审计机关。

二、地方政府性债务审计的主体辨析

审计主体是指在审计活动中主动实施审计行为，行使审计监督权的审计机构及其审计人员，即接受审计授权人（或委托人）的授权（委托）而成为实施审计的主体。《宪法》（2018年修正）第九十一条规定，国务院设立审计机关，对国务院各部门和地方各级政府的财政收支，对国家的财政金融机构和企业事业组织的财务收支，进行审计监督。国家审计是由审计机关依法对公共资金、国有资产、国有资源管理、分配、使用的真实合法效益，以及领导干部履行经济责任和自然资源资产及生态保护责任情况所进行的独立监督活动。国家审计的主体主要是政府审计机构，地方政府性债务审计是国家审计的重要组成部分，对地方政府性债务审计而言审计主体亦是如此。通过对已有经验的总结和对统计主体的分析，可以探明地方政府性债务审计主体的独特性与合法性。

（一）地方政府性债务的相关主体

早在2010年，财政部、国家发展和改革委员会、中国人民银行和银监会4部门联合部署了地方政府对融资平台公司债务的全部清理工作。这4部门对地方政府性债务均有一定的管辖权。然而，2011年审计署调查数据显示，截至2010年底，全国有6576个地方政府融资平台公司，负债规模为4.97万亿元。同年银监会的报告显示，全国约有一万家融资平台公司，负债规模达到9.1万亿元。审计署与银监会的统计结果存在较大差异。从上述数据可以看出，由于类型划分标准不同，统计口径不一致，得出的结果相差较大，这也是多年以来包括银监会、央行在内的多个部门试图对地方政府债务进行统计，却难以成行的原因。

自新《预算法》实施以来，地方政府举债的唯一合法形式就是发行地方政府债券，如图5-1所示。地方政府可将2014年底负有偿还责任的15.4万亿元债务置换为地方政府一般债务与专项债务，并在符合规定且不超过限额的前提下，置换部分或有债务。

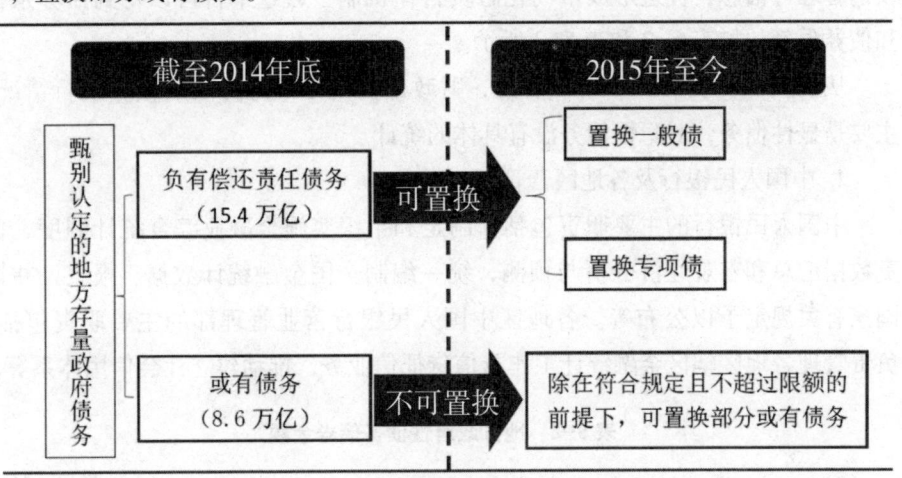

图5-1 置换债的置换对象及结构

数据来源：资料整理，CCEF研究

地方政府性债务的主要存续形式是政府债券，占比约98%，但仍有3151亿元非政府债券形式的存量债在2019年完成置换。当然，这些数据只是纳入财政部门"政府债务管理系统"的显性债务统计口径，地方政府隐性债务仍存在较大隐患。因此，统计的口径和难度进一步增加。

与地方政府性债务相关的主体有很多，它们可以从不同角度和口径获得地方政府性债务的数据。下面就对相关主体可以获得的地方政府性债务的数据进行分析。

1. 财政部及各级财政部门

财政部负责管理中央各项财政收支，编制年度中央预决算草案并组织执行；

组织制定经费开支标准、定额，审核批复部门（单位）年度预决算；受国务院委托，向全国人民代表大会及其常委会报告财政预算、执行和决算等情况；负责政府投资基金中央财政出资的资产管理；负责中央预决算公开。

各级财政部门承担本地区各项财政收支管理的责任，编制年度预决算草案并组织执行；受各级政府委托，向各级人民代表大会报告预算及其执行情况，向各级人大常委会报告决算；组织制定经费开支标准、定额，负责审批部门和单位的年度预决算；完善转移支付制度。

2019年12月31日财政部正式上线试运行中国地方政府债券信息公开平台，通过平台定期公开地方政府债券限额、余额以及经济财政状况、债券发行、存续期管理等信息，促进形成市场化融资自律机制。通过平台可以得到债券余额和债券限额，如表5-2和表5-3所示。

从表5-2和表5-3中可以看出，财政部门统计的地方政府债券发行情况，主要是显性债务，对隐性债务没有具体的统计。

2. 中国人民银行及各地区营管部

中国人民银行的主要职责包括：制定和组织实施金融业综合统计制度，负责数据汇总和宏观经济分析与预测，统一编制全国金融统计数据、报表，并按国家有关规定予以公布等。各地区中国人民银行营业管理部的主要职责包括：负责管理各地区辖区金融统计工作及信贷征信业务，推动建立社会信用体系等。

表5-2 地方政府性债务债券余额

单位：亿元

指标名称	2018年	2017年	2016年	2015年
0701 债券余额	180711	147448	106282	48260
070101 一般债券余额	108095	92676	71472	38568
070102 专项债券余额	72615	54772	34810	9692
0702 新增债券余额	57638	38579	25096	15821
070201 新增一般债券余额	31349	25699	20152	14915
070202 新增专项债券余额	26289	12881	4944	907
0703 置换债券余额	116256	108869	81186	32439
070301 置换一般债券余额	71288	66978	51319	23654
070302 置换专项债券余额	44968	41891	29867	8785
0704 再融资债券余额	6817	0	0	0

续表

指标名称	2018年	2017年	2016年	2015年
070401 再融资一般债券余额	5459	0	0	0
070402 再融资专项债券余额	1358	0	0	0

数据来源：中国地方政府债券信息公开平台

表 5-3　地方政府性债务债券限额

单位：亿元

指标名称	2019年	2018年	2017年	2016年	2015年
0201 债券规模	9300	41652	43581	60458	38351
0202 新增一般债券规模	21310	8177	7961	7662	5005
0203 新增专项债券规模	–	13527	7937	4037	907
0204 置换债券规模	–	13130	27683	48759	32439
020401 其中：置换一般债券规模	–	8556	0	0	0
020402 其中：置换专项债券规模	–	4574	0	0	0
0205 再融资债券规模	–	6817	0	0	0
020501 其中：再融资一般债券规模	–	5459	0	0	0
020502 其中：再融资专项债券规模	–	1358	0	0	0

数据来源：中国地方政府债券信息公开平台

中国人民银行统计地方社会融资规模存量与增量。自2018年9月起，人民银行将"地方政府专项债券"纳入社会融资规模统计，具体数据如表5-4所示。

表 5-4　2018年地方政府专项债券统计表

单位：亿元

地区	2018年第三季度	2018年第四季度	地区	2018年前三季度	2018年前四季度
北京	250	207	湖北	680	703
天津	686	791	湖南	733	800
河北	726	876	广东	1197	1282
山西	161	246	广西	552	553
内蒙古	198	199	海南	216	216

续表

地区	2018年第三季度	2018年第四季度	地区	2018年前三季度	2018年前四季度
辽宁	270	271	重庆	541	641
吉林	90	276	四川	729	799
黑龙江	292	292	贵州	666	669
上海	324	275	云南	449	495
江苏	1628	1580	西藏	0	13
浙江	863	939	陕西	577	477
安徽	1285	1310	甘肃	229	229
福建	669	669	清海	41	41
江西	548	542	宁夏	73	90
山东	1349	1409	新疆	321	361
河南	609	600	合计	16,954	17,852

数据来源：中国人民银行网站，其中地方政府专项债券按照债权债务登记日统计

从表5-4中可以看出，中国人民银行统计的也是地方政府性债务的显性部分，而且仅是专项债券的部分。

3. 中国银行保险监督管理委员会

中国银行保险监督管理委员会（简称银监会）负责统一编制全国银行业和保险业监管数据报表，按照国家有关规定予以发布，履行金融业综合统计相关工作职责。各级派出机构统计有关数据和信息，跟踪、监测、预测辖内银行业、保险业运行情况等。

2013年银监会披露的数据表明，截至2013年6月底，银行投向城投平台的贷款规模为9.7万亿元，同期金融机构各项贷款余额68万亿元，占比为14.26%。该数据被多方引用，它与央行披露的同期数据存在一定的差异。央行更加关注总量层面，统计的口径是地方政府融资平台，而银监会更加注重风险监管，使用的是地方融资平台公司。

银监会的数据与审计署的统计结果也存在差异。根据审计署的认定，地方政府融资平台公司是由地方政府及其部门和机构、所属事业单位等，通过财政拨款或注入土地、股权等资产设立，具有政府公益性项目投融资功能，并拥有独立企业法人资格的经济实体。但在银监会的统计口径下，机关、事业、企业三类平台法人均被纳入地方政府融资平台范围，而审计署公布的平台数及其负

债仅限于"平台公司",这可以从两个角度得到验证。银监会的平台贷款的统计口径与审计署的平台公司负债的统计口径相比,举债主体更宽泛。银监会关注的角度是银行系统在地方政府总体的贷款风险敞口。

2018年3月,根据第十三届全国人民代表大会第一次会议批准的国务院机构改革方案,将银监会和中国保险监督管理委员会(简称 保监会)的职责整合,组建银保监会;将银监会拟订银行业、保险业重要法律法规草案的职责划入中国人民银行,不再保留银监会。因此,银监会所获得的地方政府性债务的数据都会纳入中国人民银行口径。

4. 国家发展和改革委员会

国家发展和改革委员会职责包括:负责提出深化投融资体制改革建议,起草固定资产投资管理有关法律法规草案,提出政府投资项目审批权限和政府核准的固定资产投资项目目录建议,安排中央财政性建设资金,按权限审核重大项目,协调推进投资项目审批制度改革,拟订促进民间投资发展政策,按分工组织推广政府和社会资本合作,指导工程咨询业发展等。

各级发展和改革委员会职责包括:负责投资综合管理,拟订全省全社会固定资产投资总规模、结构调控目标和政策,会同相关部门拟订政府投资项目审批权限和政府核准的固定资产投资项目目录,按权限审批、核准、审核重大项目,安排省级有关财政性专项建设资金,协调推进全省重大项目建设,拟订并推动落实全省鼓励民间投资政策措施。

国家发改委曾发文发改投资〔2017〕2059号,《国家发展改革委关于鼓励民间资本参与政府和社会资本合作(PPP)项目的指导意见》鼓励民营资本投资PPP领域,国家发改委发布的发改规划〔2018〕406号,《国家发展改革委关于实施2018年推进新型城镇化建设重点任务的通知》,要求健全城镇化投融资机制,引导地方政府在新型城镇化建设中量力而行,防范化解隐性债务风险,强化财政资金和政府投资引导,提高资金使用效率。从发改委的相关文件中可以看出,发改委及其财政金融司非常关注地方政府性债务风险以及城投债券。

发改委负责各级政府重大项目的审批,特别是对PPP和城投债给予了高度关注,所以可以从资金投向的角度统计和分析地方政府性债务的结构和效益,但对地方政府性债务的总量仍难以全面掌握。

5. 中央国债登记结算有限责任公司

2015年财政部以财库〔2015〕64号印发的《地方政府一般债券发行管理暂行办法》规定:一般债券应当在中央国债登记结算有限责任公司办理总登记托管,在国家规定的证券登记结算机构办理分登记托管。财政部以财库

121

〔2015〕83号印发的《地方政府专项债券发行管理暂行办法》规定：专项债券应当在中央国债登记结算有限责任公司办理总登记托管，在国家规定的证券登记结算机构办理分登记托管。因此，可以从中央国债登记结算有限责任公司采集地方政府债券数据，但这仅涉及显性债务，至于隐性债务仍然需要从其他渠道获得。

6. 国家统计局与各级统计部门

国家统计局的主要职责包括：建立健全国民经济核算体系，拟订国民经济核算制度，组织实施全国及省、自治区、直辖市国民经济核算制度和全国投入产出调查，核算全国及省、自治区、直辖市国内生产总值，汇编提供国民经济核算资料，监督管理各地区国民经济核算工作。

各级统计部门负责贯彻执行国民经济核算体系，组织实施全省（全市）及各设区市（区县）国民经济核算制度和全市投入产出调查，核算全省（全市）及各设区市（区县）地区生产总值，汇编提供国民经济核算资料，监督管理各设区市（区县）国民经济核算工作。国家统计局各地区调查总队参与组织实施国家有关普查项目。

国家统计局和各级统计部门在统计数据方面具有一定优势，但是对地方政府性债务的统计工作仍需要会同财政部、发改委一并进行。

综上所述，上述机构均可以从不同侧面对地方政府性债务进行统计，然而很难覆盖债务的全貌。因此，对地方政府性债务的统计是地方政府性债务审计必须要解决的基础性问题。

（二）地方政府性债务的审计主体

审计能够有效解决数据统计过程中遇到的问题，包括独立性、指标口径和合理衡量等问题。

根据党的十九届三中全会审议通过的《中共中央关于深化党和国家机构改革的决定》《深化党和国家机构改革方案》和第十三届全国人民代表大会第一次会议批准的《国务院机构改革方案》，审计署是国务院组成部门。中央审计委员会办公室设在审计署，审计署贯彻落实党中央关于审计工作的方针政策和决策部署，在履行职责过程中坚持和加强党对审计工作的集中统一领导。

当前地方政府性债务的审计主体是审计署及派出机构和地方各级人民政府审计厅、审计局。明确的审计主体能够有效解决数据统计过程中遇到的问题，包括独立性、指标口径和合理衡量等问题。其中，审计人员的独立性是审计工作能够有效开展的前提条件，统一的指标口径有利于审计机关明晰债务情况，对债务及其风险的合理衡量有助于审计人员量化债务风险，实施实质性审计。

最重要的就是国家审计机关依法具有独立性。《宪法》规定，审计机关依照法律规定独立行使审计监督权，不受其他行政机关、社会团体和个人的干涉。审计机关不仅是国家机关，更是政治机关，是党的工作部门，还是国家的宏观管理部门。

三、地方政府性债务审计主体的客观要求

国家审计具有政治性、法定性、独立性、全面性、专业性等特性，这几方面概况了对审计机关的要求。

（一）政治性

中国共产党是中国特色社会主义事业的领导核心，坚持党的领导是中国特色社会主义审计制度建立和发展的首要政治前提。2018年5月23日，中央审计委员会第一次会议明确提出，要加强党对审计工作的领导。审计作为党和国家监督体系的重要组成部分，审计机关首先是政治机关，是党的工作部门，必须旗帜鲜明讲政治，其根本特征就是在中国共产党的领导下，依法独立行使审计监督权。

国家审计的政治性主要体现为：审计机关和审计人员坚持以习近平新时代中国特色社会主义思想为指导，全面贯彻落实党的理论和路线方针政策，深刻领悟"两个确立"的决定性意义，牢固树立"四个意识"，不断增强"四个自信"，自觉做到"两个维护"，坚定捍卫"两个确立"。把落实党中央对审计工作的部署要求作为首要政治责任，把推动党中央重大政策措施贯彻落实作为审计工作的重中之重，善于从政治上谋划、部署、推动工作，善于从政治上把大局、看问题、提建议。统筹安排审计工作，优化审计资源配置，做到应审尽审、凡审必严、严肃问责，努力构建集中统一、全面覆盖、权威高效的审计监督体系，更好发挥审计在党和国家监督体系中的重要作用。

（二）法定性

职权法定是国家审计权威性和强制性的保障。《宪法》《审计法》及其实施条例、《中共中央关于全面推进依法治国若干重大问题的决定》《中国共产党党内监督条例》《国务院关于加强审计工作的意见》《关于完善审计制度若干重大问题的框架意见》及相关配套文件、《关于深化国有企业和国有资本审计监督的若干意见》《领导干部自然资源资产离任审计规定（试行）》等，都对审计监督的职责作出了明确规定，赋予了审计机关维护秩序、推动改革、推进法治、促进廉政、强化问责、保障发展等职责和任务。作为宪法和法律确立的一项制

度，国家审计的地位和作用是不可或缺的，也是不可替代的。

（三）独立性

独立性是国家审计机关行使职权的基础。《宪法》规定，审计机关依照法律规定独立行使审计监督权，不受其他行政机关、社会团体和个人的干涉。从权力运行的角度看，审计机关专司监督，不具有干部管理权、资金分配权和项目审批管理权，没有具体的行政管理职能。这种独立的角色和地位，决定了审计机关超脱了部门利益的羁绊，能够从宏观全局、前瞻视角来看待、分析问题，能够更加客观公正地核查各类经济活动的真实性、合法性、效益性，摸清真实情况，客观揭示和反映经济社会运行中存在的突出矛盾和风险隐患，分析体制机制性障碍和制度性缺陷，并推动及时、有效解决问题。

（四）全面性

审计监督是审计机关根据法定职责主动实施的一项经常性、常态化的监督，对属于法定职权范围内的公共资金、国有资产、国有资源和领导干部履行经济责任情况实行审计全覆盖，凡是涉及管理、分配、使用公共资金、国有资产、国有资源的部门、单位和个人，都要自觉接受审计、配合审计。审计对象和内容具有广泛性、普遍性，基本涵盖国家经济、政治、文化、社会、生态文明治理的各个领域，涉及改革发展稳定的各个方面，贯穿于经济社会运行的全过程和全领域。相应地，国家审计作用发挥也具有全面性，通过依法全面履行审计监督职责，促进经济高质量发展，促进全面深化改革和扩大高水平开放，促进权力规范运行，促进反腐倡廉。

（五）专业性

审计人员开展审计工作必须具备扎实的专业知识、职业胜任能力和工作经验，其中精通财政财务、计算机和相关业务知识，熟悉国家方针政策更是必备的基本素质，同时还必须严格遵守法律法规和国家审计准则，恪守审计职业道德。通过对被审计单位和事项的资金流、业务流、物资流、信息流的审计，对审计收集到的与问题相关联的各种数据、资料进行分析，摸清真实情况，揭示风险隐患，查找突出问题，提出解决问题的建议，督促问题整改，推进国家治理体系和治理能力现代化。

四、本章小结

本章分析了地方政府性债务的审计主体。首先，基于2011-2013年审计署发布的3次全国地方政府性债务审计结果公告和2014年各地政府性债务审计结果公告，分析并总结了其成功做法和有益经验，认为地方政府性债务的审计主体是审计机关。其次，对地方政府性债务的审计主体及相关主体进行深入分析，充分论证并阐明了审计机关作为地方政府性债务审计主体的唯一性、合法性和必要性。最后，鉴于国家审计的特性和地方债务的特点，对这一审计主体明确了具体的要求，包括政治性、法定性、独立性、全面性、专业性等。

第六章

地方政府性债务审计内容

一、地方政府性债务审计内容的确定

"审计计划""审计证据""审计范围"——这些词汇在审计领域均属于专有名词,而"审计内容"并非专有名词,在审计准则中也未对"审计内容"做出具体的定义和解释。一般而言,审计内容是指为实现审计目标尤其具体审计目标所需要实施的具体审计事项。比如,内部审计的内容包括审查内部监督制度的健全性和有效性,审查资金来源的正确性和收入的完整性,审查各项支出的合规性和效益性,审查资产、财务的安全性,审查债券债务总体情况和审查重大经济事项决策的制定和执行情况。又如,国家审计的内容包括审计财政收支、财务收支和经济效益。通过监督被审计单位财政收支、财务收支以及有关经济活动的真实性、合法性、效益性,维护国家经济安全,推进民主法治,促进廉政建设,保障国家经济和社会健康发展。

全国及地方政府性债务审计结果报告,均对"审计内容"进行了明确的说明,北京市政府性债务审计结果报告如图6-1所示。根据2011年全国地方政府性债务审计结果、2013年全国政府性债务审计结果和2014年各地区地方政府性债务审计结果报告,分析总结的地方政府性债务审计内容如表6-1所示。

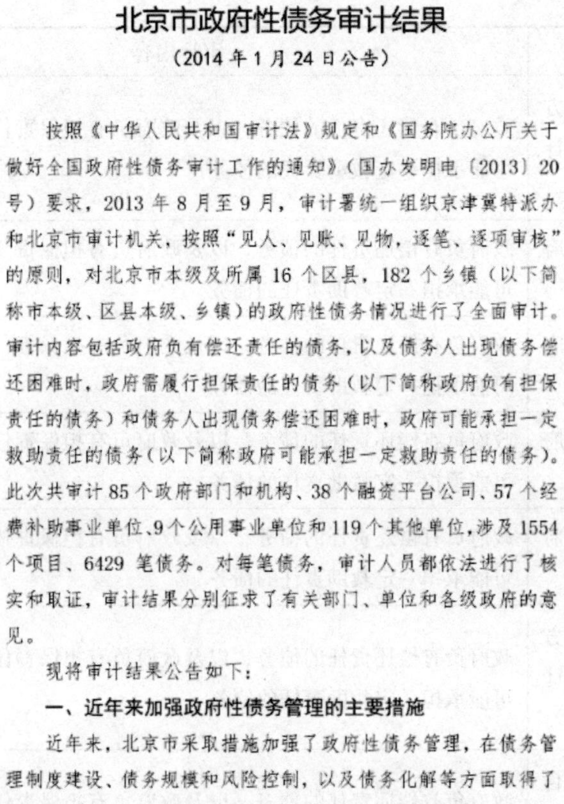

北京市政府性债务审计结果

(2014年1月24日公告)

按照《中华人民共和国审计法》规定和《国务院办公厅关于做好全国政府性债务审计工作的通知》(国办发明电〔2013〕20号)要求,2013年8月至9月,审计署统一组织京津冀特派办和北京市审计机关,按照"见人、见账、见物、逐笔、逐项审核"的原则,对北京市本级及所属16个区县、182个乡镇(以下简称市本级、区县本级、乡镇)的政府性债务情况进行了全面审计。审计内容包括政府负有偿还责任的债务,以及债务人出现债务偿还困难时,政府需履行担保责任的债务(以下简称政府负有担保责任的债务)和债务人出现债务偿还困难时,政府可能承担一定救助责任的债务(以下简称政府可能承担一定救助责任的债务)。此次共审计85个政府部门和机构、38个融资平台公司、57个经费补助事业单位、9个公用事业单位和119个其他单位,涉及1554个项目、6429笔债务。对每笔债务,审计人员都依法进行了核实和取证,审计结果分别征求了有关部门、单位和各级政府的意见。

现将审计结果公告如下:
一、近年来加强政府性债务管理的主要措施

近年来,北京市采取措施加强了政府性债务管理,在债务管理制度建设、债务规模和风险控制,以及债务化解等方面取得了

图6-1 北京市政府性债务审计结果报告①

表6-1 全国及各省份地方政府性债务审计内容

报告	审计内容
2011年全国地方政府性债务审计结果	政府负有偿还责任的债务,同时对债务人出现债务偿还困难时,政府需履行担保责任的或有债务和可能承担一定救助责任的其他相关债务
2013年全国政府性债务审计结果	政府负有偿还责任的债务,以及债务人出现债务偿还困难时,政府需履行担保责任的债务(以下简称"政府负有担保责任的债务")和债务人出现债务偿还困难时,政府可能承担一定救助责任的债务(以下简称"政府可能承担一定救助责任的债务")

---

① 公开披露于北京市审计局官网,系二〇一四年一月二十四日公告(总第120号)。访问链接为 http://sjj.beijing.gov.cn/zwxx/sjgg/201910/t20191028_460535.html。

续表

报告	审计内容
2014年安徽省地方政府性债务审计结果	政府负有偿还责任的债务，以及政府负有担保责任的债务和政府可能承担一定救助责任的债务
2014年北京市政府性债务审计结果	政府负有偿还责任的债务，以及政府负有担保责任的债务和政府可能承担一定救助责任的债务
2014年重庆市政府性债务审计结果	政府负有偿还责任的债务，以及政府负有担保责任的债务和政府可能承担一定救助责任的债务
2014年福建省政府性债务审计结果	政府负有偿还责任的债务，以及政府负有担保责任的债务和政府可能承担一定救助责任的债务
2014年甘肃省政府性债务审计结果	政府负有偿还责任的债务，以及政府负有担保责任的债务和政府可能承担一定救助责任的债务
2014年广东省地方政府性债务审计结果	政府负有偿还责任的债务，以及政府负有担保责任的债务和政府可能承担一定救助责任的债务
2014年广西壮族自治区政府性债务审计结果	政府负有偿还责任的债务，以及政府负有担保责任的债务和政府可能承担一定救助责任的债务
2014年贵州省政府性债务审计结果	政府负有偿还责任的债务，以及政府负有担保责任的债务和政府可能承担一定救助责任的债务
2014年海南省政府性债务审计结果	政府负有偿还责任的债务，以及政府负有担保责任的债务和政府可能承担一定救助责任的债务
2014年河北省政府性债务审计结果	政府负有偿还责任的债务，以及政府负有担保责任的债务和政府可能承担一定救助责任的债务
2014年河南省政府性债务审计结果	政府负有偿还责任的债务，以及政府负有担保责任的债务和政府可能承担一定救助责任的债务
2014年黑龙江省政府性债务审计结果	政府负有偿还责任的债务，以及政府负有担保责任的债务和政府可能承担一定救助责任的债务
2014年湖北省政府性债务审计结果	政府负有偿还责任的债务，以及政府负有担保责任的债务和政府可能承担一定救助责任的债务

续表

报告	审计内容
2014年湖南省政府性债务审计结果	政府负有偿还责任的债务,以及政府负有担保责任的债务和政府可能承担一定救助责任的债务
2014年吉林省政府性债务审计结果	政府负有偿还责任的债务,政府负有担保责任的债务和政府可能承担一定救助责任的债务
2014年江苏省政府性债务审计结果	政府负有偿还责任的债务,以及政府负有担保责任的债务和政府可能承担一定救助责任的债务
2014年江西省政府性债务审计结果	政府负有偿还责任的债务,以及政府负有担保责任的债务和政府可能承担一定救助责任的债务
2014年辽宁省政府性债务审计结果	政府负有偿还责任的债务,以及政府负有担保责任的债务和政府可能承担一定救助责任的债务
2014年内蒙古自治区政府性债务审计结果	政府负有偿还责任的债务,以及政府负有担保责任的债务和政府可能承担一定救助责任的债务
2014年宁夏回族自治区政府性债务审计结果	政府负有偿还责任的债务,以及政府负有担保责任的债务和政府可能承担一定救助责任的债务
2014年青海省政府性债务审计结果	政府负有偿还责任的债务,以及政府负有担保责任的债务和政府可能承担一定救助责任的债务
2014年山东省政府性债务审计结果	政府负有偿还责任的债务,以及政府负有担保责任的债务和政府可能承担一定救助责任的债务
2014年山西省政府性债务审计结果	政府负有偿还责任的债务,以及政府负有担保责任的债务和政府可能承担一定救助责任的债务
2014年陕西省政府性债务审计结果	政府负有偿还责任的债务,以及政府负有担保责任的债务和政府可能承担一定救助责任的债务
2014年上海市政府性债务审计结果	政府负有偿还责任的债务,以及政府负有担保责任的债务和政府可能承担一定救助责任的债务
2014年四川省政府性债务审计结果	政府负有偿还责任的债务,以及政府负有担保责任的债务和政府可能承担一定救助责任的债务

续表

报告	审计内容
2014年天津市政府性债务审计结果	政府负有偿还责任的债务，以及政府负有担保责任的债务和政府可能承担一定救助责任的债务
2014年新疆维吾尔自治区政府性债务审计结果	政府负有偿还责任的债务，以及政府负有担保责任的债务和政府可能承担一定救助责任的债务
2014年云南省政府性债务审计结果	政府负有偿还责任的债务，以及政府负有担保责任的债务和政府可能承担一定救助责任的债务
2014年浙江省政府性债务审计结果	政府负有偿还责任的债务，以及政府负有担保责任的债务和政府可能承担一定救助责任的债务

政府负有偿还责任的债务，是指需由财政资金偿还的债务，其规模和结构方面的数据能被较为清晰和及时地掌握。这些债务包括财政部代发的地方政府债券、地方政府借贷的外债和拖欠工资形成的债务。其中，财政部代发债券和外债的数据更新较为及时，然而拖欠工资形成的债务具有周期短、金额更新快等特点，统计难度较大。

政府负有担保责任的债务，是指政府作为担保方在被担保方无法偿还时需要承担的债务。当举债人有能力清偿时，不需要财政资金偿还；若举债人无力清偿，地方政府则需要承担清偿责任，因而属于或有债务。这些债务包括政府贷款担保、城投债、政府担保的基建贷款等。目前大部分地方政府融资平台负债为商业银行贷款，申请和审批过程较为简单，还款时可利用政府和银行的关系进行一定融通，为各地政府广泛采用。目前银行不良贷款问题已引起广泛关注（谢群，2013）。除商业贷款外，地方融资平台还通过发行企业债和中期票据形成债务即"城投债"，主要用于公共基础设施建设，资金偿还依赖财政补贴。

政府可能承担一定救助责任的债务，是指政府为债务人给予救助时可能会承担的债务，政府在法律上不负有偿还责任。后两类债务均应由债务人以自身收入偿还，正常情况下无须政府承担偿债责任。2011年全国审计报告、2013年全国审计报告和2014年地方审计报告中审计内容的措辞，如表6-2所示。

表 6-2　地方政府性债务审计内容变更

2011 年全国审计报告	2013 年全国审计报告 2014 年地方审计报告	
政府负有偿还责任的债务	政府负有偿还责任的债务	一致
对债务人出现债务偿还困难时，政府需履行担保责任的或有债务	债务人出现债务偿还困难时，政府需履行担保责任的债务	"或有债务"变成了"债务"
和可能承担一定救助责任的其他相关债务	和债务人出现债务偿还困难时，政府可能承担一定救助责任的债务	一致

从表 6-2 可以看出，主要的变动在"或有负债"的措辞上。政府或有负债是一种特殊政府支出责任，往往产生于过去的事项，是否会导致政府未来经济利益流出、流出金额多少以及流出的具体时间，取决于未来一个或多个事项的发生。比如，国家级政府以及公共或私营实体对非担保债务和其他负债的违约、非担保养老金基金，就业基金或社会保障基金（对小投资者的保护）的破产、中央银行不能履行其职责（外汇合约、保卫币值、稳定收支平衡）等。"债务"这一概念把所有的潜在义务和各种具有不确定性的现时义务都包括在内，从而涵盖了"预计负债"和"或有负债"两个方面的内容。预计负债是确定性债务，其发生金额虽不能完全确定却可以依照经验合理预计。"债务人出现债务偿还困难时"可能已经触发了承担负债的条件，不再属于"或有债务"了，而且"债务"更能将隐性负债、预计负债和或有负债的概念涵盖入内。因此，2013 年和 2014 年的审计报告对审计内容做出了这一变更。

二、地方政府性债务审计内容的划分

地方政府性债务的具体构成如表 6-3 所示。

表 6-3 地方政府性债务的具体构成

政府债务分类	直接（无条件承担的债务，源于现实义务）	或有（政府在特定条件下承担的债务，源于未来义务）
显性（法律明确规定的或政府以各种形式承诺的债务）（主要审计客体）	由国家法律或合同明确规定，不依赖任何具体事件发生，必须由政府偿还债务； 1. 中央政府代理发行的地方政府债券 2. 外国政府贷款和国际金融组织贷款由中央转贷地方政府 3. 国债转贷地方政府 4. 地方政府发行的债券 5. 农业综合开发借款 6. 地方政府粮食企业的供销企业政策性挂账 7. 应支未支的法定支出 8. 法定（公务员）工资、养老金	以法律或合同形式确定的，在某一特定事件发生情况下需要由政府偿还的债务，如担保、承诺等形成的债务； 1. 对下级政府的债务担保 2. 对公共或私人部门实体所发行债务的担保 3. 对政策性贷款（住房抵押、学生、农业以及中小企业等）的贷款担保 4. 政府部门为引资而担保的其他债务 5. 政府各部门（为融资）办的融资机构不良资产 6. 政策性担保公司不良资产
隐性（政府职能中隐含的应由政府承担的债务）	源于政府中长期公共政策，没有以法律、合同明确规定的政府债务，如养老金缺口等； 1. 社会保障资金缺口 2. 农村社会保障缺口 3. 公共投资项目未来的资本性和经常性支出	没有纳入政府预算，但在市场失灵、风险爆发、迫于公共利益等条件下，政府不得不偿还的债务，主要由私人风险转换而来； 1. 对金融机构支出危机的救助 2. 国有企业未弥补亏损 3. 拖欠企业在职职工、下岗职工和农民工的工资 4. 自然灾害等突发性公共事件

根据地方政府性债务的性质，地方政府性债务可分为直接债务和或有债务。直接债务是指地方政府负有直接偿还责任的债务，如国债转贷资金。或有债务是指在一定情况下地方政府需要承担偿还责任及义务的债务，包括负有担保责任的地方政府性债务和负有救助责任的地方政府性债务。前者的规模远大于后者，造成政府刚性违约风险较大。

地方政府性债务还可以按照承担责任的约束性大小分为：负有直接还款责任和担保责任的债务与负有或有责任的债务。前者为法定责任，而后者为或有责任，主要是指承担救助责任的债务，即政府融资平台公司、经费补助事业单位和公用事业单位为公益性项目举借，由非财政资金偿还，且地方政府未提供担保的债务（不含拖欠其他单位和个人的债务）。政府在法律上对该类债务不承担偿债责任，但当债务人出现债务危机时，政府可能需要承担救助责任。由此可见，间接责任包含承担担保责任的债务和承担救助责任的债务，其中承担救助责任的债务的规模更大一些，造成潜在的违约风险可能性更大。据 2013 年有关统计，承担直接还款责任的规模为 10.8 万亿元，承担担保责任的为 2.6 万亿元，承担救助责任的为 4.3 万亿元（存量救助债务仅限于 2014 年 12 月 31 日以前形成的债务，2015 年以后不再新增）。

根据法律约束情况，地方政府性债务可分为显性债务和隐性债务。显性债务是指有明确法律和合同规定的，地方政府必须偿还的债务，如粮食企业的亏损挂账。隐性债务是指并没有法律明文规定地方政府需要偿还的债务，但地方政府出于道义和公众期望及政治压力，需要偿还的债务，如地方国有企业的债务。

自 2015 年新《预算法》实施以来，地方政府举债的唯一合法形式就是发行地方政府债券，并按国务院要求将 15.4 万亿元的存量债务 3 年内置换完毕。截至 2019 年 3 月，地方政府性债务的具体分类及其规模如图 6-2 所示。

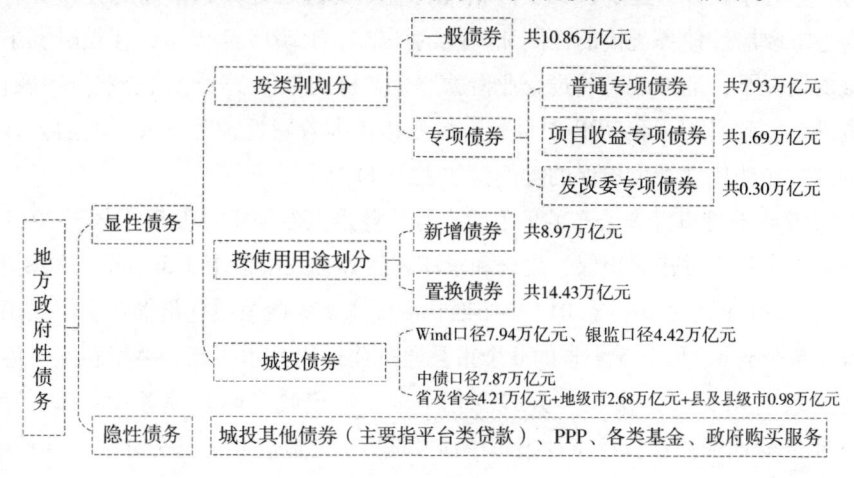

```
                            ┌─ 一般债券      共10.86万亿元
              ┌─ 按类别划分 ─┤                ┌─ 普通专项债券       共7.93万亿元
              │              └─ 专项债券 ─────┼─ 项目收益专项债券   共1.69万亿元
              │                               └─ 发改委专项债券     共0.30万亿元
     ┌─ 显性债务                      ┌─ 新增债券   共8.97万亿元
     │        ├─ 按使用用途划分 ──────┤
地方 │        │                        └─ 置换债券   共14.43万亿元
政府─┤        │                     Wind口径7.94万亿元、银监口径4.42万亿元
性   │        └─ 城投债券 ──────── 中债口径7.87万亿元
债务 │                              省及省会4.21万亿元+地级市2.68万亿元+县及县级市0.98万亿元
     │
     └─ 隐性债务 ── 城投其他债券（主要指平台类贷款）、PPP、各类基金、政府购买服务
```

图 6-2　地方政府性债务分类

数据来源：《博瞻智库》整理（数理截至 2019 年 3 月 21 日）

(一) 显性债务审计的内容

自 2015 年以后，显性债务基本都以债券形式存在。按照类别划分，显性债务可分为一般债券和专项债券。从图 6-2 可以看出，专项债券又分为普通专项债券、项目收益专项债券和发改委专项债券三类。财政部口径的地方政府专项债券是指省、自治区、直辖市政府为有一定收益的公益性项目发行的，以政府性基金收入或专项收入还本付息的政府债券。发改委口径的专项债券是指由平台公司、企业为拉动重点领域投资和消费需求增长而进行的特许融资，偿还收入来自各自项目本身的收益，与政府预算无关。按使用用途划分，显性债务可分为新增债券和置换债券。此外，还有一类城投债券。

显性债券的规模较容易统计，截至 2019 年 12 月，财政部积极指导各地完成地方政府债券发行，共计 43624 亿元，其中，新增债券、再融资债券、置换债券分别发行 30561 亿元、11484 亿元、1579 亿元；新增债券中，一般债券、专项债券分别发行 9074 亿元、21487 亿元。截至 2020 年，据不完全统计的已披露的新增专项债券发行信息来看，规模累计将达到 2000 多亿元，占提前下达额度的两成多。

(二) 隐性债务审计的内容

在地方政府性债务管理中，要重视债务的信息披露问题。除了纳入财政部门"政府债务管理系统"统计口径的显性债务，还要披露隐性债务。政府隐性债务一直处于统计口径争议和实际情况待查明的过程之中，披露隐性债务有利于对地方政府性债务规模的控制和风险的评估。自 2015 年以来，在投融资平台受限的情况下，地方政府通过企业借款、金融机构举债、土地或公益资产融资、投资基金、政府购买和 PPP 项目等途径变相扩大着隐性债务规模。此后公开披露的部分违法违规举债担保的案例，如表 3-11 所示。

2016 年 6 月审计署公布的地方政府性债务重点专项审计发现，截至 2015 年底，有 4 个省通过违规担保、集资和承诺还款等方式举债 153.5 亿元。2018 年 4 月 18 日，审计署发布了《2017 年第四季度国家重大政策措施贯彻落实情况跟踪审计结果公告》，称有 5 个省的 6 个市县通过违规出具承诺函、融资租赁、签订工程类政府购买服务协议等方式变相举债，形成政府隐性债务 154.22 亿元。2018 年部分地区预算执行审计报告中涉及地方债之隐性债务部分如表 6-4 所示。

表 6-4 地方政府隐性债务的具体内容

地区	隐性负债的内容
贵州省	未按规定的举债渠道通过政府购买服务、违规担保等形式融资，仍违规通过平台公司以 8.80%的年利率向信托公司融资 2 年期资金 3740 万元，用于旅游基础设施建设
山东省	3 个市和 9 个县以公益性资产抵押或通过医院、学校举债等方式融资 36.56 亿元
广东省	梅州市、揭阳市违规提供债务担保，涉及债务金额 10.96 亿元
西藏自治区	1 个市本级通过政府购买服务、行政机关违规作为贷款主体、承诺财政资金偿还贷款和"明股暗债"等方式，变相举借政府债务 41.33 亿元，存在较大风险。1 个县本级通过建筑企业垫资承包建设党政办公楼、市政基础设施、教育卫生和酒店等 77 个建设项目的方式违规变相举借政府债务 21.54 亿元。目前该县财政收入年均不足 4000 万元，存在较大债务偿还风险。另外 1 个县本级违规向融资平台公司注入公益性资产 18.29 亿元
河南省	个省辖市本级和 29 个县（市、区）政府及其所属部门，仍然采取银行贷款、集资等方式，直接举借政府债务 15.26 亿元。2 个省辖市本级和 9 个县（市、区）政府通过所属融资平台公司和国有企业举借政府相关债务 12.95 亿元
海南省	有 1 个市本级债务率超过 100%的警戒线，1 个管理委员会 2017 年 11 月仍违规向企业借款 725 万元；11 个市县涉及不规范举债应整改事项 88 项，已整改 42 项，尚有 46 项未整改，占 52.27%
黑龙江省	大庆市、重庆市南岸区通过向企业借款等方式违规举借政府性债务 19.7 亿元

数据来源：2018 年部分地区预算执行审计报告

地方政府性债务资金主要投向基础设施建设，与银行投向交运、水利环境、租赁商服、建筑等行业的贷款有所重合。根据 2010 年底和 2013 年 6 月底的数据估计，银行投向这四个行业的贷款中有 90%投向地方政府隐性债务。将该假设应用于 2017 年全行业的四行业贷款余额可估算出，2017 年底银行表内贷款中的地方政府隐性债务规模在 17.2 万亿元左右。同时，从信托业协会公布的资金信托投向的行业分布来看，剔除银行投资中投向金融业的部分后，剩下的资金投向前述四行业的占比在 2017 年底为 50%。从 2014 年三季度披露该数据以来，这一比例的均值为49%。根据金融机构信贷收支表数据，2017年底金融机构股权及其他投资约21.8万亿元。根据《中国银行业理财市场报告（2017年）》，2017年底银行同业理财约3.3万亿元（这部分在后面理财部分中统计），扣除后剩余的表内股权及其他投资约18.5万亿元，假设其均为非标。理财投资的非标约4.8万亿元，因而表内外非标合计23.3万亿元。按照前述投向四行业的比例为50%的假设，表内外非标投向四行业的余额为11.7万亿元，其中投向政府隐性债务的约为10.5万亿元，即表内外非标投向政府隐性债务的估计为10.5万亿元。此外，银行可能还通过一些其他途径投向了地方政府隐性债务，比如城投债等，因而累计数据高于28万亿元。通过对审计部门、财政部门公布的违法违规举债情况的梳理，可总结出隐性债务的主要筹资方式，如表6-5所示。

表6-5　地方政府隐性债务的筹资方式

筹资方式	筹资方式的具体内涵
不规范PPP模式	PPP项目中包含了政府保底条款、社会资本方不参与项目的实际运营
包装成的政府购买	将工程项目或将工程项目与服务打捆，作为政府购买服务项目，且约定保底承诺； 签订不真实的政府购买服务合同，协助融资平台公司融资
政府性基金	地方通过不规范的政府投资基金、专项建设基金、股权投资、委托代建项目举债； 在政府投资基金中承诺用财政资金回购股权
专项建设基金	在国家开发银行、农业发展银行的专项建设基金项目中，承诺用财政资金回购； 在专项建设基金、股权投资合同中约定政府回购的选择性条款等
股权投资	股权投资项目实质为"明股实债"
委托代建项目	将未经招拍挂程序、未签订土地出让合同、未缴纳土地出让金的土地进行抵押； 以项目特许经营权、公益性收费权、公益性资产等质押和抵押贷款
土地、收费权等抵押贷款	地方通过不规范的土地、收费权等抵押贷款变相举债

续表

筹资方式	筹资方式的具体内涵
融资平台	一些地方继续违规担保形成或有债务； 为融资平台公司违规出具担保函、承诺函； 由于一些融资平台公司未完成市场化转型，一些市县融资平台公司仍然承担政府融资职能，所在市县政府承诺由财政资金偿还其债务。事实上财政部等披露的不少地方违法违规举债担保案例中，绝大多数都有当地融资平台公司的身影

目前，对于隐性债务仍缺乏统一的统计口径和认定标准。根据2015年财政部发布的《政府会计准则——基本准则》，负债是指政府会计主体过去的经济业务或者事项形成的，预期会导致经济资源流出政府会计主体的现时义务。如果编制地方政府的资产负债表，隐性债务不会被计入负债，一是由于隐性债务的举借主体不是该政府会计主体（地方政府），二是由于隐性债务的偿付不是现时义务，而是由某些未来的事项所决定的（如融资平台自身是否能偿债），且金额也可能无法准确地计量（取决于举债主体自身能偿还多少）。换言之，隐性债务基本都属于或有负债。

地方政府隐性债务主要是银行的表内非标投资和理财非标投资。即银行通过向地方政府提供贷款和表内外非标投资从而形成的地方政府隐性债务。地方政府隐性债务还包括融资平台以及国有企业债务有地方政府信用背书（预算软约束）的债务。由于地方政府隐性债务与国有企业普通债务之间并没有明确的划分界限，因而更隐秘的隐性债务是国有企业举借的被政府投向公益性项目和准公益性项目的债务。换言之，地方政府性隐性债务应当是不在限额和预算管理计划内，不以地方债形式存在，但地方政府可能需要承担偿还责任的债务。

三、地方政府性债务审计的具体内容

地方政府性债务审计内容是政府负有偿还责任的债务，以及政府负有担保责任的债务和政府可能承担一定救助责任的债务，其中具体的审计内容包括如下几方面。

（一）与举债有关的审计内容

1. 举债主体合法性

明确举债主体，即地方政府性债务的举债主体是否符合新《预算法》的相关要求，是否仍然通过地方融资平台这类举债主体举债。

新《预算法》中指出的举债主体是经国务院批准的省、自治区、直辖市政府，该级政府有权在获批的发债额度范围内对辖区内市、县一级政府发债做出安排。自新《预算法》实施以来，地方政府债券是地方政府举债的唯一合法形式。《全国政府性债务审计结果》显示，截至2013年各级地方政府的债务规模占比分别为：省级占29.03%，市级占40.75%，县级占28.18%，乡镇占2.04%。就债务率而言，2010年底有78个市级政府债务率超过100%，2013年6月底增至99个市级政府，到2015年底该数据已经超过100，而且还有400多个县级政府。

2. 举债方式公开性

规范举债方式，即除发行债券外，融资方式是否有其他形式。

2015年，新《预算法》规定"通过发行地方政府债券举借债务的方式筹措"，"除前款规定外，地方政府及其所属部门不得以任何方式举借债务"，因此"地方政府债券"是发债的唯一形式。据统计，《预算法》实施以后，地方政府性债务规模经历爆炸式增长，2016年债务发行规模同比增长近1倍，增幅达到98.69%，截至2018年，我国地方政府债务余额已达到18.39万亿元。其中，主要存续形式是政府债券，占比约98%，剩余3151亿元非政府债券形式的存量债在2019年完成置换。

3. 举债规模合理性

控制举债规模，即举债规模是否在政府债务限额内，与财政收入相比规模是否合理。

在2019年3月全国人民代表大会批准当年地方政府债务限额之前，授权国务院提前下达的该年地方政府新增债务限额为1.39万亿元，其中新增一般债务限额5800亿元、新增专项债务限额8100亿元。虽然地方政府性债务的直接债务存量规模较大，但根据政府债务的负债率，我国的地方政府性债务风险仍处于可控的范围内。当然，这些数据只是纳入财政部门"政府债务管理系统"的显性债务统计口径，而地方政府隐性债务仍存在较大隐患。

4. 举债结构均衡性

均衡举债结构，即区域分布结构、层级分布结构、举债主体结构、资金来源结构、期限结构等方面是否均衡配比。截至2018年底，全国地方政府性债务的区域分布大致如图6-3所示。

从图6-3可知，地方政府债务主要集中于经济体量较大的东部省份，而湖南、四川、辽宁、贵州、云南等省份债务规模亦较为突出。从地方政府债务余额与财政收入比例来看，东部省份虽债务总量较大，但因有较强的财政实力，其财政收入尚可覆盖政府债务，偿债压力较小；而经济欠发达的西部省份和东北地区债务压力较大。

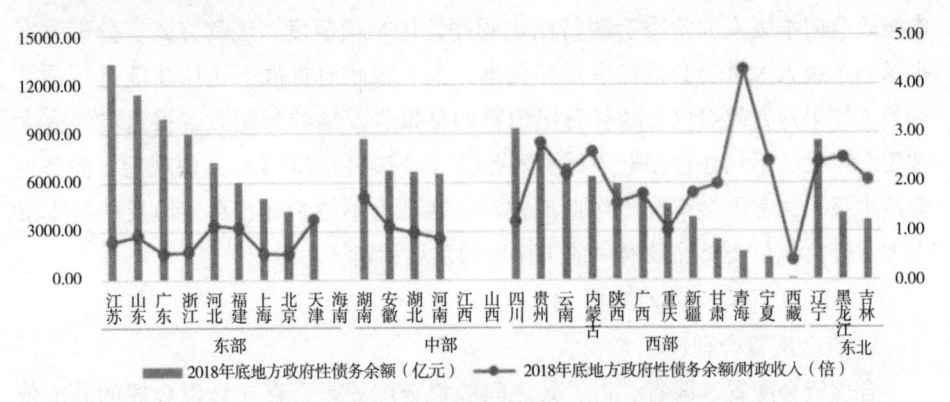

图 6-3　2018 年全国各省市政府债务及相关指标对比图

注1：引自新世纪评级《2018年全国及各省市经济财政债务分析》，2019-03-27

注2：公开未查询到海南、江西和山西2018年末政府债务余额

2018年底政府债务余额与当年财政收入比率超过2倍的省（自治区、直辖市）有8个，分别为青海、贵州、内蒙古、黑龙江、宁夏、辽宁、云南和吉林，均位于西部和东北地区；该比率小于1倍的省（自治区、直辖市）有9个，分别为湖北、山东、河南、江苏、浙江、广东、上海、北京和西藏，上述省市财政收入可覆盖政府债务余额，其中广东、上海和北京的该比率均为0.55倍，西藏的该比率为0.42倍。

2013年6月审计署发布的《全国政府性债务审计结果》所统计的举债主体有融资平台公司、政府部门和机构、经费补助事业单位、国有独资或控股企业、自收自支事业单位、其他单位和公共事业单位。统计的资金来源有银行贷款、BT、债券、应付未付款项、信托融资、其他单位和个人借款、垫资施工和延期付款、证券、保险业和其他金融机构融资、国债和外债等财政转贷、融资租赁、集资等。

截至2018年底，地方政府债券剩余平均年限为4.4年。2018年地方政府债券发行期限明显较往年长，利率也比往年高。比如，当年地方政府债券平均发行期限为6.1年，平均发行利率为3.89%。

5. 举债流程规范性

规范举债流程，即举债是否报经本级人民代表大会常务委员会批准。

新《预算法》规定"举借债务的规模，由国务院报全国人大或者全国人大常委会批准。省、自治区、直辖市依照国务院下达的限额举借的债务，列入本级预算调整方案，报本级人大常委会批准。"因此，各级政府应该在举债之前由本级政府向本级人大常委会履行法定程序，把举债额度、还款方式、分配方案报送到本级人大常委会进行审查和批准，上一级政府批准下达后才能进行预算调整。如果地方政府仅在融资后把预算调整报告及债券分配方案报送本级人大常委会审批，不仅在程序上违反了国务院（〔2014〕43号）文件规定，而且也会给本级人大常委会审查工作造成被动，客观上不能全面、真实地反映出本级人大常委会各位委员在政府举债工作中的意见和建议。

（二）与用债有关的审计内容

1. 资金配置合理性

合理资金配置，即省、市、县之间的资金配置是否存在合理合规的分配依据，比如是否考虑了各级政府的财力及偿债能力而进行分配；是否遵循了项目确定、预算安排、人大审批等程序；是否分配及时；是否存在资金滞留、挤占或挪用等现象。

定性分析指标主要有地方政府性债务资金配置是否存在分配标准，是否真正按照公开、公平、公正的原则执行，资金分配是否进行了公示；定量评价指标主要有资金分配到位时间和资金及时到位率（及时拨付金额/应拨付金额）等。

2. 资金投向必要性

资金投向的必要性，是指资金使用部门是否合法合规安排使用债务资金，是否改变了地方政府性债务资金既定用途和范围，将地方政府性债务资金投向非公益性项目，甚至贪污、挪用、截留、浪费等；地方政府性债务资金的使用是否有完善的信息披露。

审计中要关注地方政府性债务投资项目的名称、项目工期、项目负责人等信息是否进行了公示，资金使用单位是否按申报时的用途合法合规使用资金；还应关注资金的使用效率及预期效果，如是否存在资金沉淀现象、已使用资金是否与项目进度相吻合等。定性分析指标主要有资金使用的目标性（如是否专款专用）和项目目标的可行性（如有无可行性报告）；定量评价指标主要有资金到位率、施工进度完成率、项目净现值，以及项目回收期等。

3. 资金期限匹配性

资金使用期限的匹配性，一般是指地方政府性债务与投资项目的期限结构是否匹配。地方政府性债务通常投放于投资回收期长、投资收益率低、接受投资的主体资信度不高的领域，例如科教文卫、市政建设、交通运输、土地资源汇集与储备、低收入者住房等领域，由此可能导致债务风险。长周期与低收益造成偿还资金难以得到保障，地方政府可能会借新债务来偿还旧债务。这种情况下，债务期限的更新相当于债务展期，并没有实质上的偿还，原有的偿债风险持续保留；与此同时，由于地方经济发展的需要，还可能产生新的债务，导致债务规模不断增大，偿债风险进一步上升。

公开发行的地方政府一般债券的发行期限可为 1 年、2 年、3 年、5 年、7 年、15 年和 20 年；公开发行的地方政府普通专项债券的发行期限可为 1 年、2 年、3 年、5 年、7 年、10 年、15 年和 20 年。在投资使用中，可能产生政府性债务与投资方向使用资金周期的错配问题，例如用短期债券资金做长期投资，虽然资金成本较低，但容易产生较高的流动性风险，因为大部分的地方政府性债务都是用来支持城市基础设施建设，建设工期长而且变现能力差，化解风险能力弱。2018 年前后，辽宁、内蒙古相继出现财政数据造假的情况，就是由于一批地方政府过度举债，业已严重"入不敷出"所致，这也从侧面说明确实存在相关收益与债务偿还不相匹配的问题。

4. 资金使用效率性

资金使用效率性，通常是指债务资金因闲置或不合理分配所导致的无效或低效使用，引致偿债资金得不到稳定的偿还保障，从而加大无法按时偿债的可能性。

即使是合规的地方政府性债务也是有融资成本的，何况有的地方政府还通过融资平台公司、PPP、政府投资基金、政府购买服务等方式违法违规或变相举债，以规避监管，其资金成本更高，由此增加了地方政府的偿还压力。在承担较高资金成本的情况下，还有些地方政府筹集的资金被违规挪用或闲置，产生了无效或低效使用的问题。

5. 资金监管完整性

资金监管完整性，是指因债务管理制度不健全或债务管理措施无效，而造成债务资金使用不当或偿还不利的可能性。

自 2015 年以来，在投融资平台受限的情况下，地方政府通过企业借款、金融机构举债、土地或公益资产融资、投资基金、政府购买和 PPP 项目等多种途径变相扩大隐性债务规模。地方政府性债务的"权责利"不对等造成的道德风险，从侧面印证了地方政府性债务管理的混乱和信息不透明。地方政府性债务没有定期的查核统计，也没有定期信息发布机制，缺少必要的社会监管；加之，地方政府性债务管理缺乏统一量化标准，其确认与计量的方式也不明确，易引发地方政府性债务的道德风险。

2017年财政部着力于出台地方政府性债务终身问责、倒查责任制度，坚决查处问责违法违规行为。2018年财政部在《关于做好2018年地方政府债务管理工作的通知》中要求，建立健全"举债必问效、无效必问责"的政府债务资金绩效管理机制。这些制度有利于地方党政领导干部树立正确的发展观和政绩观，严控地方政府性债务增量，也有利于规范各级政府及有关部门决策行为，强化决策责任，减少决策失误。

（三）与偿债有关的审计内容

1. 债务偿还及时性

及时偿还债务，即偿债资金是否及时到位。地方政府性债务的主要投向分为两类：非经营性项目和兼有地方公共服务和经济效益的经营性项目，因而有其不同的风险。

投资规模大、建设周期长、收益水平低、以谋求社会效应为目的的非经营性项目，通常包括教育基础设施、环保设施、政法设施及交通设施等。这类项目本身不具备市场竞争条件，无法通过自身的经营运作产生现金流，需要通过地方政府投融资获取资金，项目依靠财政性的资金投入与补贴，需要通过财政预算方式予以解决。

兼有地方公共服务和经济效益的经营性项目，虽然能够获得一定收益，但同样存在回报周期长、盈利能力差的问题，比如高速公路和地铁等。这类项目能够推动民生改善和社会事业的发展，可以形成一定规模的优质资产，经营收入还可以作为偿债的主要来源，但其产生的现金流不足以归还为项目筹措的全部债务，初始投入的成本与收益无法达到平衡，导致地方政府只能依靠未来增加财政税收、土地出让金等来弥补此差距。

2. 债务偿还充足性

债务偿还充足性，是指用于偿还地方政府性债务的资金来源规模是否充足并具有稳定性。就还款来源而言，一般债券主要以一般公共预算收入还本付息，而专项债券则以单项政府性基金或专项收入为偿债来源。2018年7月23日召开的国务院常务会议表示，要加快当年1.35万亿元地方政府专项债券发行和使用进度。

地方政府性债务偿还环节的审计应重点关注偿债资金的规模及稳定性，具体包括偿债资金是否有预算安排，地方政府是否建立了债务监控体系，是否有系统的偿债约束机制，是否实行了债务报告制度，债务相关信息是否透明等。

地方政府性债务偿还环节的审计评价，也应采用定性分析与定量评价相结合的方式。定性分析指标主要有是否设立了偿债制度，是否有完整的偿债计划，财政金融数据是否真实完整；定量评价指标主要有当年可支配财力，偿债资金规模等。

四、本章小结

本章研究了地方政府性债务的审计内容，在对其进行合理分类的基础上，分析了债务资金运行不同环节的审计重点，并对不同环节审计确定了具体的内容。首先，基于2011-2013年审计署发布的3次全国地方政府性债务审计结果公告和2014年各地方政府性债务审计结果公告，剖析并提炼了具体的审计客体，认为地方政府性债务审计的对象是债务资金及项目。审计结果公告表明地方政府性债务审计的主要内容是政府负有偿还责任的债务、政府负有担保责任的债务和政府可能承担一定救助责任的债务。其次，将地方政府性债务审计内容按照显性债务和隐性债务进行划分，显性债务的审计内容比较明确，而隐性债务因缺乏统一的统计口径和认定标准，其审计内容较难明确，本书认为隐性债务应当是不在政府限额和预算管理计划内，不以地方债形式存在，但地方政府可能需要承担偿还责任的债务。最后，结合地方政府性债务资金运行过程，针对债务资金举借、使用、偿还等不同环节分别确定了审计的具体内容。

第七章

地方政府性债务审计程序

实现防范地方政府性债务风险的目标，充分发挥审计揭示、预防和抵御的功能，离不开科学合理的审计程序。从广义上说，审计程序是指审计人员从事审计工作从开始到结束的步骤、内容和顺序。若要设计合理可行的债务审计程序，首先就需要了解目前我国关于地方政府性债务审计程序的现状，进而探寻合理充分的学理依据，明确程序审计的基本原则，最终设计出经过调整和改进的地方政府性债务审计程序。

一、地方政府性债务现行审计程序的分析

为了解地方政府性债务审计流程及具体实施情况，本书研究人员专门探访了审计署的相关业务部门及研究机构，并就具体审计执行问题，分赴安徽、云南、江西等地进行了调研。通过调研发现，我国地方政府债务审计工作已形成一定的规范程序，尤其在审计实施中已积累了丰富的实践经验。在全国地方政府性债务审计中，基本程序是在审计署的组织领导下，全国各审计机关和数以万计的审计人员，按照"摸清规模、分清类型、分析结构、揭示问题、查找原因、提出意见"的工作思路，并依据"见人、见账、见物、逐笔、逐项审核"的原则，对各级地方政府性债务情况进行了全面审计，每一笔债务都落实到具体的单位、项目和资金。

但是，结合被调研单位及相关人员的反馈，分析发现目前地方政府性债务审计工作还存在以下一些问题：

（一）审计方式多采用事后审计方式，而不是跟踪过程审计

目前，已开展的全国范围内地方政府性债务审计工作，主要是对存量债务规模、债务结构等进行的摸底，即便是地区（省市）范围内的债务审计工作，也大多是就已存在债务的使用状况进行评估，对地方政府性债务实施的是事后审计。事后审计工作的审计目标清晰、审计难度较小，易于发挥审计的揭示功能，但不利于发挥其预防、抵御等功能。

鉴于此，对于重要和重大地方政府性债务项目，应该引入跟踪审计的理念

与思路,将地方政府性债务审计的关口前移,从地方政府性债务的举借之初就介入,在债务举借合理性和可行性的论证和审批时进行审计评估。关口前移的地方政府性债务跟踪审计方式有利于及时发现风险隐患,督促整改和提前预防,避免出现事后发现而损失无法挽回的情形。

(二) 审计力度不够,审计常态化机制有待建立

目前我国已经开展的全国地方政府性债务审计工作仅有三次,各省市(地区)开展的债务审计工作不成系统,零星分散,频度也不高。地方政府性债务审计工作常态化机制尚未形成,审计频率和力度不足,不利于及时发现潜在的风险和问题,而且间隔时间过长,也不利于债务数据的追踪和对问题负责人的追责。

无疑,坚持债务审计常态化,持续加强地方政府性债务审计是十分必要的。债务审计常态化,不仅有利于平衡审计机关每年的工作量,降低审计难度,还有利于债务审计部门和管理部门及时全面了解债务管理状况,预防系统性风险的发生。此外,对于被审计单位而言,常态化的债务审计所产生的威慑,有利于促使被审计单位规范其债务资金的举借、使用等行为。

(三) 审计程序复杂且不明晰,有待简化和明确

根据有些审计工作人员的反映,目前我国地方政府性债务审计工作的组织链条较长,尤其是审批程序复杂,在一定程度上影响了审计效率。另外,部分地方审计部门对整体审计程序和安排并不完全知悉,对部分环节的具体要求和规范没有熟练掌握,这在一定程度上会影响审计实施的效率和效果。

因此,有必要进一步明确和规范地方政府性债务审计程序,促进各级审计机关统一规范审计行为,提升上下级配合的协调性和高效性。同时,审计程序的设计要避免冗余重复,既要做到环环相扣,控制严密,又要简化不必要的审批,提高审计效率。

(四) 审计评价指标单一,有待改进和完善

在以往地方政府性债务审计中,审计机关重点关注的是债务偿还阶段的债务率、偿债率等定量指标,而对债务举借的合理性、管理的规范性、使用的合规性和有效性等方面关注不足,相应的评价指标也比较匮乏。

定量指标的重要性毋庸赘述,但若仅依据定量指标评估地方债务风险,则存在一定的片面性。在审查地方政府性债务资金举借、使用和偿还的合规性并进行绩效评价时,还应关注制度的完备性和遵行性、流程的规范性和严密性、信息的及时性和公开性等,此时宜采用定性评价指标。定性指标的分析应用有利于深入分析债务现状及产生原因,并从政策完善、制度健全、流程控制等角

度提出加强和改进地方政府性债务监督、管理及治理的对策建议。

现阶段，我国地方政府性债务审计面临诸多新的挑战和机遇。2013年审计署发布的《全国政府性债务审计结果》首次摸清了在2013年6月之前我国各省市各级地方政府债务的底数。但是，自2013年尤其新《预算法》颁布实施以后，我国地方政府性债务管理的新近政策、制度和实施细则等持续出台并实施，地方政府性债务管理面临新环境，出现了债务置换、债务分类管控、PPP项目实施等新现象，使得我国地方政府性债务在规模和结构上发生了较大变化。而这在客观上要求改进和创新地方政府性债务审计工作的思路与方式。

随着信息技术的飞速发展，大数据系统、人工智能等信息技术的应用，为改进债务审计工作程序和方法提供了便利条件，有助于推进科技强审、推广大数据审计模式，提高工作效率。党的十八届三中全会以来，各级财政部门积极推出各级政府资产负债表，加大预算项目公开，加快推进政府会计改革，着力构建统一、科学、规范的政府会计标准体系和权责发生制政府综合财务报告制度。2015年10月23日，时任财政部部长签署财政部令第78号公布《政府会计准则——基本准则》，以克服原有预算会计标准体系难以如实反映政府"家底"，不利于政府加强资产负债管理等缺陷。2019年12月31日，财政部正式上线试运行中国地方政府债券信息公开平台。该平台定期公开地方政府债务限额、余额以及经济财政状况、债务发行、存续期管理等信息。在一定意义上，这也为审计机关更加真实了解政府债务信息和数据提供了有利的条件。

综上，根据调研了解的地方政府性债务审计现状，结合新形势下债务审计面临的机遇与挑战，分析认为有必要对我国现行的地方政府性债务审计程序加以改进，主要包括引入跟踪审计思路、改进审计组织形式、优化审计评价指标等。

二、地方政府性债务审计程序设计的原则

地方政府性债务的审计原则是进行地方政府性债务审计活动的基本指导规范，地方政府性债务审计程序和方法的应用必须遵循基本原则。对于审计原则的研究，国内学者张英明（1997）提出了依法审计、公平竞争、质量第一、独立性、客观公正、廉洁性、重要性、成本效益性和谨慎性等九项原则。张继勋（2003）认为，审计判断应遵循客观性、独立性、信息性、一致性、谨慎性、程序性、轨迹性、动态性，以及个体判断与群体判断相结合九项原则。吴秋生（2005）从任期经济责任审计的角度，提出依法审计、独立性、客观、公正和保密等五项一般原则，以及咨询性、经济性、目标和权属等四项特殊原则。基于

我国地方政府性债务审计运行程序及其不足，结合我国地方政府性债务的现状及特点，地方政府性债务审计的基本原则应包括：政治性原则、国家利益原则、合法性原则、独立性原则和客观性原则。

（一）政治性原则

中国共产党的领导是中国特色社会主义最本质的特征。地方政府性债务审计的政治性原则就是审计工作要坚持党的领导。审计机关和审计人员要以习近平新时代中国特色社会主义思想为指导，科学理解和深刻把握"党是领导一切的""坚持和加强党的领导"的理论内涵、实践意义及时代价值，牢固树立"四个意识"，不断增强"四个自信"，坚决做到"两个维护"，坚定捍卫"两个确立"，切实把衷心拥护"两个确立"转化为做到"两个维护"的思想自觉、政治自觉和行动自觉，自觉在思想政治行动上同党中央保持高度一致，落实党中央对审计工作的部署要求。中央审计委员会的设立就是政治性原则在国家审计管理体系创新中的生动体现和具体实践。

（二）国家利益原则

地方政府性债务必须坚持国家利益至上的原则。审计机关和审计人员代表国家依法行使审计监督权，在审计活动中要始终从国家利益出发考虑问题，将维护国家利益作为评价和判断审计事项的基本出发点。通过审计，揭示重大系统性风险，维护国家经济安全，促进完善国家安全制度体系，增强国家安全能力，维护好国家主权、安全和发展利益。基于国家利益原则，国家审计必须以维护公共资金、国有资产和国有资源的安全性和有效性为己任。

（三）合法性原则

地方政府性债务审计的合法性原则即坚持依法审计。地方政府性债务审计的开展要以国家的法律法规为依据，严格遵守法律法规。国家有关法律法规界定了国家审计的法定职责范围，审计工作必须在现行法律框架下进行。依法审计是现代国家审计普遍遵循的重要基本原则。在审计工作中，审计机关和审计人员应做到依法立项、依法调查、依法取证、依法作出审计判断，并出具审计报告。

（四）独立性原则

独立性是审计的灵魂，是审计行为活动的根本特征。地方政府性债务审计的独立性原则包括实质上独立和形式上独立两方面的基本要求。实质上独立是指国家审计机关和审计人员在实施地方政府性债务审计活动过程中必须保持精神状态和内心世界的独立，即在制定审计计划、实施审计调查、收集评价审计证据、作出审计判断、提出审计意见的整个过程中必须保持客观公正、不偏不倚的精神状态。形式上独立主要包括国家审计机关的设置及其组织地位必须具有独立性，不能从属于被审计对象；审计机关和人员的经费要通过法定预算形式予以独立保障；审计机关依照法律规定独立行使审计监督权，不受其他行政机关、社会团体和个人的干涉。

（五）客观性原则

客观性原则，也称为实事求是原则，是指在地方政府性债务审计工作中必须以客观存在的事实为基础，以已发生的经济事项为依据，保持不偏不倚的工作态度，依据相应的审计标准，对被审计单位受托经济履行情况进行实事求是的评价。离开了客观性，审计工作就失去了基础，审计结论和处理决定就会违反客观事实，审计工作将没有生命力。

审计机关和审计人员应当基于客观的立场对有关事项进行调查、判断以及表达意见，审计活动以客观事实为依据，分析和处理问题时不因个人喜好而掺杂主观意愿，也不为他人意志所左右。客观性原则对审计证据的获取提出了要求，充分、可靠和相关的审计证据对于实事求是的分析与评价尤为重要。审计人员既要通过熟悉有关政策法规、规章制度等审计标准，掌握各种审计技术与方法以提高审计业务能力，也要通过丰富的审计工作经验的积累提高专业判断能力。同时，审计人员还应具有正直、诚实的品质，不偏不倚、客观公正地对待利益相关者，以提高审计工作质量。

三、地方政府性债务审计程序运行的类划

地方政府性债务审计程序主要是针对审计过程而言的。根据新近的国家审计准则，国家审计程序一般包括计划审计工作、实施审计工作和报告审计工作等阶段。在广泛调研、深入探讨的基础上，本书对债务审计程序各阶段的具体工作加以阐述，并出于风险防控的考虑，结合跟踪审计实践及其成效，从审计程序的初始阶段，就强调对重大债务项目实施全过程跟踪审计。同时，还在债务审计实施阶段提出要对债务审计评价指标体系进行改进。以下是地方政府性债务审计程序运行不同阶段的具体内容。

（一）债务审计的准备阶段

债务审计工作准备阶段，是整个审计程序的初始阶段。该阶段具体包括制定债务审计规划、制定年度债务审计计划、组织审计力量、编制债务审计工作实施方案等内容。

1. 制定债务审计规划

在进行具体的地方政府性债务审计工作之前，需要制定合理全面的债务审计规划，主要目标是大致确定审计机关对各债务项目进行审计的时间、地点、人员和组织方式等。债务审计规划一方面有助于构建集中统一、全面覆盖的审计监督体系，另一方面也有助于减少重复审计，增强审计的权威性和高效性。首先，必须坚持党对全国债务审计工作的集中统一领导，强化上级审计机关对下级审计机关的领导，形成债务审计工作全国一盘棋。其次，债务审计工作根据债务项目的性质、规模和风险等，有轻重缓急之分，具体在何时安排由何人采用什么方式去审计要有长期的规划和考量。最后，我国的审计工作类型包括政策落实跟踪审计、财政审计、经济责任审计、金融审计等，各审计业务类型之间并不是完全割裂的。为避免重复审计，提高审计绩效，多个审计业务类型可以在一个审计项目同步实施，强化审计项目和审计组织方式"两统筹"，实现"一审多项""一审多果""一果多用"。

具体而言，在制定地方政府性债务审计规划时，建立与财政部、发改委等多部门之间的信息共享机制，科学合理地选取被审计债务项目和单位是该环节的重中之重。一般而言，被初选纳入审计考虑的债务项目的来源通常包括：①上级审计机关统一组织安排或授权审计的债务事项（如审计署统一组织的全国债务审计项目）；②本级政府行政首长和相关领导机关对审计工作的要求（如各省市自主开展的债务审计项目）；③有关部门委托或提请审计机关审计的债务事项；④群众举报、公众关注的债务事项；⑤经分析相关数据认为应当列入审计的事项；等等。

在确定备选审计债务项目之后，还需确定各债务项目之间的优先顺序，审计机关宜从下列方面进行评估：①项目重要程度，评估债务项目在国家经济和社会发展中的重要性（如是否关系民生、精准扶贫、蓝天保卫战等）、政府行政首长和相关领导机关以及公众关注程度；②债务资金和资产规模等；③债务项目预估风险水平，评估债务风险管理和控制状况等；④审计预期效果；⑤审计频率和覆盖面；⑥债务项目对审计资源的要求；等等。其中，根据跟踪审计理论，至少对重大债务发行项目、重大债务投资项目、重大专项债务资金和债务领域的重大突发事件等要计划开展跟踪审计，从源头开始，进行全过程监督，坚持问题和风险导向，对问题多、反映大、潜在风险严重的单位（及领导干部）和债务项目要加大审计频次，实现有重点、有步骤、有深度、有成效的全覆盖。重大债务项目需以上级审计机关为主导进行统筹安排，或者在上级审计机关统一监督下由本级主要审计机关具体按规执行。对于重点部门、单位和债务项目要做到每年审计一次，其他债务项目在一个周期内至少审计一次，以本级审计机关为主体进行规划和执行。

2. 制定年度债务审计计划

年度债务审计计划是指根据债务审计规划的任务和具体情况，由审计人员拟定的本年度进行债务审计的总体计划，有助于细化和分解债务审计规划，有步骤地开展审计工作。同时，年度债务审计计划也是所有审计人员的工作依据，对于审计人员顺利完成债务审计工作和控制债务风险具有极其重要的意义。

审计机关编制年度债务审计计划应当服务大局，要依据国家社会经济发展的方针政策和审计工作发展纲要，严格执行《审计法》及其实施条例、有关法律法规和审计准则，围绕债务审计工作中心，突出债务审计工作重点，根据法定的审计职责和审计管辖范围，合理安排审计资源，防止不必要的重复审计。

审计署统一组织的政府债务审计项目计划，由审计署各审计司于每年11月提出下一年的安排意见，并填制统一印发的审计项目工作量测算报表，之后由审计署办公厅汇总提出债务审计计划草案，经审计长会议审定后下达。审计署各专业审计司提出的政府债务审计计划安排意见，应在充分调查研究，认真听取地方审计机关和审计署各派出机构意见的基础上，对拟安排的债务审计项目的审计目标、重点内容、主要方法、实施时间、地域分布、所需审计工作人员的数量和工作量等，进行详细说明和测算，科学、合理、均衡地安排全年工作任务。省级审计机关应根据审计署统一组织的债务审计项目、授权审计项目和当地实际情况，编制本地区债务审计计划，于每年4月底前报审计署备案。

通常，审计机关年度债务审计计划的内容主要包括：①债务审计项目名称；②债务审计目标，即实施债务审计项目预期要完成的任务和成果；③审计范围，即审计的具体单位、事项及所属期间；④债务审计重点；⑤审计项目组织和实施单位；⑥审计资源；等等。年度债务审计计划，均应按照审计机关规定的程序审定。审计署统一组织的项目的年度债务审计计划，由审计署有关专业审计司编制，经审计长会议审定后下达。地方审计机关组织的债务审计计划，经厅（局）长会议研究确定，必要时报上级审计机关审定并备案。经审批确定的债务审计计划，规定了审计机关在一定时期内的工作目标和责任，是审计机关开展审计工作的重要依据。其中，对于年度债务审计计划确定审计机关统一组织多个审计组共同实施一个审计项目或者分别实施同一类审计项目的，审计机关业务部门还应当编制具体的审计工作方案。年度债务审计工作方案的审批程序与年度债务审计计划的审批程序一致。

3. 组织审计力量

按照年度债务审计计划和审计工作方案，审计机关在实施债务审计前需要组成多个审计组，分别负责一个或多个债务项目或单位。审计组由审计组组长和其他成员组成，实行审计组组长负责制。审计组组长由审计机关确定，审计组组长可以根据需要在审计组成员中确定主审，主审应当履行其规定职责和审计组组长委托履行的其他职责。

成立地方政府性债务审计组时，应当考虑三方面的问题：第一，审计人员专业性。要根据被审计债务项目的专业程度、复杂程度和审计工作的预计工作量以及完成时限等因素，确定所需的审计人员数量及知识结构。就地方政府性债务而言，由于其受政策影响较大，具有一定的多变性、复杂性和隐蔽性，因而要有倾向地多配置一些熟知债务管理政策、法规等，具有足够债务审计经验的审计人员。对于一些较大型的债务审计项目，可在必要时打破部门边界，由审计机关统一组织审计力量。审计过程中如有特殊需要，审计机关还可以从外部聘用有关专家。第二，审计工作连续性。为了提高审计效率，审计分工应该相对稳定，对某些审计项目，审计组中应尽量包括曾经对该债务项目进行过审计的人员或以此类人员为主。保持审计人员的稳定性，还有利于检查被审计单位对于以往审计决定的落实情况。当然，为避免长期审计产生合谋的可能性，在必要时，也需要对审计人员做适当轮换。第三，回避制度遵守性。为了保证审计工作的客观公正，凡是与被审计单位和被审计债务项目有利害关系的人员，均不得进入审计组。

在正式开展债务审计工作之前，还应对审计组成员进行审前培训。其内容除了包括认真学习与审计有关的行业规范、工作规范和要求，更重要的是对于地方政府性债务相关的政策、制度和法规等进行讲解答疑，以便审计人员了解被审计对象的基本情况，对标查找债务项目中的问题点和风险点，明确审查工作的思路和方向。审前培训的形式多种多样，可以编制审计讲解提纲；可以请专家介绍情况；还可以集思广益，审计人员互相交流审计方法和经验；等等。此外，审计人员还可以通过召开债务审计座谈会等形式，各抒己见，分享好的债务审计经验做法，相互之间取长补短，共同提高。

4. 编制债务审计工作实施方案

在进行债务审计之前，审计人员应该事先调查和了解被审计单位和债务项目的基本情况。初步调查了解是审计准备阶段不可忽视的重要环节之一。做好进驻之前的调查准备工作，能够帮助审计人员提前了解被审计单位和审计项目的基本情况，提高与被审计单位人员的沟通效率，缩短审计人员驻场的时间，有效减少审计工作成本，提高审计工作效率。

审计人员要初步调查了解至少包括被审计单位的行政级别、被审计单位的功能定位和业务性质、被审计单位的管理体制和组织结构、被审计单位的主要业务及其开展情况；被审计单位所处的法律环境和监管环境（与确定和实施审计项目相关的法律法规和政策）、被审计单位的内部控制及其评价、被审计单位会计政策的选择和运用、被审计单位的财务收支状况及其结果、相关的信息系统及其电子数据情况、地方管理和监督机构的债务监督检查情况及结果、以前年度债务审计情况等。在初步调查了解后，要编制调查了解记录，内容主要涵盖对被审计单位、债务项目相关的调查了解情况、对被审计单位存在债务相关重要问题可能性的评估情况、确定的审计事项及其审计应对措施等。

各审计组要扎实做好审前准备工作，根据工作方案编制具有针对性和可操作性强的债务审计实施方案，在初步评估被审计单位和债务项目存在重要问题可能性的基础上，确定审计事项和审计应对措施，包括对被审计单位和各债务项目的审计步骤和方法、审计时间、执行审计的人员、审计工作进度安排、审计组内部重要管理事项及职责分工等，形成审计实施方案。

需要强调的是，在债务审计实践中，鉴于地方政府性债务的复杂性和隐蔽性，调查了解工作不可能一步到位，因而调查了解工作需贯穿整个审计过程的始终。应持续关注已经作出的重要性判断和对存在重要问题可能性的评估是否恰当，对原先作出的不恰当判断和评估结果及时修正，并考虑其他相关情况的变化，及时调整审计实施方案。为了使审计组能够根据实际情况及时采取审计应对措施，提高审计工作效率，一般审计项目大的审计实施方案应当经审计组组长审定，并及时报审计机关业务部门备案；重要审计项目的实施方案应当报经审计机关负责人审定；审计组调整审计实施方案中的审计目标、审计组组长、审计重点和现场审计结束时间，应当报经审计机关主要负责人批准。

（二）债务审计的实施阶段

在完成债务审计的准备工作之后，审计人员应按照审计计划和实施方案对被审计单位和债务项目的实际运行情况及风险进行衡量和评估，并获取充分、恰当的审计证据。债务审计工作实施阶段也称审计执行阶段，是地方政府性债务审计最重要、最核心的阶段。该阶段具体包括进驻被审计单位、进行债务风险评估、检查重大债务违法行为、获取审计证据以及整理审计工作底稿等内容。

1. 进驻被审计单位

在正式实施地方政府性债务审计之前，审计机关应向被审计单位送达正式的审计通知书，其内容主要包括被审计单位名称、审计依据、审计范围、审计起始时间、审计组组长及其他团队人员名单和被审计单位配合审计工作的要求等，同时向被审计单位告知审计组的审计纪律要求。

审计人员进驻被审计单位后，要主动召开审计座谈会或进驻会议，召集被审计单位财务主管领导、债务工作部门负责人、内部审计人员等参与，介绍本次债务审计的目的、原则和工作实施方案等，通过对被审计单位的进一步调查和与员工的接触，深入了解被审计单位的基本情况，取得被审计单位及工作人员对审计工作的重视、理解、支持和协助。

2. 进行债务风险评估

对债务进行风险评估是地方政府性债务审计程序的核心环节。需要强调的是，此阶段的风险评估工作并不是一般意义上对审计工作未能发现财务报表中存在重大错报而签发无保留意见审计报告的风险，而是指审计机关对被审计单位及债务项目存在的风险进行全面评估，以达到及时揭示、预防和抵御地方政府性债务风险的目标。

由审计机关对地方政府性债务实施风险评估具有一定的必要性。目前地方政府性债务的发行定价机制不完善。地方政府总体债务情况和债务对应项目的收益情况公开不足，或者信息不准确。对于第三方评估机构来讲，进行客观评估极为困难。根据统计的2014-2017年我国地方债发行的总样本数据，发现在共计7895次债务发行记录中，有6688次在发行时的债项评级均为AAA（剩余的1207次债项评级数据缺失），说明金融市场对于债务风险的评价较高，且不具有明显的区分度。政府选择评估机构采用招标的办法，谁评的有利就用谁，以至于有的地方政府性债务评级虚高，发行利率低于国债利率。这就导致了既有债务风险评估的非科学性和非合理性。因此，审计机关要在掌握真实、全面的数据和信息的基础上，利用科学的评估方法，对被审计债务项目的整体风险状况作出独立的评估，并结合实际情况，作出客观分析，提出意见和建议。

审计人员至少需要对以下被审计单位债务风险相关方面进行评估：①贯彻落实党中央、国务院要求，在加强政府性债务管理方面取得的成就及存在问题；②政府性债务的规模、结构及变化情况；③政府性债务举借、管理和资金使用情况；④政府性债务风险变化情况；⑤隐性债务风险情况；等等。因此，可采取的审计程序包括内部控制有效性评估和综合风险评估等。具体如下：

（1）内部控制有效性评估

检查和测试被审计单位的内部控制及执行有效性是所有审计工作中不可缺少的关键环节。在对地方政府性债务审计中，需强化对债务管理组织框架、债务管理制度等方面的评估。完善的机制体制建设是做好地方政府性债务管理的基础和前提。根据新《预算法》、国发办"43号文"和《行政事业单位内部控制指南》等法规文件，审计人员可以从下列方面调查了解被审计单位相关内部控制及其执行情况：

在单位层面，一是对债务管理的控制环境，包括债务管理模式、债务部门组织结构、债务管理岗位责权配置等进行评估；二是对被审计单位确定、分析和实现与债务项目及资金相关内部控制目标的风险，以及采取的应对措施进行评估；三是对被审计单位根据债务的内部控制风险评估结果采取的控制措施，包括不相容职务分离控制、授权审批控制、资产保护控制、预算控制、业绩分析和绩效考评控制等整体情况进行评估；四是对信息与沟通的调查，即收集、处理、传递与债务项目和资金内部控制相关的信息，并能有效沟通的情况；五是对控制的监督，即对与债务管理相关的各项内部控制设计、职责及其履行情况的监督检查。

在具体的业务层面，在实施审计工作时，审计人员要对与债务管理相关的内部控制制度与程序的完善及健全情况进行检查和评价，根据评价的结果和发现的问题来确定下一步审计工作的重点。制度与程序的执行一般依托于信息系统，因此，需要对债务管理内部控制系统进行检查和评价，包括检查和评价内部控制系统是否健全、被审计单位内部控制系统运行是否有效等。审计人员尤其应当了解被审计单位债务信息系统控制情况，例如一般控制（即保障信息系统正常运行的稳定性、有效性、安全性等方面的控制）和应用控制（即保障信息系统产生的债务数据的真实性、完整性、及时性和可靠性等方面的控制）。

审计组应按照全面审计、突出重点的要求，运用审计风险理论和重要性原则，调查了解被审计单位及其业务相关情况（包括相关内部控制及其执行情况和信息系统控制情况），结合适用的业务标准判断被审计单位可能存在的问题，即风险点。

（2）债务项目实质性审查

除了对债务相关的内部控制有效性进行评估，基于严谨、审慎原则，审计机关还需要对债务项目进行实质性审查。

审计机关首先全面审查债务资金项目财务报表，通过抽查会计凭证、函证等方式，检查其反映的经济活动是否合法、合理和公允，审查复核表内数据的正确性，报表项目金额是否与对应会计账簿、凭证、实务一致，研究财务数据之间、财务数据与非财务数据之间可能存在的不合理关系，并关注异常波动和差异，揭示财务报表的重大错报等。

审查被审计单位的债务资金分配表及相关文件，核查其债务限额分配及审核过程是否合理,是否实行了反向挂钩机制;审查债务资金使用明细表和分月份财政收支运行情况报告,判断债务资金的使用是否合规。审计人员应运用职业判断,根据可能存在的问题的性质、数额及其发生的具体环境,判断其重要性并评估可能存在的重要问题,即重要风险点。在判断重要性时,对财政、财务收支合法性和效益性进行审计的项目一般不需要确定量化的重要性水平即金额标准,可只对重要性作出定性判断。

审查与债务资金有关的一般公共预算收入预算表、一般公共预算支出预算表、一般公共预算收入决算表、一般公共预算支出决算表、政府性基金预算收入预算表、政府性基金预算支出预算表、政府性基金预算收入决算表、政府性基金预算支出决算表等。

(3) 债务风险综合评估

审计机关汇总整理各类与债务相关的信息,对被审计单位的债务现状及风险状况从"借""用""还"等方面作出全面的综合评价。

首先,最重要的就是评估债务违约风险,对此可利用第八章中述及的未定权益分析法。通过该方法能够得到最直接的债务违约风险结果,从而为审计人员对地方政府性债务风险作出判断提供最直接的证据与依据。

其次,需从制度建立、流程管控、信息公开等角度对地方政府性债务风险进行综合评估,此时可以利用第八章提到的基于评价指标体系的直觉模糊层次分析法。目前,我国对于地方政府性债务的审计评价指标还比较单一,而且评价指标已不能满足最新的政策监管要求。因而,在充分调研和探讨的基础上,本书重新建立和完善了地方政府性债务风险评价指标体系,主要分为债务"借""用""还"和系统性风险四大板块,除了已有评价指标,还增加了债务分类评价、限额控制、制度评价和隐性债务分析等指标。具体内容见第八章。

最后,要根据评估结果,分析地方政府性债务风险的产生原因及其薄弱点,从而为审计建议的提出形成客观依据。

3. 检查重大债务违法行为

审计人员执行债务审计业务时,应当充分关注在债务管理过程中可能存在或潜在的重大违法行为。对被审计单位和相关人员可能违反债务管理相关法律法规、涉及金额较大、造成国家重大经济损失和社会重大不良影响的行为,审计人员要予以重视,关注其实施重大违法行为的性质、动机、后果等。

审计人员在调查可能与重大违法行为有关的事项时,可以通过关注以下情况来判断。比如,有关债务资金记录中反映出的异常情况,相关的内部控制机制存在的缺陷、监管部门提供的线索和群众举报的线索以及媒体的反映和报道等。

一旦发现重大违法行为的线索，审计机关需采取如下措施：①对可疑情况采取保密措施，以使相关人员无法提前知晓；②增派具有相关经验和能力的人员；③适当扩大调查范围；④及时向政府和有关部门报告；⑤提请有关机关予以协助和配合，获取必要的外部证据；⑥依法实施保全措施；等等。

4. 获取审计证据

获取审计证据是审计实施阶段的主要工作。审计证据是审计机关作出判断、发表审计意见、出具审计报告的根本依据。获取审计证据的途径主要有：审查被审计单位财务报表、审查其他有关资料和文件、实地走访调查等。

审计人员获取的审计证据，应满足适当性和充分性的条件。适当性是对审计证据质量的要求，一是确保审计证据与被审计事项之间具有实质相关性；二是确保审计证据真实、可信。充分性是对审计证据数量的要求。审计人员在对存在重要问题的可能性和审计证据质量做出合理评估的基础上，确定获取审计证据的合理数量。

为了确保审计证据真实有效，审计人员在取得审计证据时，应当依照法律法规规定，要求被审计单位负责人对本单位提供资料的真实性和完整性做出书面承诺，并由提供证据的有关人员、单位签名或者盖章。审计人员对不能取得签名或者盖章不影响事实存在的，应当注明原因。当审计事项比较复杂或者取得的审计证据数量较大时，可以编制审计取证单，由证据提供者签名或者盖章。审计机关所聘请外部人员的专业咨询和专业鉴定也可作为审计证据，但是需满足以下条件：①依据的样本必须符合债务审计项目的具体情况；②使用的方法必须适当和合理；③咨询和鉴定结论必须与其他审计证据相符。此外，有关监管机构、内部审计机构、中介机构等已经形成的工作结果也可作为审计证据，同样需满足以下条件：①工作结果与审计目标相关；②工作方法和结果必须可靠；③工作结果与其他审计证据相符。

如果发现被审计单位的相关资料、资产可能被隐匿、篡改、转移、毁弃从而影响获取审计证据的，审计人员可以依法采取相应的保全措施。若在执行债务审计业务过程中，审计人员因职权受限而无法获取适当、充分的审计证据，或者无法制止违法行为时，可以按照有关规定提请相关单位予以协助。

对于已采取的审计措施难以获取适当、充分审计证据的情况，审计人员应当采取替代审计措施。若仍无法获取审计证据的，审计机关要采取其他必要的措施或者不做出审计结论。

5. 整理审计工作底稿

审计工作底稿主要记录审计人员根据审计方案实施审计程序、获取审计证据的活动情况。债务审计工作底稿的内容主要包括：债务审计项目名称、债务审计事项名称、债务审计过程和结论、审计人员姓名及审计工作底稿编制日期和签名、审核人员姓名、审核意见及审核日期并签名、索引号及页码和附件数量等。其中，审计过程和结论是审计工作底稿的关键部分，主要包括以下内容：①实施审计的主要步骤和方法；②审计认定的事实摘要；③得出的审计结论及其相关标准；④取得的审计证据的名称和来源。

在起草审计报告前，审计组组长应当对审计工作底稿进行审核，审核要点包括具体债务审计目标是否实现、审计措施是否有效执行、债务事实是否清楚、审计证据是否适当和充分、得出的审计结论及其相关标准是否适当和其他有关重要事项。基于此，审计组组长可以根据具体情况做出以下三种批示：①予以认可；②进一步获取适当、充分的审计证据；③纠正不恰当的审计结论。

（三）债务审计的完成阶段

审计组对地方政府性债务事项实施审计后，应当编制并以审计机关的名义出具债务审计报告，按照相关规定征求被审计单位意见、复核和审定审计材料、起草审计移送处理书、归档审计项目、向社会公告审计结果，还应当建立债务审计跟踪检查机制，及时督促被审计单位对审计发现的债务问题进行整改。

1. 编制审计报告

债务审计报告是审计人员对债务审计工作的全面总结，也是审计人员所做债务审计工作的最终成果，是对被审计单位和部门在债务"借""用""还"各环节所提供材料和信息的真实性、合法性和效益性发表审计意见的书面文书。作为审计组工作的一种结论性文件，它集中反映了地方政府性债务审计工作的质量。

审计组在起草债务审计报告前，应当讨论确定下列事项：债务审计实施方案确定的审计事项是否已经完成，审计目标是否已经达成，针对审计过程中发现的各类问题的处理处罚意见是否已提出，审计评价意见是否已明确提出，审计证据是否适当和充分，以及其他有关事项。同时，需要对已有审计资料做以下准备工作：①汇总各审计人员手中全部的有效审计工作底稿，按照被审计债务项目的性质和内容进行分类、整理和排序，并附上相关证明资料；②如果发现审计工作底稿中有事实不清、证据不足的情况，应及时采取补救措施，以确保审计证据的真实性、充分性；③确认审计工作底稿和审计证据均已经审计组组长审核，并从总体上评价审计证据的适当性和充分性。

债务审计报告应当包括以下基本要素，其具体样式如表7-1所示：①标题；②被审计单位名称；③审计项目名称；④内容；⑤审计机关名称或审计组名称及审计组组长签名；⑥签发日期或报告日期。其中，内容作为债务审计报告中的主体部分，应当包含以下方面：①审计依据，即实施债务审计所依据的法律法规；②实施审计的基本情况，一般包括债务审计范围、内容、方式和实施的起止时间；③被审计单位的基本情况；④审计评价意见，即根据不同的审计目标，以适当、充分的审计证据为基础发表的评价意见；⑤以往债务审计决定执行情况和审计建议采纳情况；⑥审计发现的被审计单位违反地方政府性债务管理规定的事实、定性、处理处罚意见以及依据的法律法规和标准；⑦审计发现的移送处理事项的事实和移送处理意见，但是涉嫌犯罪等不宜让被审计单位知悉的事项除外；⑧针对审计发现的问题，根据需要提出的改进建议。审计期间被审计单位对审计发现的债务管理问题已经整改的，审计报告还应当包括有关整改情况。核查社会审计机构相关审计报告发现的问题，应当在审计报告中一并反映。采取跟踪审计方式实施债务审计的，审计组在跟踪审计过程中发现的问题，应当以审计机关的名义及时向被审计单位通报，并要求其整改。债务跟踪审计实施工作全部结束后，应当以审计机关的名义出具审计报告。

表7-1 地方政府性债务审计报告样式

标题
被审计单位（债务项目）名称：
审计项目名称：
一、审计依据
二、实施审计的基本情况
三、被审计单位（债务项目）的基本情况
四、审计评价意见
五、以往审计决定执行情况和审计建议采纳情况
六、重要债务违法问题的事实、定性、处理处罚意见以及法律依据
七、针对审计发现的问题，提出的改进建议
审计单位（审计组）（签章）
签发（报告）日期

对被审计单位或者被调查单位违反国家规定的债务收支、债务使用和管理

等行为,依法应当由审计机关进行处理处罚的,审计组应当起草审计决定书。审计决定书的内容主要包括:第一,债务审计的依据、内容和时间;第二,违反地方政府性债务管理相关国家规定的事实、定性、处理处罚决定以及法律法规依据;第三,处理处罚规定执行的期限和被审计单位书面报告审计决定执行结果等要求;第四,依法提请政府裁决或者申请行政复议、提起行政诉讼的途径和期限等。

2. 征求被审计单位意见

审计组编制的审计报告和审计决定书,应当在按照审计机关规定的程序审批后,以审计机关的名义征求被审计单位、被调查单位、被审计人员和拟处罚的有关责任人员的意见。必要时,征求有关干部监督管理部门的意见。审计报告中涉及的重大经济案件调查等特殊事项,经审计机关主要负责人批准,可以不征求被审计单位或者被审计人员的意见。

被审计单位、被调查单位、被审计人员或者有关责任人员对审计报告有异议的,审计组应当进一步核实,并根据核实情况对审计报告作出必要的修改。审计组应当对采纳被审计单位、被调查单位、被审计人员、有关责任人员意见的情况和原因,或者上述单位或人员未在法定时间内提出书面意见的情况作出书面说明。

3. 复核和审定审计材料

在征求意见结束后,审计组应当将审计报告、审计决定书、被审计单位及相关人员对审计报告的书面意见及审计组采纳情况的书面说明、审计实施方案、调查了解记录、审计工作底稿、重要管理事项记录、审计证据材料和其他有关材料汇总整理后,报送审计机关业务部门进行复核。审计机关业务部门的复核要点包括审计目标是否实现,审计实施方案确定的审计事项是否完成,审计发现的重要问题是否在审计报告中反映,事实是否清楚、数据是否正确,审计证据是否适当、充分,审计评价、定性、处理处罚和移送处理意见是否恰当,适用法律法规和标准是否适当,被审计单位、被调查单位、被审计人员或者有关责任人员提出的合理意见是否采纳等。在复核之后需要出具书面复核意见。

审计机关业务部门应当将复核修改后的审计报告、审计决定书等审计项目材料连同书面复核意见,报送审理机构审理。审理机构以审计实施方案为基础,重点关注审计实施的过程及结果,主要审理要点包括审计实施方案确定的审计事项是否完成,审计发现的重要问题是否在审计报告中反映,主要事实是否清楚,相关证据是否适当、充分,适用法律法规和标准是否适当,评价、定性、处理处罚意见是否恰当,审计程序是否符合规定等。审理机构审理时,应当就有关事项与审计组及相关业务部门进行沟通。必要时，审理机构可以参加审计组与被审计单位交换意见的会议，或者向被审计单位和有关人员了解相关情况。审理机构审理后，若存在相关问题，可以要求审计组补充重要审计证据，或者对审计书、审计决定书进行修改。审理过程中遇有复杂问题的，经审计机关负责人同意后，审理机构可以组织专家进行论证。审理机构审理后，应当出具审理意见书。

审理机构将审理后的审计报告、审计决定书连同审理意见书报送审计机关负责人。审计报告、审计决定书原则上应当由审计机关审计业务会议审定；特殊情况下，经审计机关主要负责人授权，可以由审计机关其他负责人审定。审计决定书经审定，处罚的事实、理由、依据、决定与审计组征求意见的审计报告不一致并且加重处罚的，审计机关应当依照有关法律法规及时告知被审计单位、被调查单位和有关责任人员，并听取其陈述和申辩。对于拟作出罚款的处罚决定，符合法律法规听证条件的，审计机关应当依照有关法律法规履行听证程序。

在经审计机关负责人签发后，审计机关需要将审计报告送达被审计单位、被调查单位，将审计决定书送达被审计单位、被调查单位、被处罚的有关责任人员。

4. 审计移送处理

对于债务审计过程中发现的不属于审计机关职权范围内的，依法应当由其他有关部门纠正、处理处罚或者追究有关责任人员责任的事项，审计组应当起草审计移送处理书。

审计移送处理书的内容主要包括：①审计的时间和内容；②依法需要移送有关主管机关或单位纠正、处理处罚或者追究有关人员责任事项的事实、定性及其依据和审计机关的意见；③移送的依据和移送处理说明；④所附的审计证据材料。

5. 审计建档归档

债务审计档案是债务审计活动的真实记录，是研究债务审计的重要历史资料，也是国家档案的重要组成部分。审计组在将审计报告等材料报送后，就应当着手债务审计项目归档工作。

债务审计档案材料共分为结论类、证明类、立项类、备查类四个版块。结论类档案文件材料的排列顺序为：①上级机关或领导对该债务审计项目形成的审计要情、重要信息要目等批示文件；②审计报告、审计决定书、审计移送处理书等结论性报告文件；③相关的审理意见书、审计业务会议记录、纪要、被审计对象对审计报告的书面意见、审计组的书面说明等文件。证明类档案文件材料的排列顺序为：①被审计单位承诺书；②审计工作底稿汇总表；③审计工作底稿及相应的审计取证单、审计证据等。立项类档案文件材料的排列顺序为：①上级审计机关或者本级政府的指令性文件；②与审计事项有关的举报材料及领导批示；③调查了解记录、审计实施方案及相关材料；④审计通知书和授权审计通知书等。备查类档案文件材料主要包括被审计单位整改情况和该审计项目审计过程中产生的信息等不属于前三类的其他文件材料。

6. 向社会公告审计结果

地方政府性债务的审计结果一直受到当地相关部门、企业、投资者、媒体和社会公众的广泛关注。因此，在完成审计报告等材料的编写和审定后，审计机关需要依法向社会公布审计报告所反映的内容和相关情况，以维护社会公众对地方政府性债务现状和问题的知情权和监督权。审计结果公告也要经过审计长会议研究通过后才能公开。具体要求见第九章。

7. 债务问题跟踪检查

审计机关应当建立债务审计整改跟踪检查机制。在审计实施过程中，审计组应当及时督促被审计单位整改审计发现的债务问题。在出具审计报告、作出审计决定后，应当在规定的时间内检查或了解被审计单位和其他有关单位根据债务审计结果的整改情况，重点关注被审计单位执行审计机关作出的处理处罚决定情况、对审计机关要求自行纠正事项采取措施的情况、根据审计机关的审计建议采取措施的情况和对审计机关移送处理事项采取措施的情况等。对债务审计整改情况的了解和检查可以采取实地调查或了解、取得并审阅相关书面资料等方式，也可根据问题的性质，结合下一年债务审计工作检查或者了解被审计单位的整改情况。审计问题整改检查需要取得相关证明材料。

在了解被审计单位和其他有关单位整改情况后，审计机关检查部门需要提出检查报告，即审计机关汇总审计整改情况，向本级政府报送关于审计工作报告中所指出问题的整改情况的报告。检查报告的内容主要包括：①检查工作开展情况，主要包括检查时间、范围、对象和方式等；②被审计单位和其他有关单位的整改情况；③没有整改或者没有完全整改的原因及建议等。针对没有整改或者没有完全整改的情况，审计机关有权依法采取必要措施。

综上，系统梳理了地方政府性债务的审计程序，具体如图7-1所示。

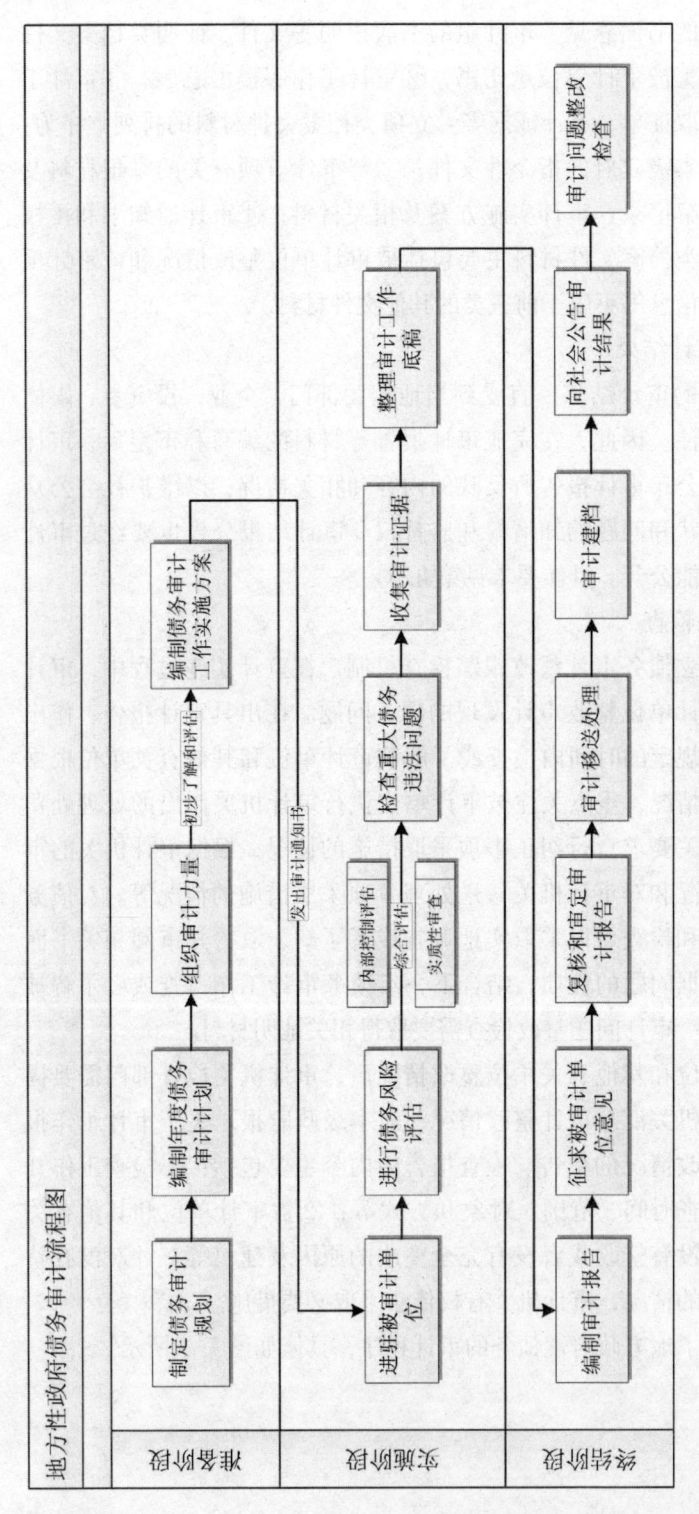

图7-1 地方政府性债务审计程序

四、地方政府性债务跟踪审计程序的安排

基于对我国现行地方政府性债务审计运行程序及其不足的分析，依据债务审计程序设计应遵循的基本原则以及不同阶段审计的具体内容，本书认为宜融合跟踪审计以创新债务审计模式并改进现行审计程序。即在债务审计过程中践行跟踪审计的理念与方法，将审计关口前移，从债务举借环节开始，对包括债务资金举借、使用、偿还等各环节实施跟踪审计。

地方政府性债务资金跟踪审计流程设计应按照风险导向和成本效益原则，将跟踪审计的重点放在能有效降低地方政府性债务风险的关键环节，促进地方政府将有限的地方政府性债务资金投入到可以产生更多经济与社会效益的活动中去，以提高地方政府性债务资金的使用效率和效果。

因此，国家审计人员要系统梳理各种融资模式的具体流程，以环节和流程为主线，以资金流向为核心，实施对地方政府性债务项目的审计。针对我国地方政府性债务资金运行中普遍存在的共性问题进行分析研究，可以明确各个环节跟踪审计的目标与内容，并确定相应的审计重点。审计人员要通过对容易产生风险的相关环节和流程进行评估，识别和把握审计重点，以资金流向（如图7-2所示）为主线实施审查程序。

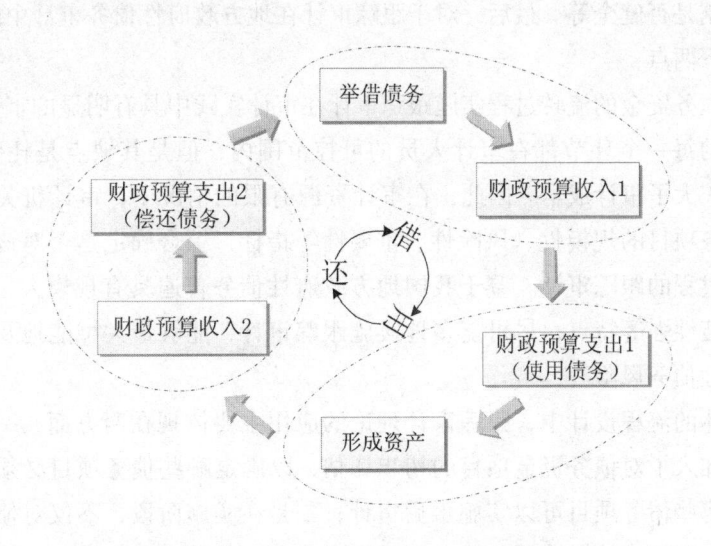

图 7-2 地方政府性债务资金流向

举借债务合理的走向是被用于公益性资本支出和适度归还存量债务的资金。

在将债务资金投入使用之前,还必须经过上级财政部门的配置环节,主要是在省、自治区、直辖市范围内分配地方政府性债务资金。地方政府性债务资金使用阶段的跟踪审计应重点关注债务资金配置、资金投向、信息公开、制度规范、使用绩效等内容。第一,债务资金是否及时分配、及时拨付,是否存在资金滞留、挤占或挪用等现象,决策过程是否公开透明等;第二,资金配置后的投向是否合理合规,比如地方政府性债务投资项目名称、项目工期、项目负责人等信息是否进行了公示,资金使用单位是否按申报时的用途合法合规使用资金;第三,有关债务管理的制度、流程等是否健全并及时更新,以符合最新政策需要;第四,资金的使用效率及预期效果如何,如是否存在资金沉淀现象、已使用资金是否与项目进度相吻合等。

债务资金流动的最后阶段便是债务偿还。用于债务偿还的资金一部分源于通过债务资金使用形成的资产运营从而带来的现金流,但绝大多数偿债资金是财政收入,包括一般公共预算收入和政府性基金收入。地方政府性债务资金偿还阶段的跟踪审计应重点关注债务的偿债风险。第一,需要综合测算当地或某单位的违约概率和违约风险;第二,关注结构性偿债风险,如短期偿债风险和长期偿债风险,一般债务偿债风险和专项债务偿债风险等;第三,查核评估防范和预警机制,重点关注债务管理监督主体是否完整,监督流程是否顺畅,风险预警机制是否健全等。最后,对于跟踪审计在地方政府性债务审计中的应用,需强调以下两点:

按照债务资金的流转过程实施跟踪审计在审计实践中具有明显的审计效果,资金流转的每一个环节都在审计人员的可控范围内,但是其缺点是耗费时间、精力,也扩大了审计成本。因此,在审计资源有限的情况下,审计机关可以统筹考虑债务项目的规模性、风险性、重要性等指标,综合确定是否对该债务项目实施全过程的跟踪审计。鉴于我国地方政府性债务普遍具有规模大、复杂程度高、隐蔽性强等特点,尽可能多地实施跟踪审计,能够最大可能地及时防范地方政府性债务风险。

在具体的流程设计中,跟踪审计理论的应用主要体现在两方面,一是在准备阶段,加入了对债务资金项目的初步评估,以确定哪些债务项目必须实施跟踪审计,哪些债务项目可以实施事后审计;二是在实施阶段,不仅对债务资金的使用情况和偿还情况进行审计,还要追本溯源,从债务发行之初,就要评估举债项目的真实性、必要性和可行性以及偿债资金来源的可靠性等,并结合经济责任审计,确定主要负责人。

五、本章小结

本章首先从审计模式、审计频次、审计评价指标等方面分析总结了我国现行地方政府性债务审计运行程序及其不足，探讨并确定了科学合理地设计债务审计程序应遵循的基本原则，详细阐明了地方政府性债务审计程序及其具体内容，紧密联系跟踪审计实践及其成效，充分论证了跟踪审计及其在地方政府性债务审计中应用的必要性与可能性，并提出了融合跟踪审计以创新债务审计模式及改进现行审计程序的构想与思路。当然，上述审计程序的设计和改进，主要是针对地方政府显性债务而言的，至于隐性债务的审计程序则有待作进一步的探究。

第八章

地方政府性债务审计方法

为实现审计目的与达成审计目标，审计需运用一定的方式方法和技术手段，揭示审计发现并提供审计信息。审计方法的运用对审计结果会产生重要的影响，甚至决定着审计项目的成败。

审计方法的选择须与审计程序相适应。通过前已述及的关于债务审计程序现状的总结和跟踪审计程序的阐述，可以对债务跟踪审计的原则、理念和思路有一个清晰的认识。然而，要真正实施跟踪审计，还需运用一系列审计方法，包括审计调查、审计核查和审计分析等方法。鉴于对地方政府性债务审计现状的分析，拟在审计调查方法中着重阐述信息共享法，在审计核查方法中着重阐述大数据审计法，在审计分析方法中着重阐述定量分析法（未定权益分析法）和定性分析法（直觉模糊层次分析法）。这些方法是基于原有审计方法的改进或补充，在一定意义上也是可能的创新。

一、审计调查方法

（一）线索征集法

鉴于审计机关与被审计单位之间存在一定的信息不对称，即便审计人员采取各种方式方法以获得被审计单位的债务相关信息和数据，但是由于债务运行各环节的经济活动和具体行为存在复杂性、多样性和隐蔽性，审计人员对被审计单位债务活动的了解依旧是不充分的，仅靠审计人员所获取的债务信息仍然无法全面解释和合理评价被审计单位的债务问题和潜在风险。况且，审计人员开展调查受到时间、人力和物力等限制，因而借助社会公众、各种媒体等其他力量和渠道，收集线索并获取信息，也不失为有效之举。

据此，审计机关在公布具体审计事项时，还可以通过电视、报纸等媒体提供审计组的联系方式、办公地点、举报电话、电子邮箱等，并在多个固定地点设置举报信箱，方便接收举报线索。为了促进公众积极举报，保护举报人的隐私和安全，审计组要做好举报人信息的保密工作，还可以设置一定的奖励措施。对于举报人提供的线索，审计人员要认真甄别并做好记录，多方搜集证据，及时查证与认定，并认真回复举报人。

（二）走访调查法

除收集举报线索外，审计人员还应主动获取相关线索。除了获取财务报表、债务资金财务报表、财务报告等书面材料信息，审计人员还可通过走访调查获取相关线索或信息。走访调查是向与审计事项有关的第三方进行调查的一种方式，往往有助于审计人员获取更多的增量信息。尤其在已有的书面信息存疑或不确定时，审计人员走访债务活动相关单位及内部工作人员，通过交谈可能会获取更多的审计证据或线索，有利于进一步确定或纠正可能的疑点；即便既有书面材料反映的债务经济活动看起来合规合法，审计人员通过随机走访调查，也利于确认书面材料是否全面、真实，减少人为操纵的可能性。

当然，由于受到多方利益牵扯，走访调查未必一定会取得理想的效果。因此，对于走访的对象、调查的内容、访谈的技巧与方法，甚至陪同的人员等都应慎重考虑，合理确定。实践证明，走访调查需要保持一定的秘密性，不宜大范围公开或提前告知。

（三）问卷调查法

问卷调查法是指通过制定、发放及回收一套详细周密的调查问卷，并对有效问卷反映的问题和线索进行分析的一种方法。

在债务审计工作中，调查问卷发放的对象可以是被审计单位的领导及相关工作人员，也可以是债务资金审批、分配、使用单位及相关工作人员，还可以是地方政府性债务管理领域的专家学者。问卷的内容可以包括债务"借""用""还"各阶段的现状刻画和风险权重判断等，还可以针对当地债务主管部门及领导的工作进行民意调查测评。问卷答案选项的设置可以是单选、多选，也可以是开放性的，给予被调查者一定的答题空间。问卷调查可以采取线下发放纸质问卷的方式，也可以应用"问卷星"等线上方式。线上方式相较于线下方式具有不受地域限制、成本较低、数据分析便利等优点，但是无论采取哪种方式，都要高度重视被调查对象具体信息的保密性。

问卷调查法能够更广泛了解各类债务活动参与者的不同看法和观点，从而更加客观和全面地分析地方债务管理和风险状况。

（四）信息共享法

目前，我国政府审计机关承担着政策落实跟踪审计、金融审计、财政审计、经济责任审计、企业审计、民生审计等多种审计业务。通过调研发现，有些单位同一期间往往存在多个交叉重复的审计项目。交叉重复的审计项目不仅需要投入较多的审计资源，还可能会影响被审计单位的正常工作，容易引发抵触情绪，其结果不利于审计工作的开展。因此，为了避免重复审计，提高审计绩效，在扩大审计范围，实现审计全覆盖的背景下，审计机关要做好"两统筹"，多个审计业务类型可以在同一个审计项目同步实施，共享审计线索，同步相互印证。

在地方政府性债务审计工作中，至少可以从以下几方面实现审计信息共享：第一，可以进一步将财政审计和金融审计相结合，实现国有银行不良贷款、地方政府性债务等审计信息的共享，及时发现并反馈问题，防止在债务置换过程中发生金融风险与财政风险的互相转化，对举债部门和发债部门的情况进行全面有效的监督，保障地方政府举债的合规性和使用债务的合法性，全面防范地方政府性债务可能引发的风险。第二，交叉运用预算执行审计和债务审计。密切关注上一年度预算执行审计情况，记录审查出的历史问题与整改状况，有针对性地对地方政府性债务开展审计。这种交叉审计方法能够实现两种审计方式的优势互补与融合，合理节约审计资源。第三，充分发挥经济责任审计在地方政府性债务审计中的作用。从公布的三次全国范围地方政府债务审计结果可以看出，不少地方政府由于其财力的限制，对当地的项目只能通过举债融资予以支持。但是，由于地方官员短视行为以及地方政府性债务偿还期限较长等，在债务的举借、使用、偿还过程中可能会存在经济责任风险，鉴于《审计法》中明确了经济责任审计，那么将经济责任审计纳入地方政府性债务审计是可行的也是必要的。经济责任审计一方面可以限制不合理的举债与使用行为以及对偿还债务不重视的行为，另一方面也可以更加全面地对地方政府性债务风险进行监管。第四，综合运用绩效审计、制度基础审计以及政策执行审计等多种审计形式。由于地方政府性债务在地方管理中还存在一定的缺陷，且审计部门对于债务的使用效率也无法清晰度量，因此可以将绩效审计、制度基础审计和政策执行审计纳入地方政府性债务审计，以便更加有效地了解债务资金的使用效率、相关政策的执行情况、地方政府内部控制运行的有效性以及对地方政府性债务的管理及治理等情况。

信息共享审计法的实现，需要统筹安排审计计划，科学整合审计资源。审计机关应改变审计项目与审计小组对应的传统审计模式，按照审计对象的行业性质和区域特点合理分工，将债务审计与财政审计、经济责任审计、专项资金审计及审计调查合并。创新审计管理，对审计项目各要素进行重新组合，按照新的资源整合模式，打破处室界限，吸纳各方面的专业人员加入债务审计小组，充分发挥各专业处室的优势。同时密切联系下级审计机关，充分发挥上级审计机关的业务指导职能和下级审计机关更熟悉当地情况的优势。

总之，信息共享法的目的就是推进地方政府债务审计与经济责任审计、绩效责任审计、预算执行审计等相互融合以形成审计合力，综合考量政府债务的举借、使用和偿还等各个环节的情况，从而提高审计效率，保证审计效果。

二、审计核查方法

（一）大数据审计法

在大数据时代背景下，审计部门作为经济运行综合性监督部门，充分挖掘并运用大数据开展工作已是形势发展的客观必然。目前，随着数据规模的急剧增长，掌握国家重要资金及资源的部门领域网络系统、信息管理系统日益完善，审计内容也逐渐向信息系统和电子数据转变。审计机关要有效地履行审计监督职责，就必须顺应这种形势的发展，积极探索审计的新途径和新方法，开展大数据审计。

2016年，中共中央办公厅、国务院办公厅印发的《关于实行审计全覆盖的实施意见》明确提出要"构建大数据审计工作模式，提高审计能力、质量和效率，扩大审计监督的广度和深度"。《审计署关于印发2016年地方审计机关重点抓好的十项工作的通知》（审办发〔2016〕4号）也明确了"大力推进以大数据为核心的审计信息化建设""加大数据采集集中力度"的工作重点。目前全国很多地级市、县审计局都已尝试开展财政联网审计，着手建设审计数据综合分析平台，财政联网审计已全面铺开，并取得了一定的实效。然而，尚有一些省市仍未建立财政联网审计平台，财政审计也受财政信息系统制约，无法全面开展数据分析平台建设。从长远看，财政联网审计工作势在必行。

如何更合理地整合现有审计资源，高效地开展财政审计，探索大数据时代下的数据综合分析应用之路，是高质量发展财政审计的方向。传统的审计模式，已经不能适应审计发展的需要。各省市预算单位众多，每年对这些部门预算审计一遍，采用传统审计方式很难实现。而通过建立联网审计平台，利用网络技术对被审计对象数据进行动态采集、传输和接收，实现对海量数据的分析和运用，则可以更好地实现审计全覆盖。只有通过联网平台对海量数据进行采集和综合利用，实现信息交换和信息共享，对同期数据进行关联分析，对跨行业、跨系统数据进行交叉比对分析和印证，才能使数据产生"化学反应"，发现一些以前不可能或不容易发现的问题，从而揭示财政资金管理中的深层次问题。为践行"科技强审"和大数据审计理念，应持续优化大数据环境下的审计组织模式，积极创新大数据审计技术应用方法，推动审计模式信息化、数字化、网络化，从而提高审计监督、过程控制、宏观分析以及决策支撑能力。

在债务审计中利用大数据审计方法,即指在大数据条件下,运用大数据技术和方法,广泛地进行数据采集,深入地开展数据关联分析,锁定审计的重点和疑点,从而引领支撑审计方案。审计人员要融合现场审计作业及大数据平台对地方政府性债务资金进行监督检查、查核问题、分析判断等,不断提高审计质量及工作效率。构建地方政府性债务大数据审计工作模式,首先要根据审计需求,了解被审计对象的基本情况、所使用的信息系统及开展数据分析利用的环境条件等,从而明确审计的目标、任务及工作重点,并围绕审计目标制定数据采集、处理、分析利用的方案。然后开展数据采集工作,全面采集与地方政府性债务有关的数据。在横向上,要对财政、社保、地税、公积金、投资、工商等行业数据进行定期收集;在纵向上,需从财政部——省级财政——市级财政——县级财政——乡级财政涉及的预算指标管理、国库集中支付、总预算财务系统、部门预算管理系统、政府采购,以及财政供养人员等方面采集信息,尽量破除信息"灰色地带"(见图8-1)。在数据采集的基础上,审计人员对采集到的数据进行清洗、整理、加工等处理工作,同时验证数据的真实性、合法性、完整性和有效性。最后,针对可能存在的债务问题,选择合适的数据分析技术和方法,结合上述数据进行关联分析等,进而发现疑点,确定审计重点。

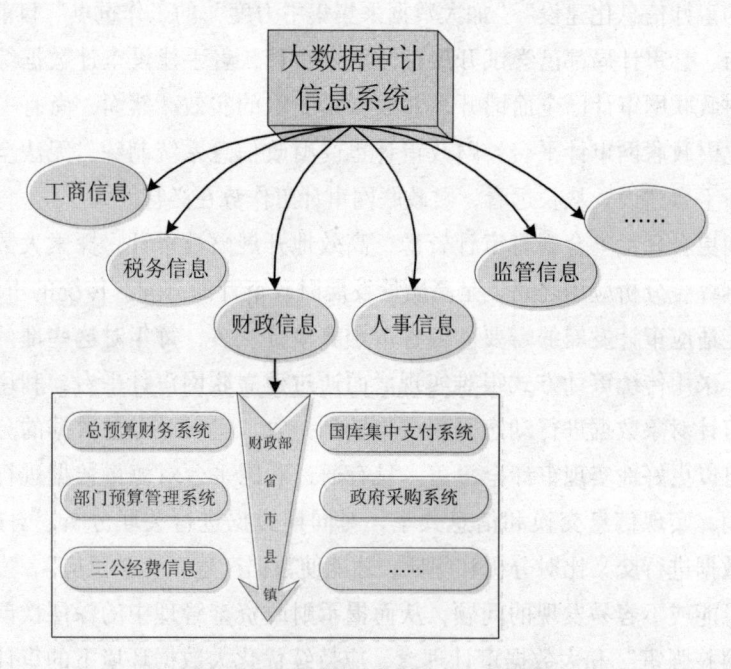

图8-1 大数据审计信息系统示意图

审计人员要转变审计工作思路，创新债务审计理念和工作方法，要善于学习及运用新技术、新手段，不断提高大数据审计能力。要坚持科技强审，推广运用"总体分析、发现疑点、分散核实、系统研究"的数字化审计模式，在充分发挥大数据审核问题、评价判断、宏观分析优势的基础上，有针对性地组织核查，尽量缩短在被审计单位的现场核查时间，提升审计的工作效率。积极运用信息化手段，以债务资金分配依据、标准、程序等环节为抓手，密切跟踪债务资金流向，提高审计发现问题的精准度和效率，及时揭示和反映债务管理领域的新情况、新问题、新趋势，从体制机制方面深入分析问题成因，提出行之有效的审计建议，在更广领域、更高层次上充分发挥审计的揭示和预防作用。

联网审计和传统的计算机辅助审计有明显不同，对审计人员的计算机应用能力提出了更高的要求，审计人员不仅要熟练使用联网系统完成数据的采集、加工和处理，而且要能够依据审计需求构建相应审计模型，完成对各类业务、财务、资产等问题的核查。此外，还要对每次审计的程序和内容做好详细的记录，包括所采集数据的来源、数据处理和分析的经手人员、数据分析的时间程序方法以及分析结果等，保障数据处理过程可追踪溯源，数据结果可查实印证。为此，应加强专业技术培训，提升审计信息技术水平。通过"请进来"与"走出去"相结合的方式，增强全员计算机应用能力，同时选派有计算机审计基础的审计人员到财政信息化审计先进地区进行学习交流，以提高联网审计水平。

（二）研究式审计法

研究式审计法是审计人员通过运用合理的研究方法形成一定的研究结论，以此支持审计分析与判断。例如，审计人员可以通过案例研究法总结我国地方政府性债务风险成因的共性和特殊性，可以通过某些实证方法推断特定举措对于地方政府性债务风险走向的影响等，还可以依托大数据收集和人工智能等信息技术，结合我国地方政府性债务运行实际情况，通过合理的编程模拟，测度我国地方政府性债务风险等级的临界值，从而为债务审计评价、预警等提供参考。这些研究成果都可以作为审计人员的经验储备和技术优势。

审计人员应利用自身的专业技术知识与经验，结合收集的相关联的审计记录，通过合理的推断、验证、计算及量度，比如核对、复算、比较、顺查、逆查等，进一步核实被审计单位信息记录的真实性、完整性、合法性和一致性，并通过专业理性的分析与复核作出具有证明力的审计结论，从而揭示出问题症结及缘由。就地方政府性债务审计而言，审计人员要结合被审计单位提供的书面材料，以及调研过程中收集的各种线索证据，利用已有的项目经验和专业知识，对材料和线索进行串联、推断，查核并评估被审计单位在地方政府性债务

"借""用""还"过程中确实存在的问题和风险。

研究式审计法是对大数据审计法的一种有效补充。信息系统中的大数据为审计人员进行更为全面、科学的分析和复核提供了有利的条件和手段,而人工分析和复核又具有大数据信息系统所不具备的灵活性。尤其在信息系统建立不完善的地区,研究式分析复核方法就显得更为重要。

(三) 实物盘存法

实物盘存法,即通过账实核对、实物清点、实物计价、实物技术鉴定等,对各种有形资产进行检查的方法,通过观察与实际计量的手段核实资产账面记录、债务资金使用报告的真实性、存在性和准确性。

此种方法是审计实践中较为常用的一种方法。在地方政府性债务审计中,通常使用实物盘存法查明债务资金流向的真实性,核实基本建设项目的工程量和工程进度等。通过核查存货、在建工程、固定资产的数量、质量和所有权归属等,结合存货清单、固定资产交付表等文件以及与仓库管理员、工程负责人等的交谈情况,可综合分析判断债务资金使用的合规性、真实性。

实际上,上述两类方法不同程度上具有尽职调查、审慎核查、细致侦查、实地勘查(察)以及认真盘查之意蕴。

三、审计分析方法

审计机关在经过对债务相关线索的采集、调查和核查之后,还需做进一步分析。对于地方政府性债务审计而言,最重要的就是发现债务资金举借、使用、偿还等过程中存在的问题,评估和分析债务潜在的违约风险和管理风险。其中,对债务违约风险的分析和评估主要采用定量分析法,而对于债务的整体风险评估主要采用定性分析法。两种方法能够互为补充,结合运用有利于增强研究结果的合理性与可靠性。

(一) 定性分析法

对于地方政府性债务风险采用定性分析法,目的是对地方政府性债务风险,包括对地方政府性债务"借""用""还"等不同环节和地方政府性债务管理中所面临的系统性风险进行全面的综合评估,不仅关注债务率、违约概率等量化指标,而且关注债务限额管理、制度完备性、信息公开程度等定性指标。它在一定意义上是对简洁直观但略显片面的定量分析法的补充。

1. 直觉模糊层次分析法原理

对地方政府性债务进行定性分析,本书选取基于评价指标体系的综合分析方法，即直觉模糊层次分析法。该种综合评价法的优点在于，既综合考虑了影响债务风险的多种因素，有利于评价的完整性，防止片面性，又能够根据综合评估的结果对各单位债务风险水平进行排序。缺点在于，该方法在指标体系建立和权重赋值时存在一定的主观性，而且其指标分析和评分大多是依据历史或已有情况及水平进行的，很少根据未来发展进行预测。

直觉模糊层次分析法既能够对目标要素逐层进行判断，逻辑清晰，又能够通过专家智库、群决策等方式有效处理目标要素中存在的不确定信息，从而使评价过程更加规范严谨，评价结果更为准确合理，因而可以应用于地方政府性债务风险评价。

直觉模糊层次分析法的具体应用步骤如下：

步骤1：构建评价体系及层次结构。完善并确立具体的指标评价体系，在此基础上分别确定评价体系的目标层（评价目的）、准则层（评价维度）和指标层（具体评价指标），构建该评价体系的层次结构。

步骤2：建立直觉模糊判断矩阵。根据已构建的指标评价体系及层次结构，对同层要素就其重要程度进行比较，并根据其与上层要素之间的关系，分别对准则层（评价维度）和指标层（具体评价指标）建立直觉模糊互补判断矩阵。

首先由评价者基于要素间的重要性进行比较并作出定向评价，然后依据表8-1将所得出的定性评价语转化为直觉模糊数，即予以定量化。定性评价语与直觉模糊数对应表如表8-1所示。最后由直觉模糊数构造出直觉判断矩阵 $A = (a_{ij})_{n \times n}$，其中，$a_{ij} = (\mu_{ij}, v_{ij})(i, j = 1, 2, \ldots, n)$，$v_{ij} \in [0, 1]$，$\mu_{ij} + v_{ij} = \mu_{ji} + v_{ji}$，$\mu_{ij} + \mu_{ji} = 1$，$\mu_{ii} = 0.5$。$\mu_{ij}$ 表示评价者在对要素 i 和 j 的重要性（对上层要素而言）进行比较时认为 i 更加重要的程度，v_{ij} 表示评价者认为 j 更加重要的程度，从而决策者的犹豫度或不确定度用 $\pi_{ij} = 1 - \mu_{ij} - v_{ij}$ 来表示。

表8-1 定性评价语与直觉模糊数对应表

定性评价语	直觉模糊数 $(\mu_{ij}, v_{ij}, \pi_{ij})$	定性评价语	直觉模糊数 $(\mu_{ij}, v_{ij}, \pi_{ij})$
极端重要	(0.90, 0.10, 0.00)	较不重要	(0.40, 0.45, 0.15)
很重要	(0.80, 0.15, 0.05)	不重要	(0.30, 0.60, 0.10)
重要	(0.70, 0.20, 0.10)	很不重要	(0.20, 0.75, 0.05)
较重要	(0.60, 0.25, 0.15)	极端不重要	(0.10, 0.90, 0.00)
同等重要	(0.50, 0.30, 0.20)		

步骤 3：对直觉判断矩阵进行一致性检验。针对上一步骤中得到的模糊判断矩阵，再做一致性检验。先依据式（8.1）求权重

$$\xi_i = \frac{\sum_{j=1}^{n} a_{ij} + \frac{n}{2} - 1}{n(n-1)}, \quad i = 1, 2, \cdots, n \tag{8.1}$$

设模糊判断矩阵的权重向量 $\xi = [\xi1, \xi2, \cdots, \xi n]^T$，$\sum_{i=1}^{n}\xi_i = 1, \xi_i > 0$，令 $\xi_{ij} = \frac{\xi_i}{\xi_i + \xi_j}$（$\forall i, j = 1, 2, \cdots, n$），则称 $A^* = (\xi_{ij})n \times n$ 为 A 的特征矩阵。

又知 A、A^* 的相容性指标计算公式（2）如下

$$I[A, A^*] = \frac{\sum_{i=1}^{n}\sum_{j=1}^{n}|a_{ij} + b_{ij} - 1|}{n^2} \tag{8.2}$$

只有当模糊判断矩阵 A 和它的特征矩阵 A^* 的相容性指标 $I(A, A^*)$ 小于或等于 0.1 时，才可以认定上一步骤中得到的直觉模糊判断矩阵符合一致性条件。

步骤 4：计算各个指标的相对权重。根据直觉模糊一致性判断矩阵，运用如下公式对各个指标相对上层指标的权重进行计算

$$\lambda_i = (\alpha_i, \beta_i) = \left(\frac{\sum_{k=1}^{n}\mu_{ik}}{\sum_{i=1}^{n}\sum_{k=1}^{n}(1-\nu_{ik})}, 1 - \frac{\sum_{k=1}^{n}(1-\nu_{ik})}{\sum_{i=1}^{n}\sum_{k=1}^{n}\mu_{ik}}\right), \quad i = 1, 2, \cdots, n$$

则计算一级权重的得分权重为

$$H(\lambda_i) = \frac{1 - \beta_i}{2 - \beta_i - \alpha_i}, \quad i = 1, 2, \cdots, n \tag{8.3}$$

归一化得

$$W_i = \frac{H(\lambda_i)}{\sum_{j=1}^{n} H(\lambda_i)}, \quad i = 1, 2, \cdots, n \tag{8.4}$$

步骤 5：进行综合评价。先计算各指标的实际得分 S_{ij}，并结合各指标相对于上层指标的组合权重 W_j，应用如下公式，得到综合评价值并据以进行综合评价

$$P_i = \bigoplus_{i=1}^{n}(S_{ij} \otimes W_j), \quad i, j = 1, 2, \cdots, n \tag{8.5}$$

2. 债务风险评价指标体系建立

从上述系列步骤可以看出，使用直觉模糊综合层次分析法的首要步骤是建立评价指标体系。欲评估地方政府性债务，则要选取相应的指标对风险进行测

度，而这里的风险是指债务本身的风险。因此在指标选择上，应当遵循一些原则要求。

(1) 地方政府性债务风险评估指标选取的一般原则

①相关性。相关性原则主要是指所选取的指标要与债务风险相关，以准确度量所对应风险的实质，并能充分反映风险本质的大小。不仅如此，在整个指标体系中还要注重部分与整体的相关性，以形成一套完整的体系，保证各指标之间相互作用、有机联系。

②科学性。科学性原则主要是指理论与实践相结合，以及所采用的方法科学合理等。在理论上要逻辑自洽严密，同时可以反映客观对象的实际情况。设计评价指标体系时，要以科学理论为基础，基本概念和逻辑结构严谨、合理，抓住评价对象的实质，并具有较强的针对性；同时，评价指标不能脱离实际，要将定量方法与定性方法相结合，对评价对象进行清晰、客观的描绘和测评。

③重要性。在地方政府性债务风险评价中，可以度量和设计的指标涵盖面广、数量众多，一个有效、合理的评价指标体系并不是要将所有可获得的指标全部纳入评价体系之中，而是需要依据重要性原则对指标进行合理有效的筛选。当前地方政府性债务管理的重点是债务资金的使用效率与投向管理。因此，指标选择上需要注意涵盖这些方面的指标。

④合理性。地方政府性债务风险评价需要考虑具体情况，坚持实事求是。地方政府债券和城投债的风险评价主要有发债主体评价和发债项目评价。在主体评价上，需要考虑发债主体的级别、盈利能力、偿债能力等。对于基础设施建设，由于盈利能力普遍偏低，因而需要合理考虑地方政府的财政收入等情况，如果地方政府经济发展好、财政实力强，再融资能力就好，地方政府性债务的信誉就高。在债项评级上，要考虑债务本身的担保品、资金投向和条款设计等。比如有些道路项目的高速路收费权，就有较好的现金流保障。至于资金投向，如果用于项目建设，而不是满足一般还款需要或者补充营运资金，其还款风险就会小一些。对于条款设计，如果有可提前偿还条件设计，就会有一定风险的考量。

(2) 地方政府性债务风险评估指标选取的具体原则

本书先后按照地方债务资金的举借、使用和偿还等环节系统地阐述了地方政府性债务的具体审计目标和审计内容等，在指标选择时也针对这几个环节的风险选取相应的指标。

对于地方政府性债务举借环节的风险，根据前文所述，主要考虑的是规模与结构两方面的内容。政府债务"借"的风险主要来源于新增债务的规模过大、增长速度过快以及债务结构不合理,从而导致未来还款压力上升,政府现金流还款困难增加。所以,针对上述问题,可以选取存量指标和增量指标分别对举债风险进行测度。

在现实经济中,我国政府的地方性债务的"管债"与"用债"密不可分,地方政府作为债务资金的管理者,往往也是债务资金的使用者,因此应该将这两个阶段的风险结合起来一并考虑。根据前面的风险识别,主要包括资金投向、使用效率、道德风险和管理风险等方面,故本书拟选取债务管理过程中的资金投向、收益情况、债务弹性、制度建设与审计力度等指标。

地方政府性债务偿还阶段的风险一直备受关注,上述地方债务风险最终也都体现在偿还方面。因此,发现潜在不良还款指标,并监控还款风险是地方政府性债务关注的一个重点。在偿债风险方面,本书认为需要重视的是地方政府的逾期还款情况,拟采用逾期债务率、债务偿债率、融资平台流动比率、借新还旧率占比、借新还旧占债务总额比重和公共实体非担保性债务的违约赔偿数额等进行测度。

除了地方政府性债务本身存在的非系统性风险,宏观经济环境导致的系统性风险也会对地方政府性债务的各个方面产生影响。2017年10月18日,习近平总书记在十九大报告中提出:要坚决打好防范化解重大风险、精准脱贫、污染防治三大攻坚战,使全面建成小康社会得到人民认可、经得起历史检验。2018年3月5日,提请十三届全国人大一次会议审议的政府工作报告明确指出,要推动重大风险防范化解取得明显进展。因此,除了地方政府性债务的特定风险,还需要将系统性风险一并考虑。典型案例来源于2008年全球性金融危机,我国也受到此次金融危机的冲击,银行业面临流动性风险、市场萎缩、经济紧缩,地方政府性债务风险也随之抬升。因此,本书拟设计"系统性风险"这个一级指标对系统性风险进行测度。

新《预算法》已明确规定地方政府不得举债,许多政府性债务都不能纳入财政预算体系,加之财政部门的预算口径与统计口径不一致等情况,使得在审计过程中对隐性债务的查核与分析难度较大。因此,在进行地方政府性债务审计时,还需要一并考虑隐性债务、或有债务等,规范统一债务统计口径,以便全面、科学地掌握和分析债务情况。

(3) 地方政府性债务风险评估指标体系的建立

国发办"43号文"强调要"建立'借、用、还'相统一的地方政府性债务管理机制,有效发挥地方政府规范举债的积极作用,切实防范化解财政金融风险,促进国民经济持续健康发展"。本章在既有研究的基础上,从债务资金"借""用""还"等环节选取债务风险评估指标，并根据新近的法律法规和政策规定，加入体现债务限额管理、分类管控和制度创新等方面的指标。此外，虑及地方政府性债务管理受到国内外经济形势的影响，还从系统性风险角度适当选取一些评估指标。由此构建了一套较为全面便于衡量地方政府性债务风险水平的指标评价体系，主要包括"借""用""还"和系统性风险4个一级指标和26个二级指标，具体指标解释见表8-2，并采用模糊综合评价法对各指标进行评价，最终汇总得出一定的分数，用以衡量地方政府性债务风险水平。

表8-2 地方政府性债务风险评估指标

一级指标		二级指标		衡量方法
代码	名称	代码	名称	
A1	借	B1	总借债限额比	当年新发行债务总额/当年本省债务限额（平均值）
		B2	一般借债限额比	当年新发行一般债务总额/当年本省一般债务限额（平均值）
		B3	专项借债限额比	当年新发行专项债务总额/当年本省专项债务限额（平均值）
		B4	短期债券发行比例	当年新发行短期债务总额/当年新发行债券总额（平均值）
		B5	市县级债务比例	市县级债务总余额/债务总余额（平均值）
A2	用	B6	债务置换比例	当年置换债务总额/当年新发行债券总额（平均值）
		B7	专项债务比例	当年专项债务总余额/债务总余额（平均值）
		B8	债务收支比	当年债务收入/当年财政支出
		B9	债务管理制度完善情况	定性指标，查找各省债务管理制度建立情况
		B10	财政透明度	定性指标，可参照每年财政透明度指数公告
		B11	审计执行力度	定量指标，根据审计年鉴公布的数据综合评估

续表

一级指标		二级指标		衡量方法
代码	名称	代码	名称	
A3	还	B12	债务负担率	政府债务余额占GDP的比重,反映地方政府的杠杆率
		B13	长期债务率	政府债务余额占综合财力的比重,反映地方政府的长期偿债负担
		B14	短期债务率	近三年到期债务余额/债务总余额
		B15	未来单一年度最大到期规模保障倍数	全省综合财力(预测)/存续债券单一年度最大到期量
		B16	一般债务率	一般债券余额/一般公共预算收入总额
		B17	专项债务率	专项债券余额/专项政府性基金预算收入总额
		B18	隐性债务风险	定性,可参照各省存量城投债到期收益率(即投资者认为的隐性债务风险)以及PPP项目入库、退库情况综合评判
A4	系统性风险	B19	地区生产总值增速	(本省本年GDP-上一年GDP)/上一年GDP
		B20	人均地区生产总值(万元)	本省GDP/本省总人口数
		B21	产业结构比例	第三产业结构比例
		B22	投资增长率	(本省本年投资额-上一年投资额)/上一年投资额
		B23	消费增长率	(本省本年消费额-上一年消费额)/上一年消费额
		B24	进出口增长率	(本省本年进出口额-上一年进出口额)/上一年进出口额
		B25	M2增长率(%)	(本年M2-上一年M2)/上一年M2
		B26	通货膨胀率	以1978年为基期

在确定了基本的评价指标体系之后，对各层级指标按其对上层指标的重要性进行合理的权重赋值。此时，需邀请实务领域、学术界比较权威的专家参与，采取问卷填写或直接访谈的方法，由每位专家对各指标之间的相对重要性程度进行评估和排序，然后根据相对排序结果，结合定性评价语与直觉模糊数对应表进行赋值，形成权重向量。最后，进行综合评价，得到综合评分。

为了便于审计发现和分析地方政府性债务风险管理存在的问题或弱点，明确今后改进的方向，要进一步梳理各项二级评价指标在风险评价中的表现。具体做法是将各二级评价指标向量乘以分值矩阵 $G = \begin{bmatrix} 20 & 50 & 70 & 85 & 95 \end{bmatrix}^T$，计算出所有二级指标的实际评价得分（百分制记）。

在对债务风险评估结果进行综合分析、查找原因时，还可以采用因素分析法和对比分析法。

因素分析法，是指审计人员在考察地方政府性债务风险产生的原因时，要全面考虑经济社会发展以及审计客体自身的影响，即对审计客体的内外部环境因素的影响作出综合分析判断，剖析风险成因，并找出符合审计目标的审计证据，有针对性地组织开展审计作业。

对比分析法，是指审计人员根据一定的标准，对两个或两个以上有联系的事物进行对照考察，比较其异同，进而予以定量定性的分析方法。对比分析法在审计分析中占有重要地位。在对地方政府性债务风险的大小及其产生的原因进行分析时，审计人员不仅要考虑到被审计单位本身的各种因素，还要根据审计的具体情况，选取与被审计单位具有某些相同特征的其他单位的债务风险情况进行对比，以保证审计结果的客观公正性。

（二）定量分析法

关于定量分析法，本书选取未定权益分析模型作为审计机关评估和分析地方政府性债务风险的工具。该种评估模型所应用的数据大多为地方政府直接或间接披露的数据，评价主观性较小，结果直观明了，并且考虑了可偿债财力的增长率和波动率，因而能对未来偿债风险进行更为准确的估测。

未定权益分析模型最初被银行等金融机构用于测算企业债务违约风险。对企业而言，未定权益分析模型（含 KMV 模型）的核心思想就是判断借债公司的市场价值与债务价值两者在指定的到期还款日孰高孰低的问题：若公司的市场价值比债务价值高，则公司能够及时还款；可能导致债务违约，延迟还款。在实际计算时，未定权益分析方法是在对数正态分布的假设条件基础上，根据历史数据和发展趋势，来估算公司市场价值的增长率和标准差，并利用该结果进一步测算出该公司既定的还本付息规模下的违约距离和违约概率（Gapen 等，2005）。

对于测算地方政府债务违约风险，该方法同样适用。需强调的是，在对政府债务风险进行测算时，要将公司的资产市场价值替换为政府当年可偿债收入。若地方政府当年可偿债收入大于当年到期的债务规模，则不存在偿债风险；反之，则存在偿债风险，此时可继续利用对数正态分布的假定公式测算其违约概率。事实上，早在2003年，该方法就已被引入国内用来研究地方政府性债务的适度规模和违约风险等问题了（韩立岩等，2003），之后李腊生等（2013）、徐占东和王雪标（2014）、马德功和马敏捷（2015）、王学凯和黄瑞玲（2015）等进行了进一步的研究。然而，这些研究仍存在两个重要问题：一是对可偿债资金来源范围界定不清，如忽视转移支付收入、地方政府性基金收入等；二是没有对地方政府财政收入中可用于偿债的比例进行具体论证，从而导致其计算的结果与实际情况不符。

基于上述考虑，在既有研究基础上使用未定权益分析法对我国地方政府性债务流动性风险进行研究，应根据新近政策要求对计算过程中的参数加以改进与修正。基本思路是：先确定偿债资金来源和可用于偿债的合理比例，由此得到当年的可偿债财力；再将其与当年到期债务规模进行比较，两者差距越大，则说明该地区地方政府违约率越大，风险越高。在具体测算地方政府债务违约概率时，研究假定地方政府可用于偿债资金的对数变化率服从普通维纳过程（公式如下）：

$$d\ln I_t = \mu dt + \sigma dW_t,$$

其中，I_t 为 t 期地方政府可用于偿债的资金总额；μ 为偿债资金年对数增长率的均值；σ 为年对数增长率的标准差；$dW_t = \varepsilon \sqrt{dt}$ 为标准维纳过程，ε 服从标准正态分布 $N(0, 1)$。

若在 $t=0$ 期，$I_t = I_0$；在 $t=T$ 期，$I_t = I_T$，则

$$\ln I_T - \ln I_0 \sim \Phi\left[\left(\mu - \frac{\sigma^2}{2}\right)T, \ \sigma\sqrt{T}\right]$$

则在 T 期，地方政府的可偿债资金总额可表示为

$$I_T = I_0 exp\left[\left(\mu - \frac{\sigma^2}{2}\right)T + \sigma\varepsilon\sqrt{T}\right]$$

记 D_t 为在 t 期地方政府应该偿还的到期债务，那么在 T 期，如果 $I_T \geq D_T$，说明政府有足够的财力偿还到期债务，不会发生违约；如果 $I_T < D_T$，则地方政府现有财政收入不足以用来完全偿还到期债务，其中的部分债务不得不发生违

约或被置换。所以，债务违约发生的概率可以表示成

$$PD = P(I_T < D_T) = N(-DD)$$

其中，N（·）为标准正态分布累积概率；DD 为违约距离，即

$$DD = \left[\ln\left(\frac{I_0}{D_T}\right) + \left(\mu - \frac{\sigma^2}{2}\right)T\right] / \sigma\sqrt{T}$$

基于以上计算过程，只要能够得到当年地方政府（或其他被审计单位）应该偿还的到期债务总额、可用于偿债的资金总额、偿债资金年对数增长率等数据信息，就可以利用未定权益分析法评估债务违约风险和违约距离。

新《预算法》颁布实施后，我国地方政府性债务管理工作进入了一个新的阶段。通过体制机制的不断创新与改进来应对层出不穷的新情况、新变化，这是新常态下防范化解财政金融风险、守住不发生区域性和系统性金融风险底线的正确思路。对我国地方政府而言，根据2014年颁布的《预算法》、2014年的《国务院关于加强地方政府性债务管理的意见》、2016年出台的《地方政府一般债务预算管理办法》和《地方政府专项债务预算管理办法》等法规政策的规定，债务收支实行分类归口管理，一般债务收支归入一般公共预算管理，对应的偿还资金主要是一般公共预算收入；专项债务收支归入政府性基金预算管理，对应的偿还资金包括政府性基金收入、项目收益形成的专项收入等。鉴于此，针对地方政府性债务，应当按类别、分地区进行管理与风险评估。对于一般债务，要统计其对应的一般公共预算收入的总额及预测的增长率；对于专项债务，要统计其对应的政府性基金预算收入和专项收入的总额及预测的增长率。

此外，审计人员还需要考虑两个问题。一是到期债务总额的确定。自2015年起，各省份纷纷进行了大规模的政府债务置换工作，以新债还旧债。因此审计人员需要考虑债务置换的既有效果，并合理预测将来可继续置换的可能性，并将其并入具体的到期债务总额。二是可偿还资金总额的确定。审计人员除了关注地方政府财力的总额，更为重要的是要确定其中有多大比例能够用于偿还当年到期债务的资金。

最后，对本章提出的主要用于地方政府性债务审计方法、基本思路、优缺点以及主要适用阶段进行了梳理，具体见表8-3。

表 8-3　地方政府性债务审计方法汇总

审计方法		基本思路	优点	缺点	主要适用阶段
审计调查方法	线索征集法	通过举报电话、举报信箱等方式向可能的知情人征集审计线索	面向大众，覆盖面广，对举报人的匿名保护特性，容易激发知情人提供线索的积极性	被动等待举报线索，效率低	审计准备阶段
	走访调查法	向与审计事项有关的第三方进行随机调查，以期获取更多的增量信息	面对面交流沟通，拉近距离，容易获得更多的线索	隐蔽性差，被调查者可能不敢说出真相	审计准备阶段/审计实施阶段
	问卷调查法	向被调查者发放调查问卷，并对有效问卷反映的问题和线索进行分析	能够通过较广范围的被调查对象的回答，更加客观和全面地分析当地债务管理和风险状况	问卷的信度和效度有时难以保证	审计准备阶段/审计实施阶段
	信息共享法	多个审计业务类型可以在同一个审计项目同步实施，共享审计线索，同步相互印证	审计效率高，节省审计资源，提高审计效率	多部门之间的协调难度大	全过程
审计核查方法	大数据审计法	建立联网审计平台，利用网络技术对被审计对象数据进行动态采集、传输和接收，实现对海量数据的分析和运用	运用信息化手段，审计效率高，准确性高，节省大量人力和物力，降低审计成本		全过程

续表

审计方法		基本思路	优点	缺点	主要适用阶段
审计核查方法	研究式审计法	通过引入合理的研究方法得到一定的研究结论,以此来帮助自身作出审计判断,并利用各种复核手段,进一步核实被审计单位提供的信息和数据记录的真实性、完整性、合法性和一致性	使审计人员复核判断具有充分的理论和事实依据,提高审计结果的可信度	对审计人员的专业知识储备和经验积累要求较高,效率较低	审计实施阶段
	实物盘存法	通过实物清点、计价等来进行账实核对	见账见物,可信度较高	工作量大	审计实施阶段
审计分析方法	定性评价法——直觉模糊综合层次分析法	对地方政府性债务风险进行全面的风险评估,包括对地方政府性债务"借""用""还"三个关键环节和地方政府性债务管理中所面临的系统性风险的综合评估	不仅关注债务率、违约概率等量化指标,还关注债务限额管理、制度完备性、信息公开程度等定性指标,既综合考虑了影响债务风险的多种因素,有利于评价的完整性,防止片面性,又能够根据综合评估的结果进行各单位债务风险水平的排序	由于在指标体系建立和权重赋值时存在一定的主观性,其指标分析和评分大多是依据历史或已有情况及水平进行的,很少根据未来发展进行预测	审计实施阶段
	定量评价法——未定权益分析法	利用合理的计量方法比较地方政府当年可偿债收入与当年到期的债务规模之间的差值,计算债务违约距离和违约风险	结果直观明了,评价主观性较小	对地方政府财政收入中可用于偿债的比例还存在一定的不确定性,评估结果受未来经济发展、政策变更等因素的影响较大	审计实施阶段

四、本章小结

本章主要从审计调查、审计核查和审计分析三方面阐释了地方政府性债务的审计方法，特别是信息共享法、大数据审计法以及未定权益分析法和直觉模糊层次分析法等。针对每种方法的基本原理、应用思路、优点缺点及程序适用等，进行了全面深入的分析与阐释，从而使地方政府性债务审计方法体系趋于完整、明确和清晰。

一个债务审计项目的完成往往是多种审计方法综合运用的结果。尽管本章已经提及多种主要审计方法，但是并未穷尽所有可能的方法。现有的审计方法会随着经济社会发展和科技进步而不断得以改进，并随着债务审计实践的拓展和深入而趋于完善。鉴于债务审计工作的复杂性和多变性，审计人员在地方政府性债务审计中必须始终做到实事求是、与时俱进、具体问题具体分析。

第九章

地方政府性债务审计结果公告

一、地方政府性债务审计结果公告内容

审计结果公告是指政府审计机关（审计署以及各地方审计部门）对其审计管辖范围内相关的审计事项内容、审计程序、审计过程、审计结果等，采用法律允许的方式向社会公众进行公开，并主动接受社会公众监督。表9-1为近年来审计机关发布的地方政府性债务审计结果公告。

表9-1 近年来地方政府性债务审计结果公告

发布部门	编码	年份	名称
审计署	审计署办公厅2011年第35号公告	2011	《全国地方政府性债务审计结果》
审计署	审计署办公厅2013年第24号公告	2013	《36个地方政府本级政府性债务审计结果》
审计署	审计署办公厅2013年第32号公告	2013	《全国政府性债务审计结果》
全国各省审计机关			《各省地方政府性债务审计结果》

（一）全国地方政府性债务审计结果（2011年）

根据当时的中央经济工作会议和十一届全国人大四次会议部署，国务院决定由审计署统一组织全国各级审计机关，对全国地方政府性债务情况进行一次全面审计。按照《国务院办公厅关于做好地方政府性债务审计工作的通知》（国办发明电〔2011〕6号）的要求，在各级党委政府的大力支持和各级财政、发展改革委、人民银行、银监会等部门和单位的积极配合下，审计署于2011年3月至5月组织全国审计机关4.13万名审计人员，按照"见人、见账、见物，逐

笔、逐项审核"的原则，对 31 个省（自治区、直辖市）和 5 个计划单列市本级及所属市（地、州、盟、区）、县（市、区、旗）三级地方政府（以下简称省级、市级、县级）的债务情况进行了全面审计（云南省盈江县因地震未进行审计）。此次审计的范围包括所有涉及债务的 25590 个政府部门和机构、6576 个融资平台公司、42603 个经费补助事业单位、2420 个公用事业单位和 9038 个其他单位，涵盖 373805 个项目，共 1873683 笔债务。审计的重点内容是政府负有偿还责任的债务，以及债务人出现债务偿还困难时，政府需履行担保责任的或有债务和可能承担一定救助责任的其他相关债务。为确保审计数据和情况的真实、准确和完整，对每一笔债务，审计人员都依法进行了核实和取证，审计结果分别征求了省、市、县三级政府的意见。

审计结果公告的主要内容包括：

1. 地方政府性债务基本情况

①债务规模；②债务产生发展情况；③债务规模分年度变化情况；④债务余额结构情况；⑤债务负担总体情况。

2. 地方政府性债务资金在地方经济社会发展中发挥的积极作用

①为应对危机和抗击自然灾害提供资金支持；②为推动民生改善和生态环境保护提供重要支撑；③为保障经济社会的持续发展打基础。

3. 审计发现的主要问题

①地方政府举债融资缺乏规范；②地方政府性债务收支未纳入预算管理，债务监管不到位；③部分地区和行业偿债能力弱，存在风险隐患；④部分政府性债务资金未及时安排使用；⑤部分单位违规取得和使用政府性债务资金；⑥地方政府融资平台公司数量多，管理不规范。

4. 审计建议

①按照谁举债谁负责的原则，区别不同情况积极稳妥地处理存量债务；②继续推进融资平台公司的清理规范；③建立规范的地方政府举债融资机制，实施全口径监管和动态监控。

(二) 地方政府本级政府性债务审计结果（2013 年）

为摸清地方政府性债务增长变化情况，揭示债务管理中出现的新情况、新问题和风险隐患，2012 年 11 月至 2013 年 2 月，审计署对 15 个省、3 个直辖市本级（以下统称省本级）及其所属的 15 个省会城市本级、3 个市辖区（以下统称省会城市本级），共计 36 个地方政府本级 2011 年以来政府性债务情况进行了审计。审计中依据《国务院办公厅关于做好地方政府性债务审计工作的通知》（国办发明电〔2011〕6 号），将地方政府性债务划分为政府负有偿还责任的债务、政府负有担保责任的或有债务和政府可能承担一定救助责任的其他相关债务三种类型，按照"见人、见账、见物，逐笔、逐项审核"的原则，对涉及的903个政府部门和机构、223个融资平台公司、1249个经费补助事业单位、83个公用事业单位、273个其他单位、22240个项目，共75559笔债务进行了审计。

审计结果公告的主要内容包括：

1. 近两年地方政府加强债务管理的主要做法和成效

①地方政府性债务管理制度有所完善；②采取措施对部分存量债务进行了处理；③加强了对新增债务及债务资金使用的监督管理；④进一步清理规范了融资平台公司及其债务。

2. 地方政府性债务规模、结构及债务负担变化情况

①债务规模及变化情况；②债务余额结构及变化情况；③债务负担变化情况。

3. 审计发现的主要问题

①部分地区和行业债务负担较重；②变相融资现象突出；③融资平台公司退出管理不到位；④部分融资平台公司资产质量较差、偿债能力不强；⑤债务制度不够完善，债务资金管理使用不够规范。

(三) 全国政府性债务审计结果（2013年）

按照《审计法》有关规定和《国务院办公厅关于做好全国政府性债务审计工作的通知》（国办发明电〔2013〕20号）相关要求，在国务院各部门、地方各级党委政府及有关单位的大力支持和积极配合下，审计署于2013年8月至9月组织全国审计机关5.44万名审计人员，按照"见人、见账、见物，逐笔、逐项审核"的原则，对中央、31个省（自治区、直辖市）和5个计划单列市、391个市（地、州、盟、区）、2778个县（市、区、旗）、33091个乡（镇、苏木）（以下分别简称中央、省级、市级、县级、乡镇）的政府性债务情况进行了全面审计。审计内容包括政府负有偿还责任的债务，以及政府负有担保责任的债务和政府可能承担一定救助责任的债务。此次共审计62215个政府部门和机构、7170个融资平台公司、68621个经费补助事业单位、2235个公用事业单位和14219个其他单位，涉及730065个项目、2454635笔债务。对每笔债务，审计人员都依法进行了核实和取证，审计结果分别征求了有关部门、单位和地方各级政府的意见。

审计结果公告的主要内容包括：

1. 近年来加强政府性债务管理的主要措施

①政府性债务管理制度逐步完善；②债务风险防范措施不断强化；③地方

政府融资平台公司偿债能力有所增强。

2. 政府性债务规模及结构情况

①中央政府性债务情况；②地方政府性债务情况。

3. 全国政府性债务负担情况

①负债率；②政府外债与 GDP 的比率；③债务率；④逾期债务率。

4. 政府性债务管理中存在的主要问题

①地方政府负有偿还责任的债务增长较快；②部分地方和行业债务负担较重；③地方政府性债务对土地出让收入的依赖程度较高；④部分地方和单位违规融资、违规使用政府性债务资金。

二、地方政府性债务审计结果公告分析

近年来，审计署发布的地方政府性债务审计结果公告主要包括下列信息：①地方政府性债务的基本情况；②审计发现的主要问题；③审计建议；④近年来地方政府加强债务管理的主要措施及成效。据此，将从以下几方面展开论述。

（一）地方政府性债务的基本情况

三次全国地方政府性债务审计所摸查出的债务规模情况如表 9-2 所示。以 2013 年第 32 号公告——2013 年《全国政府性债务审计结果》为例，至 2013 年 6 月底，全国地方政府负有偿还责任的债务 108859.17 亿元，负有担保责任的债务 26655.77 亿元，可能承担一定救助责任的债务 43393.72 亿元。

表 9-2 全国地方政府性债务规模情况

单位：亿元

年度	政府负有偿还责任的债务	政府或有债务		合计
		政府负有担保责任的债务	政府可能承担一定救助责任的债务	
2010 年底	67109.51	23369.74	16695.66	107174.91
2012 年底	96281.87	24871.29	37705.16	158858.32
2013 年 6 月底	108859.17	26655.77	43393.72	178908.66

数据来源：全国政府性债务审计结果公告

从政府层级看，省级、市级、县级、乡镇政府负有偿还责任的债务分别为

17780.84亿元、48434.61亿元、39573.60亿元和3070.12亿元（详见表9-3）。

表9-3 2013年6月底地方各级政府性债务规模情况

单位：亿元

政府层级	政府负有偿还责任的债务	政府或有债务	
		政府负有担保责任的债务	政府可能承担一定救助责任的债务
省级	17780.84	15627.58	18531.33
市级	48434.61	7424.13	17043.70
县级	39573.60	3488.04	7357.54
乡镇	3070.12	116.02	461.15
合计	108859.17	26655.77	43393.72

数据来源：2013年《全国政府性债务审计结果》（2013年12月30日公告）

从举借主体看，融资平台公司、政府部门和机构、经费补助事业单位是政府负有偿还责任债务的主要举借主体，分别举借40755.54亿元、30913.38亿元、17761.87亿元（详见表9-4）。

表9-4 2013年6月底地方政府性债务举借主体情况

单位：亿元

举债主体类别	政府负有偿还责任的债务	政府或有债务	
		政府负有担保责任的债务	政府可能承担一定救助责任的债务
融资平台公司	40755.54	8832.51	20116.37
政府部门和机构	30913.38	9684.20	0
经费补助事业单位	17761.87	1031.71	5157.10
国有独资或控股企业	11562.54	5754.14	14039.26
自收自支事业单位	3462.91	377.92	2184.63
其他单位	3162.64	831.42	0
公用事业单位	1240.29	143.87	1896.36
合计	108859.17	26655.77	43393.72

数据来源：2013年《全国政府性债务审计结果》（2013年12月30日公告）

从债务资金来源看,银行贷款、BT、发行债券是政府负有偿还责任债务的主要资金来源,分别为 55252.45 亿元、12146.30 亿元和 11658.67 亿元(详见表 9-5)。

表 9-5 2013 年 6 月底地方政府性债务资金来源情况

单位:亿元

债权人类别	政府负有偿还责任的债务	政府或有债务	
		政府负有担保责任的债务	政府可能承担一定救助责任的债务
银行贷款	55252.45	19085.18	26849.76
BT	12146.30	465.05	2152.16
发行债券	11658.67	1673.58	5124.66
其中:地方政府债券	6146.28	489.74	0
企业债券	4590.09	808.62	3428.66
中期票据	575.44	344.82	1019.88
短期融资券	123.53	9.13	222.64
应付未付款项	7781.90	90.98	701.89
信托融资	7620.33	2527.33	4104.67
其他单位和个人借款	6679.41	552.79	1159.39
垫资施工、延期付款	3269.21	12.71	476.67
证券、保险业和其他金融机构融资	2000.29	309.93	1055.91
国债、外债等财政转贷	1326.21	1707.52	0
融资租赁	751.17	193.05	1374.72
集资	373.23	37.65	393.89
合计	108859.17	26655.77	43393.72

数据来源:2013 年《全国政府性债务审计结果》(2013 年 12 月 30 日公告)

从债务资金投向看,地方政府性债务主要用于基础设施建设和公益性项目,这不仅较好地保障了地方经济社会发展的资金需要,推动了民生改善和社会事业发展,而且形成了大量优质资产,产生的经营收入可作为偿债来源。在已支出的政府负有偿还责任的债务 101188.77 亿元中,用于市政建设、土地收储、交通运输设施建设、保障性住房、教科文卫、农林水利建设、生态建设和环境保护的支出为87806.13亿元，占86.77%（详见表9-6）。其中，用于土地收储债务形成大量土地储备资产，审计抽查的地区截至2013年6月底储备土地16.02万公顷；用于城市轨道交通、水热电气等市政建设和高速公路、铁路、机场等交通运输设施建设的债务，不仅形成了相应资产，而且大多有较好的经营性收入；用于公租房、廉租房、经济适用房等保障性住房的债务，也有相应的资产、租金和售房收入。

表9-6 2013年6月底地方政府性债务支出投向情况

单位：亿元

债务支出投向类别	政府负有偿还责任的债务	政府或有债务	
		政府负有担保责任的债务	政府可能承担一定救助责任的债务
市政建设	37935.06	5265.29	14830.29
土地收储	16892.67	1078.08	821.31
交通运输设施建设	13943.06	13188.99	13795.32
保障性住房	6851.71	1420.38	2675.74
教科文卫	4878.77	752.55	4094.25
农林水利建设	4085.97	580.17	768.25
生态建设和环境保护	3218.89	434.60	886.43
工业和能源	1227.07	805.04	260.45
其他	12155.57	2110.29	2552.27
合计	101188.77	25635.39	40684.31

数据来源：2013年《全国政府性债务审计结果》（2013年12月30日公告）

从未来偿债年度看，2013年7月至12月、2014年到期需偿还的政府负有偿还责任债务分别占22.92%和21.89%，2015年、2016年和2017年到期需偿还的分别占17.06%、11.58%和7.79%，2018年及以后到期需偿还的占18.76%（详见表9-7）。

表 9-7　2013 年 6 月底地方政府性债务未来偿还情况

单位：亿元

偿债年度	政府负有偿还责任的债务		政府或有债务	
	金额	比重	政府负有担保责任的债务	政府可能承担一定救助责任的债务
2013 年 7 月至 12 月	24949.06	22.92%	2472.69	5522.67
2014 年	23826.39	21.89%	4373.05	7481.69
2015 年	18577.91	17.06%	3198.42	5994.78
2016 年	12608.53	11.58%	2606.26	4206.51
2017 年	8477.55	7.79%	2298.60	3519.02
2018 年及以后	20419.73	18.76%	11706.75	16669.05
合计	108859.17	100.00%	26655.77	43393.72

数据来源：2013 年《全国政府性债务审计结果》（2013 年 12 月 30 日公告）

（二）审计发现的主要问题

1. 地方政府举债融资缺乏统一规范

新《预算法》实施之前，相关政策规定未赋予地方政府举债权，对地方政府已存在的举债融资行为缺乏规范，各地举债融资渠道和方式不一，且存在多头举债、举债程序不透明等问题。从审计情况看，大多数地方政府是通过融资平台公司等变相举债的，一些是由政府机构违规提供担保来获得债务资金的，有的政府部门和单位则直接举借债务。

2. 地方政府性债务收支未纳入预算管理，债务监管不到位

除地方政府债券和各种财政转贷外，大部分地方政府性债务收支未纳入预算管理和监督，相关管理制度也不健全。有些地方政府尚未出台具体的地方政府性债务管理规定、未明确债务归口管理部门、未建立健全政府性债务还贷准备金制度、未建立完善风险预警和控制机制等。市级和县级政府债务管理制度不健全的问题更为突出，一些地方政府长期存在债务规模底数不清、偿债责任未落实等问题。

3. 部分地区和行业偿债能力较弱，存在风险隐患

一是个别地方政府负有偿还责任的债务负担较重。至 2013 年 6 月底，省、市、县三级政府负有偿还责任的债务余额 105789.05 亿元，比 2010 年年底增加

38679.54亿元，年均增长19.97%。其中：省级、市级、县级年均分别增长14.41%、17.36%和26.59%。由于偿债能力不足，部分地方政府只能通过举借新债偿还旧债，截至2013年6月底，有2个省级、31个市级、29个县级、148个乡镇其政府债务的借新还旧率（举借新债偿还的债务本金占偿还债务本金总额的比重）超过20%。

二是部分地区地方政府性债务对土地出让收入的依赖程度较高。截至2012年年底，11个省级、316个市级、1396个县级政府承诺以土地出让收入偿还的债务余额达34865.24亿元，占省、市、县三级政府负有偿还责任债务余额93642.66亿元的37.23%。

三是部分地区高速公路、普通高校和医院债务规模大、偿债压力较大。从行业债务状况看，截至2013年6月底，全国政府还贷高速公路和政府还贷二级公路债务余额分别为19422.48亿元和4433.86亿元，债务偿还压力较大。

4. 部分政府性债务资金未及时安排使用

截至2010年年底，地方政府性债务余额中尚未支出的金额为11044.47亿元，其中，34个省级、256个市级和942个县级政府及所属部分机关单位2008年及以前年度举借至2010年底未支出的债务余额有1319.80亿元，占11.95%，为此，2010年由财政资金支付利息67.74亿元。债务资金未及时安排使用并发挥效益的主要原因是，一些地方举债存在盲目性，有的资金投向未落实，有的项目准备不充分，还有部分因担心银根紧缩而为项目超前融资等。

5. 部分单位违规取得和使用政府性债务资金

部分地方违规通过BT、向非金融机构和个人借款等方式举借政府性债务2457.95亿元；地方政府及所属机关事业单位违规提供担保3359.15亿元；融资平台公司等单位违规发行债券423.54亿元。国发〔2010〕19号文件下发后，仍有533家只承担公益性项目融资任务且主要依靠财政性资金偿还债务的融资平台公司存在继续融资行为。财政部等4部委2012年年底明确要求地方政府规范对融资平台公司的注资行为后，仍有部分地方将市政道路、公园等公益性资产和储备土地等以资本金形式违规注入71家融资平台公司，涉及金额544.65亿元。部分地方违规将债务资金投入资本市场22.89亿元、房地产市场70.97亿元和用于修建楼堂馆所41.36亿元。

6. 地方政府融资平台公司数量多，管理不规范

一是融资平台公司数量多。地方政府融资平台公司产生于20世纪80年代。至2010年年底，全国省、市、县三级政府共设立融资平台公司6576家，其中，省级165家、市级1648家、县级4763家；有3个省级、29个市级、44个县级

政府设立的融资平台公司均达10家以上。从这些公司的经营范围看，以政府建设项目融资功能为主的3234家，兼有政府项目融资和投资建设功能的1173家，还进行其他经营活动的2169家。

二是融资平台公司债务规模大。2010年年底融资平台公司政府性债务余额为49710.68亿元，占地方政府性债务余额的46.38%，其中，政府负有偿还责任的债务31375.29亿元、政府负有担保责任的债务8143.71亿元、其他相关债务10191.68亿元，分别占63.12%、16.38%、20.50%。从地方政府层级看，省级8826.67亿元、市级26845.75亿元、县级14038.26亿元，分别占17.76%、54%和28.24%。从债务偿还看，有358家融资平台公司通过借新还旧方式偿还政府负有担保责任的债务和其他相关债务1059.71亿元，借新还旧率平均为55.20%；有148家融资平台公司存在逾期债务80.04亿元，逾期债务率平均为16.26%。

三是部分融资平台公司管理不规范、盈利能力较弱。主要表现为：对融资平台公司缺乏规范的管理制度，部分公司法人治理结构不完善，内部管理级次多、链条长，资本金到位率低等。审计发现，有1033家融资平台公司存在虚假出资、注册资本未到位、地方政府和部门违规注资、抽走资本等问题，涉及金额2441.5亿元；由于融资平台公司举借的债务资金主要投向回收期较长的公益或准公益性项目，盈利能力较弱，有26.37%共计1734家融资平台公司出现亏损。

（三）审计建议

地方政府性债务的形成有其历史的、客观的原因，对地方经济社会发展发挥了一定的积极作用，但在债务资金举借、管理和使用等环节中存在的问题和风险隐患，应当引起高度重视，要采取有效措施，妥善处理存量债务，严格控制新增债务，防范化解可能出现的风险。对此，审计提出的建议主要有以下几点：

1. 按照谁举债谁负责的原则，区别不同情况积极稳妥地处理存量债务

对竞争性项目和有经营收益的公益性项目形成的，或者是已成为竞争性企业的债务，应剥离政府偿债责任，主要用项目自身收益来偿还，必要时地方政府可给予适当财政补贴；对无经营收益的公益性项目形成的政府负有偿还责任的债务，地方政府应制订偿还计划，通过预算安排落实偿债资金；对还本付息压力较大、偿债出现困难、债务风险较大的地区、行业和单位，各级政府应进行动态监控，采取有效措施，积极防范和化解债务风险。

2. 继续推进融资平台公司的清理规范，坚决遏制地方政府违规担保行为

各地应进一步贯彻落实国务院《通知》要求，按照"分类管理、区别对待"的原则，整合并规范融资平台公司。通过兼并重组、关闭改制、充实公司资本金、引进民间投资等方式，促进融资平台公司投资主体多元化和法人治理结构的改善。除法律和国务院另有规定外，不得再通过融资平台公司变相举借政府负有偿还责任的债务，坚决制止为融资平台公司等单位违规提供担保和承诺。切实处理好融资平台公司新建项目和在建项目的融资问题，严控新开工项目，防止盲目铺摊子、上项目；对在建项目，积极通过财政预算安排或市场化方式解决后续资金来源，防止出现"半拉子"工程。

3. 建立规范的地方政府举债融资机制，实施全口径监管和动态监控

三次全国地方政府性债务审计结果提出，可研究赋予省级政府适度举债权，逐步探索向具备条件的市级政府推开。举债计划需经国务院审批，编制地方债务预算，纳入地方预算管理，并报同级人民代表大会审查和批准。对政府负有偿还责任之外的其他相关债务，各级主管部门要严格审批和控制规模，建立备案制度。健全债务监管体系，将债务"借、管、用、还"等情况作为考核地方政府绩效和领导任期经济责任的重要内容，明确和落实责任，防止违规及过度举债，提高资金使用绩效。

（四）地方政府性债务管理的措施及成效

2011年以来，各地按照国务院部署和有关部门要求，采取了一系列措施，积极处理存量债务，加强新增债务管理，清理规范融资平台公司，取得了一定成效。

1. 地方政府性债务管理制度有所完善

2011年以来，36个地方政府本级中，有14个新出台了地方政府性债务管理制度，有10个新建立了偿债准备金制度。截至2012年年底，已有28个地方政府本级出台了地方政府性债务管理制度，有31个建立了偿债准备金制度或在预算中安排了偿债准备资金，准备金余额为907.60亿元。

2. 处理了部分存量债务

各地按照分类管理、区别对待、逐步化解的原则，出台了一系列措施对2010年年底的部分存量债务进行处理。2011年以来，各地累计偿还和化解存量债务13317.21亿元，占2010年年底债务余额的39.09%。例如，各地按照中央统一部署出台奖补措施对地方高校债务进行了清理和化解，36个地方政府本级所属高校债务余额由2010年的1747.96亿元下降到2012年的910.81亿元，下降了47.89%。

3. 加强了对债务资金的监督管理

近年来，各地纷纷加强对债务资金举借、使用等各方面的管理，有23个地方政府本级要求政府负有偿还责任债务的举借需经财政部门或政府批准，使债务规模得到了一定控制，有12个地方政府本级2012年年底的债务余额比2010年减少了1417.42亿元。一些省（市）还成立专门机构或明确职能以加强对债务资金的监管。

4. 进一步清理规范了融资平台公司及其债务

2011年以来，各地按照国务院要求对融资平台公司及其债务进行了清理规范，通过剥离债务、资产重组、充实注册资本金、注入收益良好的优质资产等方式，使一些融资平台公司的资产质量、收入水平和盈利能力有所提高。2012年年底，36个地方政府本级的223家融资平台公司的注册资本总额比2010年增长10.95%，资产负债率比2010年下降4.16%，收入总额和利润总额分别比2010年增长53.04%和13.74%。

三、地方政府性债务审计结果公告流程

《审计署审计结果公告办理规定》要求，凡是对外公告的审计结果，必须填写《审计结果公告审批单》，履行规定的审批手续，经过审计长会议研究通过后，方能办理对外公告。未经批准擅自发布审计结果公告的，应当依法追究有关单位和个人的责任。

审计结果公告一般要经过拟稿、审核、批准和发布等程序。

（一）拟稿

从审计实践情况看，审计人员一般在审计报告等相关审计文书基础上起草公告稿，公告稿应当结构完整、数据准确、突出重点、通俗易懂。

（二）审核

审计机关应当指定专门机构统一审核审计结果公告稿。审核时，应当重点对审计结果公告的内容及其表述进行检查，确保审计结果公告程序规范、事实清楚、证据确凿、定性准确、评价客观，并符合相关保密规定。

（三）发布

审计机关独立参加的审计项目，其审计结果由审计机关主要负责人批准后发布。审计机关统一组织不同级次审计机关参加的审计项目，其审计结果原则上由负责该项目组织工作的审计机关统一对外发布。对情况比较复杂的审计事项，审计机关在公告审计结果的同时，会采取组织专家、学者解读或记者访谈

等方式，系统介绍相关领域的法律政策等背景知识，深入剖析审计结果公告的重点内容，便于社会公众全面准确地理解审计结果公告。

四、地方政府性债务审计结果公告披露

我国地方政府性债务审计结果公告流程及披露中尚有不足之处，主要体现在审计结果公告信息披露不完全、制度强制性较小，以及对被审计单位公告整改结果缺乏强有力约束等。

（一）审计结果公告信息披露不完全

综合2011—2013年三次全国地方政府性债务的审计结果公告来看，首先，均公告了地方政府性债务的基本情况，包括债务基本存量和结构，但对债务的成因及结构产生的深层次原因并未披露。其次，债务分类较为模糊，尤其是政府可能承担一定救助责任的债务，界定不够明确清晰，容易忽视隐性债务。再次，地方政府性债务往往与地方项目相挂钩，但在审计结果公告时并未有所体现，因而人们据此难以判断地方政府性债务的效益性。最后，后续的审计结果公告没有针对2011年全国地方政府性债务审计结果公告中提出的问题再作详细回应，整改的措施也只有寥寥数笔，披露不够细化具体。

（二）制度强制性较小

目前，审计法中尚未对审计结果公告作出强制性规定，仅用了"可以"而不是"必须"或"应当"。审计署也未针对自身制定审计结果公告的相关办法出台全国性指导意见。各地审计结果公告制度发展水平不同，个别县市甚至仍未开展这项工作。

（三）对被审计单位公告整改结果缺乏强力约束

《国务院关于加强审计工作的意见》以及中办、国办《关于完善审计制度若干重大问题的框架意见》等文件，均对被审计单位承担审计查出问题整改的主体责任、依法公告整改结果作出了规定，但目前尚没有出台细化操作办法，实际操作上存在一定的困难，对被审计单位是否公告整改结果的监督检查也不到位。

五、地方政府性债务审计结果公告改进

针对地方政府性债务审计结果公告流程及披露的不足，提出进一步改进的意见及建议，主要包括以下两点：

（一）完善关于债务审计结果公告的相关审计规制

应当结合地方政府性债务的现状，披露具体原因并从根源上提出化解地方政府性债务风险的审计意见。细化地方政府性债务分类,明确地方政府性债务的责任归属,针对地方政府性债务管理中的新情况、新问题和风险隐患时刻保持敏锐的嗅觉。在相关审计规制中增设专门条款,明确债务审计结果公告的主体、内容、原则和要求。在尊重各地发展现实的情况下,出台全国性指导意见,大力推进债务审计结果公告制度在全国的贯彻执行。

(二)健全关于被审计单位公告整改结果的约束机制

应当进一步细化审计查出问题整改的主体责任、依法公告整改结果等规定,尽快形成操作性强的制度规范,加强对被审计单位公告整改结果的监督检查,切实维护国家审计的严肃性和权威性,大力强化债务审计结果的运用。

六、本章小结

本章讨论了地方政府性债务的审计结果公告。首先,对比分析了我国2011—2013年审计署发布的3次全国地方政府性债务审计结果公告的具体内容和结构,挖掘并揭示出了具有信息含量的审计信息。其次,从地方政府性债务的基本情况、审计发现的主要问题、审计整改建议和近年来加强政府性债务管理的主要措施等方面,分析总结了地方政府性债务审计及其结果。最后,就地方政府性债务审计结果公告流程及披露的不足,提出了进一步改进与完善的相关意见及建议。

第十章

地方政府性债务审计模式应用研究

前述各章分别就审计目标、审计主体、审计内容、审计程序、审计方法以及审计结果等作了较深入的分析和论述,并对地方政府性债务审计模式进行了较为全面系统的研究与设计。为了验证该模式的合理性,通过问卷调查、专家会谈、线上交流等多种方式,与各地的审计机关和审计人员以及有关专家同仁进行了有效沟通。本章首先对调研结果进行分析,其次对所设计的审计程序中的风险评估进行探讨,最后借助机器学习算法对地方政府性债务风险预警进行探索与检验,验证所设计审计模式的合理性和可行性,以期为地方政府性债务风险的评估、监测、处置及监管提供具有可操作性的方法及工具。

一、地方政府性债务审计调查结果分析

截至 2020 年 2 月,发放的问卷共收回了 28 份,其中 1 人未参与过地方政府性债务审计工作,有效问卷 27 份(调查问卷见附录一)。

从基本信息来看,被调访人员中,男女比约 2∶1。有 42.86% 位于 41~50 岁年龄段,90% 处于 30~55 岁年龄范围,基本符合大样本特征。中共党员比例达到 71.43%。有本科学历的约为 71.41%,研究生学历的约为 17.86%,其所学专业大部分是审计学、财务管理、会计学和财政学。

从地方政府性债务及其审计现状的调查结果来看,我国地方政府性债务存在的问题主要是:部分地区偿债能力不足,隐性债务风险加剧,风险防控机制及监督约束不完善,债务存量规模过大等。具体调研结果如图 10-1 所示。

在审计人员看来,国家审计在强化地方政府性债务监督管理中发挥着极其重要的作用。国家审计通过揭示地方政府性债务存在的问题以推动地方政府规范财政收支管理,通过核查地方政府性债务风险情况以促进防范重大金融风险,并通过开展对国家重大政策措施执行情况的跟踪审计,促进政令畅通,经济平稳运行,其他作用如图 10-2 所示。

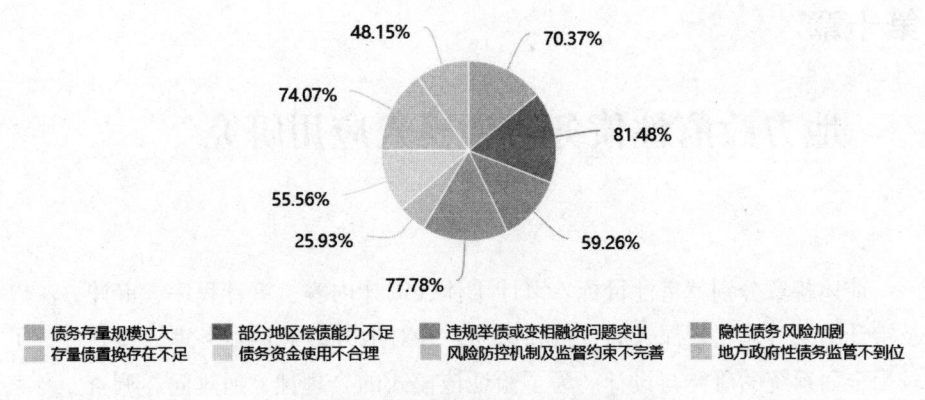

图 10-1　地方政府性债务存在的问题

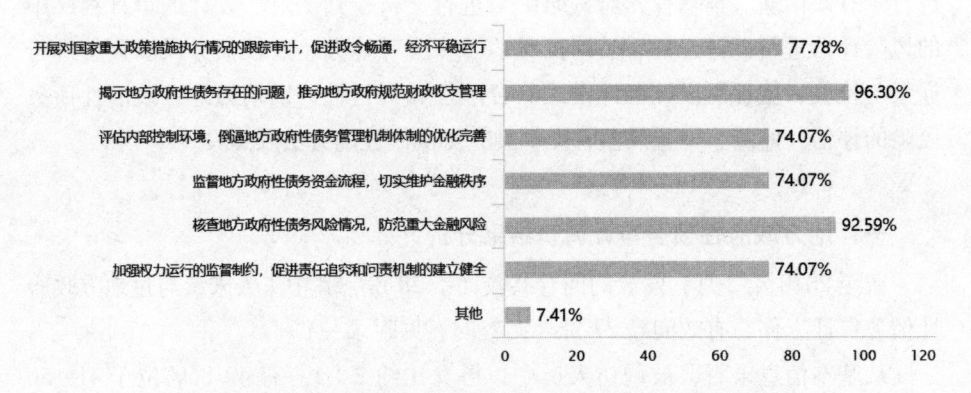

图 10-2　国家审计在推进地方政府性债务管理中的作用

诚然，目前地方政府性债务审计工作还存在一些不足之处。据调查分析，我国地方政府性债务审计工作存在的不足主要在于：审计方式信息化程度较低，也没有实现实时共享；"借、用、还"各环节尚未理顺，未能实施全过程跟踪审计；债务信息和数据掌握不全，不能真实反映地方政府性债务情况等，如表10-1所示。

表 10-1　地方政府性债务审计工作存在的不足

选项	小计/次	比例
"借、用、还"各环节尚未理顺，未能实施全过程跟踪审计	18	66.67%
债务信息和数据掌握不全，不能真实反映地方政府性债务情况	17	62.90%

续表

选项	小计/次	比例
审计工作理念相对落后，缺少改进创新	12	44.44%
风险防范意识不足，不能对潜在风险及时做出预警	13	48.15%
审计方式信息化程度较低，没有实现实时共享	20	74.07%
审计人才队伍专业性比较欠缺，缺乏有针对性的审计	14	51.85%
本题有效填写人次	27	

从上述调查结果可以看出，地方政府性债务审计是防范化解系统性金融风险中的一个重大专项审计任务。鉴于风险防控的考虑，地方政府性债务审计重在查核与评估，以查明情况、揭示风险，要在监督与协同，以促进加强债务资金管理、共同协作防范化解风险，关键之一在于实施全过程审计，即执行跟踪审计，不仅要实行事后审计监督，而且要将关口前移，实行事前审查、事中控制。为此，本书综合审计目标、审计内容、审计程序、审计方法、审计公告等方面要素研究并设计了全过程跟踪审计模式，也设计了相应的调研议题。有关的调研结果显示：

审计目标方面，地方政府性债务审计的总体目标最重要的是真实性，其次是合法性，最后是效益性。现实目标的选择中，拟定的五项目标都有较高的支持率，其中"对政府债务偿还能力进行分析，揭示其风险情况"这项目标有96.3%的审计人员表示认同（见图10-3）。可见，审计之于地方政府性债务的监督及治理作用，防范化解风险已经成为各级审计机关和审计人员的共识。对地方政府性债务审计在资金流向各环节的具体目标调研结果显示，举借环节地方政府性债务审计的具体目标是合规性、客观存在性、可行性和合理性；使用环节的具体目标是合规性、效益性、合理性和准确性；偿还环节的具体目标是及时性、合规性和稳定性（见图10-4）。从这三个环节来看，合规性目标贯穿于地方政府性债务资金运行的全过程，这也与真实性、合法性的总体目标相吻合。

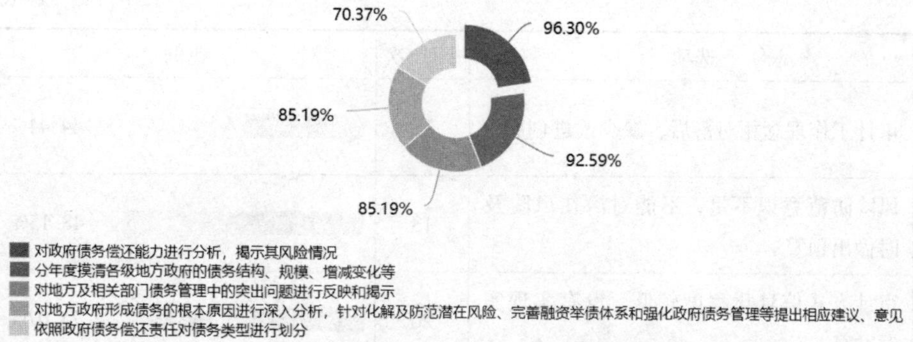

[图表数据]

- 对政府债务偿还能力进行分析，揭示其风险情况：96.30%
- 分年度摸清各级地方政府的债务结构、规模、增减变化等：92.59%
- 对地方及相关部门债务管理中的突出问题进行反映和揭示：85.19%
- 对地方政府形成债务的根本原因进行深入分析，针对化解及防范潜在风险、完善融资举债体系和强化政府债务管理等提出相应建议、意见：85.19%
- 依照政府债务偿还责任对债务类型进行划分：70.37%

图 10-3　地方政府性债务审计的现实目标

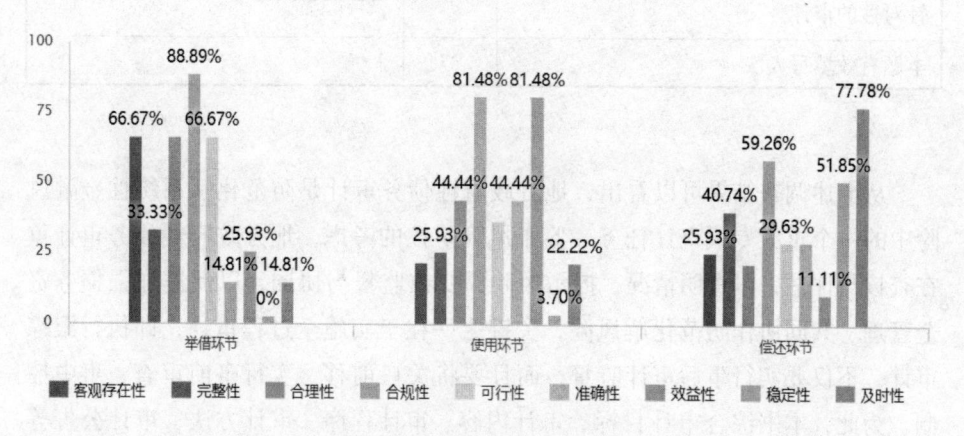

图 10-4　地方政府性债务运行各环节审计的目标

审计主体方面，所有受访人员都选择了审计署及派出机构，92.59%的受访人员选择了地方各级人民政府审计厅、审计局。尚有部分人却选择了财政部及各级财政部门等其他机构，说明有些人员对于地方政府性债务审计的认知仍有欠缺。根据对审计人员关于地方政府性债务审计主体在审计中应坚持的原则进行的调查结果，独立性和客观性是最应当坚守的原则（见表10-2）；其对各项原则的重要性判断则表明，审计主体在审计过程中坚持独立性、合法性和客观性等原则至关重要（见图10-5）。

202

表 10-2　地方政府性债务审计主体应遵循的原则

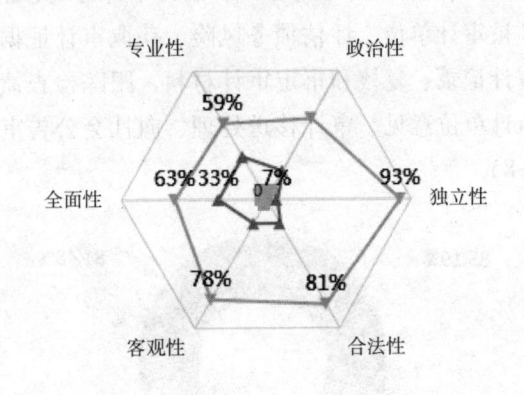

选项	小计/次	比例
政治性	16	59.26%
独立性	27	100%
合法性	16	59.26%
客观性	22	81.48%
全面性	16	59.26%
专业性	13	48.15%
本题有效填写人次	27	

图 10-5　审计主体应遵循的各项原则的重要程度

审计内容方面，选择最多的是各级地方政府的债务结构、规模、增减变化，其中最重要的是政府负有偿还责任的债务、地方政府举债方式的合理合法性以及地方政府偿债能力及潜在风险。可见，审计工作应贯穿地方政府债务资金"借""用""还"各个环节，如图 10-6 所示。

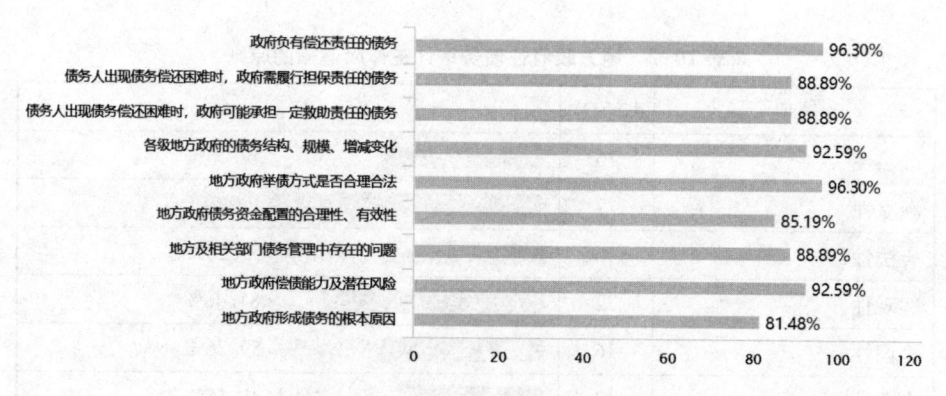

图 10-6 地方政府性债务审计内容

审计程序方面，目前存在的问题主要是审计评价指标单一，缺乏跟踪审计，如图 10-7 所示。审计的具体程序顺序如下：制订审计计划、组织审计力量、编制审计方案、进驻被审计单位、评估债务风险、获取审计证据、检查重大债务违法行为、完成审计记录、复核和审定审计材料、跟踪检查债务问题、编制审计报告、征求被审计单位意见、审计移送处理、向社会公告审计结果、审计建档归档（见图 10-8）。

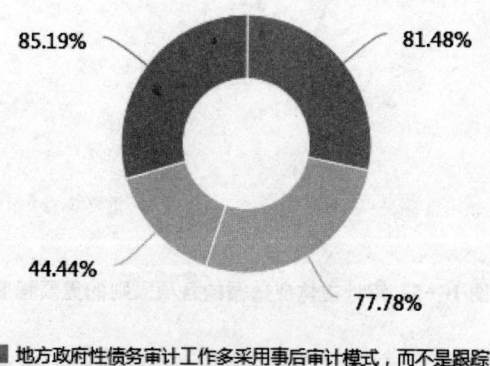

■ 地方政府性债务审计工作多采用事后审计模式，而不是跟踪审计
■ 地方政府性债务审计力度不够，审计常态化机制有待强化
■ 审计程序复杂且不明晰，有待简化和明确
■ 地方政府性债务审计评价指标单一，有待改进和完善

图 10-7 地方政府性债务审计程序存在的问题

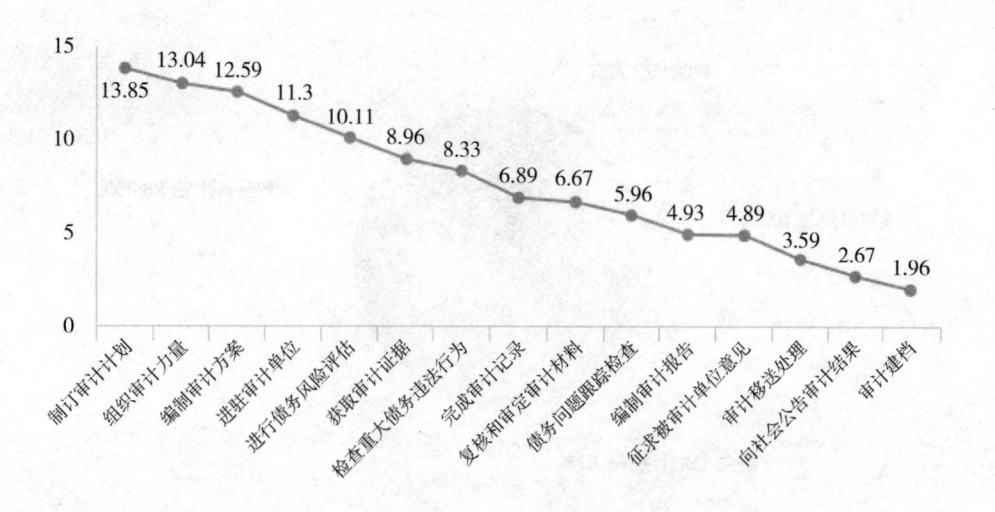

图 10-8　地方政府性债务审计程序内容排列

审计方法方面，审计人员普遍选择了：调查方法是走访调查法，核查方法是大数据审计法，分析方法是定性分析法。如图 10-9、图 10-10、图 10-11 所示。从结果中可以看出，审计人员对于大数据审计已有较多的认识，并有一定能力运用信息技术对地方政府性债务进行核查和分析。

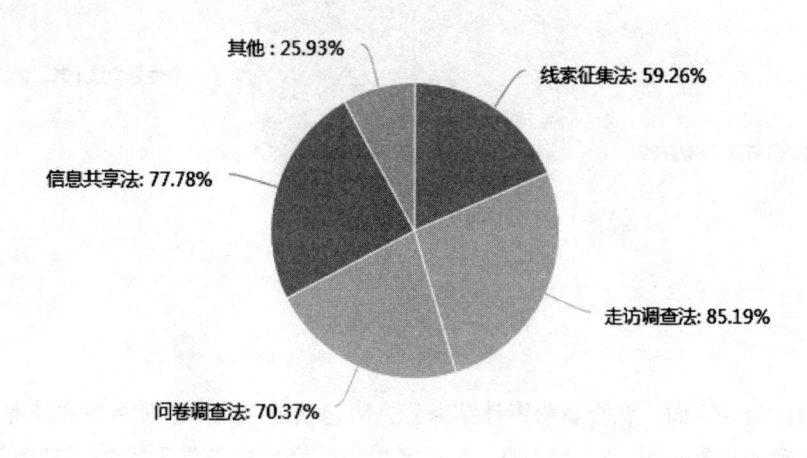

图 10-9　审计调查法

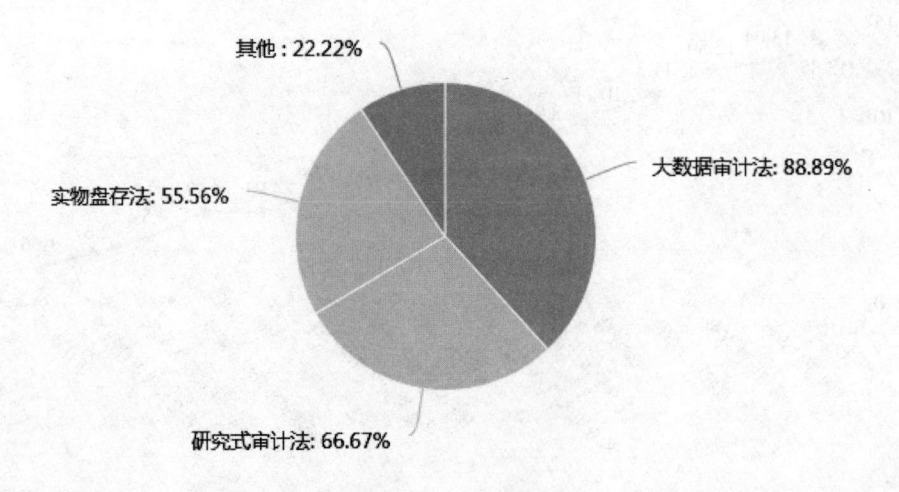

图 10-10　审计核查法

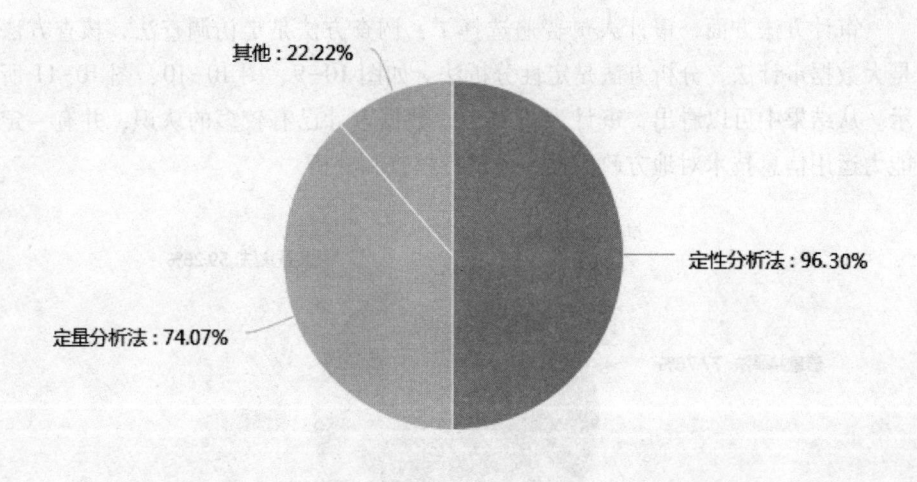

图 10-11　审计分析法

审计公告方面，调查表明审计结果公告应包括地方政府性债务的基本情况、审计发现的主要问题、审计建议、近年来加强政府性债务管理的主要措施等内容，如图 10-12 所示。而目前地方政府性债务审计结果公告的披露中还存在信息披露不完全、审计结果公告制度强制性较小、对被审计单位公告整改结果缺乏强力约束等问题，如图 10-13 所示。

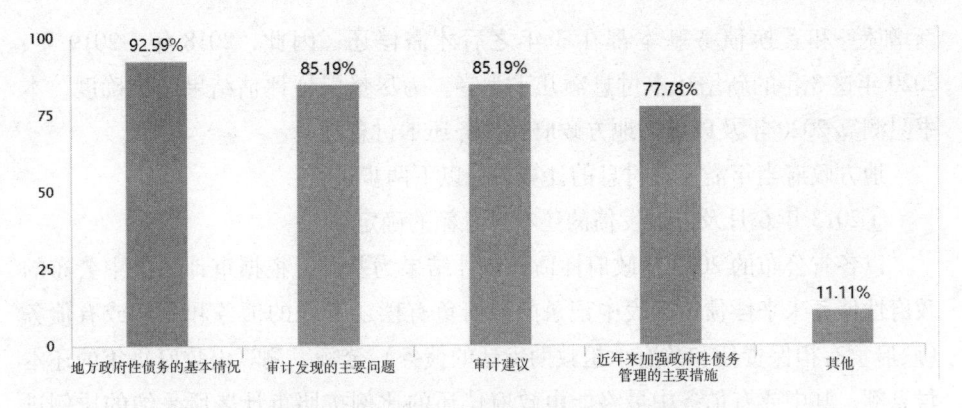

图 10-12　地方政府性债务审计结果公告的内容

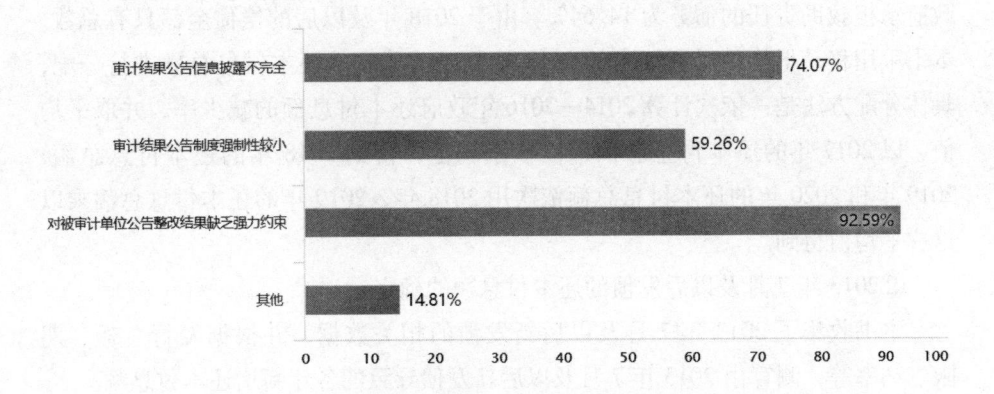

图 10-13　地方政府性债务审计结果公告披露的不足

二、地方政府性债务审计模型应用检验

本书在地方政府性债务审计程序中创新性地加入了债务风险评估，并在审计分析方法中对未定权益分析法和模糊综合评价法进行了具体阐述。下面阐述如何运用这两种方法对地方政府性债务风险进行评估，以进一步说明审计分析方法在审计工作中的作用。对地方政府性债务进行全面客观的风险评估，能够为地方政府性债务审计提供坚实基础和有力支持。

（一）未定权益分析模型应用检验

1. 数据收集

在应用未定权益分析模型计算各省债务违约概率之前，需要进行以下准备工作。

（1）确定各省当年的还本付息额

本书中的完整数据是截至 2017 年 12 月 29 日的数据。由于 2018 年及以后的新增债务和置换债务基本都在3年之后才需偿还,因此,2018年、2019年、2020年这3年的新增还本付息额几乎为零。为尽量保证评估结果的准确度,本书只测算2020年及以前的地方政府性债务还本付息额。

地方政府当年需还本付息的计算,分以下两步进行:

①2013年6月及以前发债的还本付息额的确定。

以各省公布的2013年政府性债务审计结果为基础,根据审计结果中公布的政府性债务未来偿债情况表中记录的政府负有偿还责任的债务和政府或有债务(政府负有担保责任和政府承担救助责任的债务)金额,测算出政府每年的还本付息额,其中或有债务中最终能由政府偿还的比例按照审计署所采纳的比例进行折算相加。政府负有担保责任的债务由财政资金实际偿还的比率为19.13%,政府承担救助责任的债务为14.64%。由于2018年及以后的偿债金额只有总数,本书采用移动平均法对测算出的2018年及以后政府的还本付息总额进行分配,具体分配方法是:依次计算2014—2016年政府还本付息额的减少率,并取平均值,以2017年的还本付息总额乘以该平均值,得到2018年的还本付息总额,2019年和2020年的还本付息总额依次用2018年、2019年的还本付息总额乘以这一平均值得到。

②2013年7月及以后发债的还本付息额的确定。

本书收集了2013年7月及以后新发债的相关数据,并根据发行总额、期限、利率等,测算由2013年7月及以后新发债导致的各年新增还本付息额。

若不考虑债务置换的效果,对以上两部分还本付息额相加即可得到2013年下半年直到2020年的还本付息额。而自2015年起,各省纷纷进行了大规模的政府债务置换,通过以新债还旧债的方式,减轻还债压力。因此,考虑债务置换的效果,需注意的是债务置换虽然能使当前还债压力锐减,但之后仍需还本付息。

(2) 确定各省当年的可偿债收入

这一步骤关键在于确定偿债收入来源的范围和确定收入来源中可用于偿债的比例。

①关于可偿债收入来源范围的确定。

根据《关于印发〈地方政府一般债务预算管理办法〉的通知》(财预〔2016〕154号)中第六条规定,一般债务应当有偿还计划和稳定的偿还资金来源。一般债务本金通过一般公共预算收入(包含调入预算稳定调节基金和其他预算资金)、发行一般债券等偿还。一般债务利息通过一般公共预算收入(包含调入预算稳定调节基金和其他预算资金)等偿还,不得通过发行一般债券偿还。

类似的,《关于印发〈地方政府专项债务预算管理办法〉的通知》(财预〔2016〕155号)中第六条也规定,专项债务应当有偿还计划和稳定的偿还资金来源。专项债务本金通过对应的政府性基金收入、专项收入、发行专项债券等偿还。专项债务利息通过对应的政府性基金收入、专项收入偿还,不得通过发行专项债券偿还。而上述规定中提到的一般公共预算收入或政府性基金收入的范围界定还有待考究。根据各省预算执行情况报告的相关表述可推知,狭义的一般公共预算收入只包括税收收入和非税收入等地方本级收入,而狭义的政府性基金收入也只包括土地出让收入等地方性基金收入。但是,1994年分税制改革之后,地方政府的公共财政收入实际上包含两部分,一部分是地方政府本级的公共财政收入,另一部分则是中央对地方的转移支付收入以及税收返还收入。从广义上理解,中央转移支付收入和税收返还部分(或者总称为中央补助的收入)以及上年结余结转资金部分也是政府的可支配收入,因而也应考虑将之归为偿债收入来源。此外,上述通知中还指出,调入预算稳定调节基金和其他已纳入预算的资金也可作为偿还一般债务本息的资金来源。由此可见,如何确定可偿债收入的统计口径,仍然有待讨论。

刘尚希等(2012)在研究中指出,地方政府收入=地方公共财政收入+地方基金收入=(地方一般预算收入+税收返还和转移支付收入)+(地方政府性基金本级收入+中央政府性基金转移支付)。韩立岩等(2003)、刁伟涛等(2015)均认为可偿债收入来源至少应包括当年本级收入和中央补助收入,而其他收入由于规模相对较小,可忽略不计。根据上述有关规定,本书将包括发行债券收入、调入预算稳定调节基金和其他预算资金在内的各类预算资金都作为可偿债收入来源。

为了谨慎起见,本书对可偿债收入给出两种衡量指标:

可偿债收入1=地方本级收入+地方性基金收入+调入预算稳定调节基金和其他预算资金+新增债券收入

可偿债收入2=地方本级收入+中央税收返还和转移支付+地方性基金收入+调入预算稳定调节基金和其他预算资金+新增债券收入

之所以没有将一般债务和专项债务所对应的可偿债收入区分开来,是因为从2016年起将地方政府性基金中的南水北调工程基金、政府住房基金、新增建设用地土地有偿使用费转列入一般公共预算收入,三类基金之前对应的专项债务余额和限额也相应转入一般债务进行核算。因此,若分别统计一般债务和专项债务所对应的可偿债收入,可能会存在因各年统计口径不一致而导致各年的结果缺乏可比性,故将两部分数据相加以尽可能减少内部结构变化对最终结果产生的影响。

全省税收返还和转移支付收入，可根据各省本级一般公共预算收支平衡表和省对市县税收返还和转移支付决算表的科目数额推知；市县取得的税收返还和转移支付数额，则是从省级依次下拨的，因此省本级的转移支付收入（支出）数额基本可代表全省的转移支付收入（支出）数额。

自2015年起各省陆续开启了大规模的债务置换，在应偿还债务本金中，已考虑了置换债务的效用，即不包括置换的债务，故上式中的新增债券收入不包括用于置换的债券收入。

在可偿债收入计算中，以每年各省的财政决算报告为基础，缺少数据的则用相应的预算数据补齐，2017年除债券发行数据外的各项数据均采用了预算数据。

②关于收入可用于偿债比例的确定。

地方政府财政收入和财政支出受到多种因素的影响，如经济危机和周期性波动、经济政策的不确定性、国内税制改革、当地投资者反应等，这些都可能成为引发地方政府债券信用风险的重要原因（韩立岩等，2003）。在本章中，除了关注地方政府财力的总额，更为重要的是要确定有多大比例的财力能够用于偿还当年到期债务。就偿债收入比例问题，现有的研究观点不一，有主张25%（王学凯等，2015）、30%~40%（李腊生等，2013），甚至50%（韩立岩等，2003；王俊，2015）等。这些比例可能由于缺乏严密的分类论证，而脱离客观实际。刁伟涛（2014/2015）在其对全国地方政府性债务流动性风险的研究中，通过对比估计公共财政支出或土地出让收入支出的刚性部分和非刚性部分，测算出2%的公共财政收入加10%的土地出让总收入可以作为最终偿债资金。该研究将公共财政收入和政府性基金收入比例分别估算，根据其支出结构和相关最新政策趋势给出了一个较为合理的比例，思路清晰，可资借鉴。但是，该研究还是基于全国范围的考量，且对于公共财政收入和政府性基金收入的测算口径依然不完整，从而影响其结果的准确性，应予以改进。

基于以上分析，借鉴前人的研究，综合考虑新形势下的财政收入和财政支出结构的变化，本书尝试论证可纳入偿债资金来源的收入比例。

地方政府一般公共财政收入中可偿债比例的确定，需要按照财政支出功能和用途的不同，区分刚性支出与非刚性支出，在考虑未来可能的变化趋势的基础上估算用于偿债的比例。

根据政府收支分类科目可知，我国地方公共财政支出，按照其支出功能分为以下12类：一般公共服务支出，外交、国防和公共安全支出，医疗、社会保障支出，城乡社区事务支出，科教文体支出，农林水事务支出，保障住房支出，节能环保支出，交通运输支出，资源勘探信息和国土海洋气象支出，商业服务业和金融支出，粮油物资储备支出和其他支出。但这12类支出的刚性程度是不同的，能够从中抽取用来偿还债务的比重也不相同。

在以上支出科目中，外交、国防和公共安全支出作为维系社会稳定和安全的支出，是必须予以保障且不能缩减的；医疗、社会保障和科教文体支出与民生问题息息相关，且需求量日益增大，可结余资金不多；农林水事务支出涉及农业、林业和水利工程建设支出、农业综合开发支出等，事关"三农"问题，事实上只能增而不能减；节能环保支出是近年来的重点关注领域，逐年增加的可能性极大；资源勘探信息和国土海洋气象支出以及粮油物资储备支出，由于具有较大的垄断特性，支出刚性也很大；商业服务业和金融支出，受到近年来供给侧改革等影响，为维系经济稳定和金融安全而进行的各类事项增多，刚性也很大；一般公共服务支出是为了维持国家机关或各类行政事业单位等的正常运行和职能履行，近年来"八项规定"等一系列相关政策规定的出台，能够促使其内控力度加强，减少不合理的"三公"经费等支出，因而有可能从中挤出一部分预算用来偿债；城乡社区事务支出、交通运输支出和保障住房支出中基础公共设施支出比例最大，随着政府与社会资本合作形式的应用推广，其中有些支出是可以通过吸收社会资本的方式来实现的，从而能够在一定程度上减轻地方政府对应的财政支出压力，其支出弹性相对较大，可将其一定比例的资金转为偿债资金。根据以上分析，用于偿还一般债务的资金应该主要从一般公共服务支出、城乡社区事务支出、交通运输支出和保障住房支出这几项中提取。

继之，根据Wind、CCER统计数据，对全国以及九个较大代表省份在2015年和2016两年中的上述四项事务支出占全部公共财政支出的比重情况进行了统计，如表10-3所示。

从表10-3可以看出，全国及东、中、西各代表省份的一般公共服务支出、城乡社区事务支出、保障住房支出和交通运输支出这四项支出占公共财政支出的比例在30%左右，并无明显的地域差别。尽管我国地方政府财政支出压力与日俱增，地方公共财政收入中整体可偿债比例受限，但如果采取合理措施，如压缩公用经费、减少非必要的专项支出等，就能够增加一些可偿债资金。

对于政府性基金收入中可用于偿债比例的确定，也可参照以上办法推得。根据政府收支分类科目可知，我国政府性基金支出也可分为九大类：科教文体支出、社会保障和就业支出、节能环保支出、城乡社区支出、农林水支出、交通运输支出、资源勘探信息支出、商业服务业和金融支出、其他支出。根据在公共财政支出的刚性与非刚性支出分析，未来可用于偿还政府专项债务的政府性基金收入主要从城乡社区支出和交通运输支出两项事务中考虑，此处不再赘述。

在既有的研究中，有学者采用了"2%的一般公共预算收入+10%的政府性基金收入"作为可偿债收入（刁伟涛，2014、2015）。但是，新近的政策与环境下，需重新审视以上两类偿债比例的合理性。自2015年起已经出现将部分政府性基金收入划转至一般公共预算收入的趋势，因此未来各地方政府的一般公共预算收入和政府性基金收入规模将出现此增彼减的情况。2018年1月份出台的政府不再垄断居住用地供应的相关政策，使得地方政府原有的土地财政优势大幅减弱，以往可以通过土地出让收入得以充实的地方政府性基金收入规模也会大幅度减少。因此，应根据新形势、新政策相应调整既有比例，本书拟以"10%的一般公共预算收入+5%的政府性基金收入"作为可偿债收入，并进行违约风险的估算。

表10-3 公共财政支出科目占比情况一览表

单位：亿元

指标板块	截止时间	公共财政支出：合计	公共财政支出：一般公共服务	公共财政支出：城乡社区事务	公共财政支出：交通运输	公共财政支出：保障住房	占公共财政支出比例
全国	2015-12	175878	13548	15886	12356	5797	27%
全国	2016-12	187755	14791	18395	10499	6776	27%
山东	2015-12	8250	738	921	461	204	28%
山东	2016-12	/	/	/	/	/	/
广东	2015-12	12802	1027	1170	2017	344	36%
广东	2016-12	/	/	/	/	/	/
江苏	2015-12	9688	846	1536	548	247	33%
江苏	2016-12	9982	921	1440	512	269	31%
安徽	2015-12	5239	400	610	384	277	32%
安徽	2016-12	5523	404	669	341	229	30%
山西	2015-12	3423	246	255	209	127	24%
山西	2016-12	/	/	/	/	/	/

续表

指标板块	截止时间	公共财政支出：合计	公共财政支出：一般公共服务	公共财政支出：城乡社区事务	公共财政支出：交通运输	公共财政支出：保障住房	占公共财政支出比例
河南	2015-12	6799	695	645	371	242	29%
	2016-12	7454	751	879	348	269	30%
贵州	2015-12	3930	429	128	393	299	32%
	2016-12	4262	446	132	290	292	27%
云南	2015-12	4713	389	184	604	211	29%
	2016-12	5019	477	216	487	242	28%
甘肃	2015-12	2958	272	122	278	128	27%
	2016-12	3150	291	196	219	125	26%
九省平均值	2015-12						33%
	2016-12						33%

2. 数据分析

基于既有的数据，采用未定权益分析模型，可测算我国东、中、西部地区各代表省份2017—2020年的每年还本付息额、违约距离（default distance，DD）和违约概率（probability of default，PD），得到的基本结果如表10-4所示：

表10-4　我国东、中、西部各代表省份2017—2020年违约概率统计

地区	省份	年份	应还本付息额（亿元）	可偿债收入=一般*0.02+基金*0.1 DD1	PD1	可偿债收入=一般*0.1+基金*0.05 DD2	PD2
东部	山东	2017	196.9698	2.9123	0.18%	5.8391	0.00%
		2018	276.9602	2.0114	2.21%	4.8164	0.00%
		2019	262.7840	2.1923	1.42%	5.0397	0.00%
		2020	1431.2372	-1.5020	93.34%	0.8674	19.29%
	江苏	2017	252.3852	3.7442	0.01%	13.2951	0.00%
		2018	913.3518	-0.2914	61.46%	3.0318	0.12%
		2019	1532.9337	-1.5020	93.35%	-0.1409	55.60%
		2020	2250.9656	-2.1994	98.61%	-1.9974	62.59%

续表

地区	省份	年份	应还本付息额（亿元）	可偿债收入＝一般＊0.02+基金＊0.1		可偿债收入＝一般＊0.1+基金＊0.05	
				DD1	PD1	DD2	PD2
东部	广东	2017	443.0796	1.6203	5.26%	17.8441	0.00%
		2018	1107.8310	-1.0141	84.47%	7.1945	0.00%
		2019	1072.6694	-0.5508	70.91%	8.3457	0.00%
		2020	1428.1095	-0.9988	84.11%	6.2096	0.00%
中部	安徽	2017	93.1538	5.3809	0.00%	10.9234	0.00%
		2018	149.8122	3.1514	0.08%	8.2304	0.00%
		2019	304.8308	0.3956	34.62%	4.9707	0.00%
		2020	934.2675	-3.4418	99.97%	0.4824	31.48%
	河南	2017	104.9565	4.3601	0.00%	3.6684	0.01%
		2018	193.1006	2.5992	0.47%	2.5484	0.54%
		2019	745.5090	-0.7827	78.31%	0.5375	29.54%
		2020	1142.7452	-1.4880	93.16%	0.0587	47.66%
	山西	2017	177.0837	0.0030	49.88%	2.9511	0.16%
		2018	345.7172	-1.5393	93.81%	1.3495	8.86%
		2019	369.0766	-1.5197	93.57%	1.3110	9.49%
		2020	562.6808	-2.2461	98.77%	0.5626	28.68%
西部	云南	2017	118.0700	1.0550	14.57%	4.6701	0.00%
		2018	187.8083	0.3231	37.33%	-0.1493	0.00%
		2019	177.9717	0.4464	32.77%	-1.5338	0.00%
		2020	797.5700	-1.5202	93.58%	-2.3025	13.68%
	贵州	2017	158.0625	4.2371	0.00%	26.4446	0.00%
		2018	226.6655	-4.0144	99.99%	17.1951	0.00%
		2019	222.9478	-2.7039	99.66%	17.8103	0.00%
		2020	230.4783	-2.6338	99.58%	18.4453	0.00%
	甘肃	2017	131.9934	-0.4926	68.88%	6.6958	0.00%
		2018	186.8965	-1.2555	89.54%	4.4936	0.00%
		2019	176.6179	-0.7462	77.22%	4.9604	0.00%
		2020	411.1356	-2.7325	99.69%	0.5944	27.61%

<<< 第十章 地方政府性债务审计模式应用研究

图10-14为各省地方政府性债务还本付息额。从表10-4和图10-14中可以看出，除甘肃省之外，各省每年的还本付息额均出现了从缓慢增长到陡然上升的趋势，其原因在于各省实施的债务置换产生了明显的效果，使原本即将到来的还本付息额明显得到推迟。而甘肃省之所以未出现此趋势，是因为该省2017年及以前年度的政府债务置换只覆盖到了2016年及以前的到期债务。

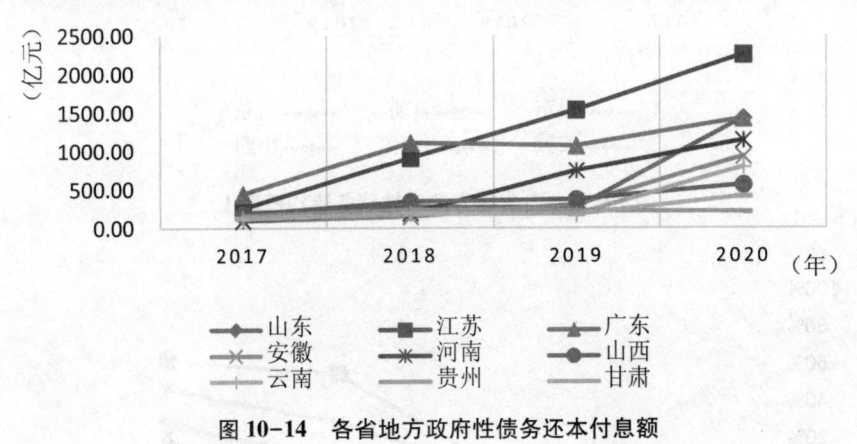

图10-14 各省地方政府性债务还本付息额

从违约概率指标来看，若可偿债收入以"2%的一般公共预算收入+10%的政府性基金收入"计算，各省在2017年的债务违约概率均在70%以下（见图10-15）。但在2018年贵州、山西、甘肃和广东的违约概率均上升到80%以上，且在2018年以后，贵州和山西的债务违约概率一直居高不下。同时，也可以明显看出，由于2017年及以前的政府债务置换未能对2020年及以后政府债务的还本付息压力产生缓解效用，因此2020年各省的违约概率均达到了90%以上。然而，如若按照10%的一般公共预算收入加5%的政府性基金收入计算可偿债收入，如图10-16所示，各省每年的政府债务违约概率均有明显下降。

从地区分布来看，以违约概率1为例，我国东、中、西部地区的政府债务违约概率呈现上升趋势，且西部地区的违约概率明显高于东部和中部地区（见图10-17）。

215

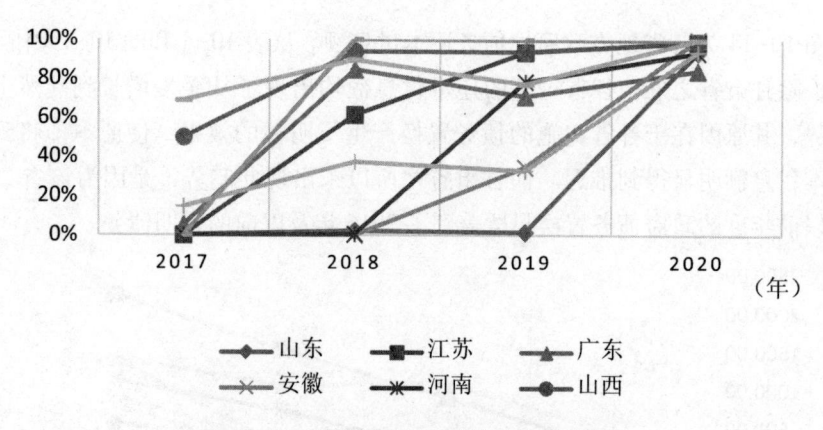

图 10-15　各省地方政府性债务违约概率 1

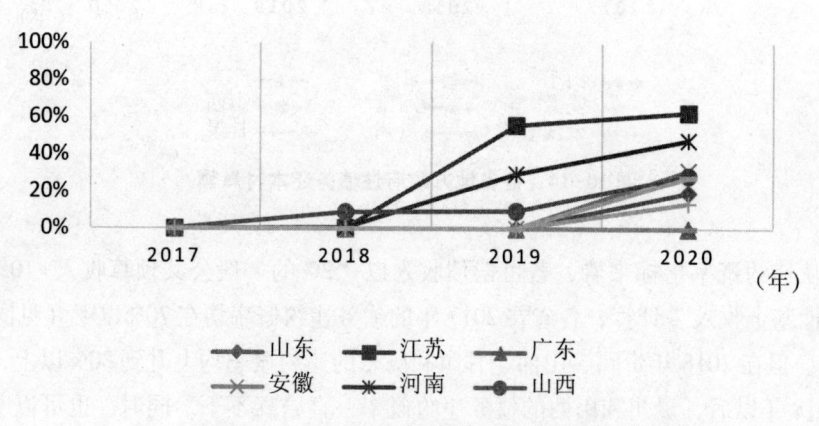

图 10-16　各省地方政府性债务违约概率 2

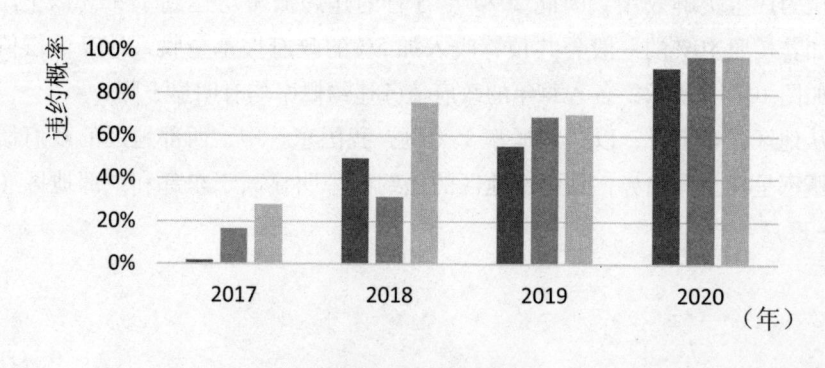

图 10-17　我国东中西部债务违约概率对比

3. 模型应用结果

综上，可以看出我国地方政府性债务风险整体上处于中等水平，仍在可控范围之内。其中，东部地区风险最小，西部地区风险最大；九大代表省份中，广东省地方政府性债务风险最小，而贵州省地方政府性债务风险最大。我国东、中、西部的政府债务违约概率呈现上升趋势，且西部地区的违约概率明显高于东部和中部地区。

政府债务置换对缓解地方政府未来几年的债务压力起到了明显的作用，但由于只是延后还债，债务置换并不是治本之策，还需要探求更加有用的风险防范与化解策略。此外，提升人均地区生产总值、优化产业结构也应成为各省应对潜在的地方政府性债务风险的重要对策。

可见，未定权益法能够对债务违约风险进行较为合理准确的分析和评估，其主观性较小，结果直观明了，能够为地方政府性债务审计提供有力支撑，有助于提高债务审计的质量与效率。

(二) 直觉模糊评估模型应用检验

在地方政府性债务审计方法中，已构建了一套较为全面便于衡量地方政府性债务风险水平的指标评价体系。本小节在表8-2的基础上，对各层级指标的重要性进行了衡量，邀请相关领域的专家对各指标进行了评估和重要性排序（调查问卷如附录二所示）。之后，根据专家评价结果进行地方政府性债务风险的模糊综合评价。

1. 指标权重分配

基于IFAHP对地方政府性债务风险评估体系的权重进行分配和调整，其具体步骤如下。

(1) 构建层次结构

根据地方政府性债务风险评估指标体系，可以构建其层次结构，第一层为目标层，即对地方政府性债务风险进行评估，第二层为准则层，即债务风险子系统，包括地方政府性债务"借"（A1）、"用"（A2）、"还"（A3）和系统性风险（A4）四个一级指标，主要述及衡量方向和评价角度，第三层为二级指标层即对准则层进行细分，包括B1、B2、B3等26个指标。具体层次结构如图10-18所示。

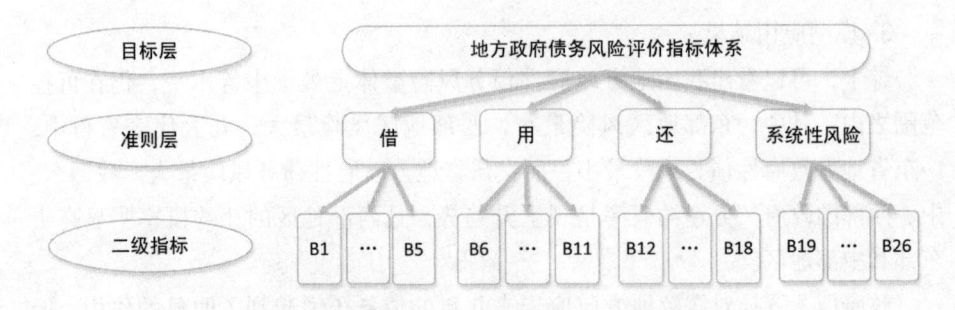

```
                          ┌─────────────────────────────┐
     ╭─────────╮          │  地方政府债务风险评价指标体系  │
     │  目标层  │          └─────────────────────────────┘
     ╰─────────╯                         │
                        ┌────────┬───────┴───────┬────────────┐
     ╭─────────╮       ╭───╮   ╭───╮          ╭───╮      ╭─────────╮
     │  准则层  │       │借 │   │用 │          │还 │      │系统性风险│
     ╰─────────╯       ╰───╯   ╰───╯          ╰───╯      ╰─────────╯
     ╭─────────╮      ┌──┬──┐ ┌──┬──┐        ┌──┬──┐    ┌──┬──┐
     │  二级   │      │B1│B5│ │B6│B11│       │B12│B18│   │B19│B26│
     │  指标   │      └──┴──┘ └──┴──┘        └──┴──┘    └──┴──┘
     ╰─────────╯
```

图 10-18　地方政府性债务风险评估层次结构

(2) 一级指标权重确定

根据已建立的层次结构及评价指标体系，邀请专家针对准则层四个指标对目标层的重要程度进行比较并打分。通过三位专家打分得出的准则层一级指标的直觉模糊判断矩阵分别表示为 U_1、U_2、U_3。

根据专家一的反馈结果，在四大准则层指标中，按照对地方政府性债务风险的影响程度由高到低进行排序，结果依次是"还""借""用""系统性风险"。因此，直觉模糊判断矩阵 U_1 如下：

$$U_1 = \begin{bmatrix} (0.50,\ 0.30) & (0.60,\ 0.25) & (0.40,\ 0.45) & (0.70,\ 0.20) \\ (0.40,\ 0.45) & (0.50,\ 0.30) & (0.30,\ 0.60) & (0.60,\ 0.25) \\ (0.60,\ 0.25) & (0.70,\ 0.20) & (0.50,\ 0.30) & (0.80,\ 0.15) \\ (0.30,\ 0.60) & (0.40,\ 0.45) & (0.20,\ 0.75) & (0.50,\ 0.30) \end{bmatrix}$$

专家二的排序结果依次是"还""系统性风险""用""借"，因此，直觉模糊判断矩阵 U_2 如下：

$$U_2 = \begin{bmatrix} (0.50,\ 0.30) & (0.40,\ 0.45) & (0.20,\ 0.75) & (0.10,\ 0.90) \\ (0.60,\ 0.25) & (0.50,\ 0.30) & (0.30,\ 0.60) & (0.40,\ 0.45) \\ (0.80,\ 0.15) & (0.70,\ 0.20) & (0.50,\ 0.30) & (0.60,\ 0.25) \\ (0.90,\ 0.10) & (0.60,\ 0.25) & (0.40,\ 0.45) & (0.50,\ 0.30) \end{bmatrix}$$

专家三的排序结果依次是"系统性风险""还""借""用"，因此，直觉模糊判断矩阵 U_3 如下：

$$U_3 = \begin{bmatrix} (0.50,\ 0.30) & (0.60,\ 0.25) & (0.40,\ 0.45) & (0.30,\ 0.60) \\ (0.40,\ 0.45) & (0.50,\ 0.30) & (0.30,\ 0.60) & (0.20,\ 0.75) \\ (0.60,\ 0.25) & (0.70,\ 0.20) & (0.50,\ 0.30) & (0.40,\ 0.45) \\ (0.70,\ 0.20) & (0.80,\ 0.15) & (0.60,\ 0.25) & (0.50,\ 0.30) \end{bmatrix}$$

经过计算得出专家一认为的一级指标重要程度的直觉模糊数为（(0.2157,

0.6897)（0.1765, 0.6207）（0.2549, 0.7586）（0.1373, 0.5517））。

利用得分函数 $H(a) = \dfrac{1-v}{2-u-v}$ 算得一级属性的得分为（0.7165, 0.6847, 0.7553, 0.6581），归一化之后得一级指标的权重矩阵为（0.2546, 0.2433, 0.2684, 0.2338）。

同理求得专家二的一级指标权重矩阵为（0.2297, 0.2429, 0.2672, 0.2602）；专家三的一级指标权重矩阵为（0.2433, 0.2338, 0.2546, 0.2684）。同时，以上矩阵的相容性指标 $I(U_1, U_1^*)$、$I(U_2, U_2^*)$、$I(U_3, U_3^*)$ 均小于等于0.1，通过一致性检验。综合起来，三位专家对于一级指标给出的权重矩阵如表10-5所示。

表10-5 一级指标权重矩阵

一级指标	A1	A2	A3	A4
专家一	0.2722	0.2356	0.3018	0.1904
专家二	0.1654	0.2392	0.3070	0.2884
专家三	0.2356	0.1904	0.2722	0.3018
平均值	0.2244	0.2217	0.2937	0.2602

（3）二级指标权重确定

请三位专家分别对二级指标各属性之于相应的一级指标的重要程度进行排序，并根据排序结果两两比较后打分，得出直觉模糊判断矩阵。

① "借"指标。

根据三位专家对二级指标（B1、B2、B3、B4、B5）之于一级指标A1（借）的重要性排序结果，进行两两比较打分后，得出的判断矩阵分别为 U_1A_1、U_2A_1、U_3A_1。

专家一认为在5个二级指标中，按其对地方政府性债务举借风险的影响程度进行排序，结果为 B5、B4、B1、B3、B2。据此得到的直觉模糊判断矩阵 U_1A_1 如下：

$$U_1A_1 = \begin{bmatrix} (0.50, 0.30) & (0.60, 0.25) & (0.60, 0.25) & (0.30, 0.60) & (0.40, 0.45) \\ (0.40, 0.45) & (0.50, 0.30) & (0.40, 0.45) & (0.20, 0.75) & (0.30, 0.60) \\ (0.40, 0.45) & (0.60, 0.25) & (0.50, 0.30) & (0.20, 0.75) & (0.40, 0.45) \\ (0.70, 0.20) & (0.80, 0.15) & (0.80, 0.15) & (0.50, 0.30) & (0.60, 0.25) \\ (0.60, 0.25) & (0.70, 0.20) & (0.60, 0.25) & (0.40, 0.45) & (0.50, 0.30) \end{bmatrix}$$

专家二的排序结果是 B5、B4、B3、B2、B1，得到的直觉模糊判断矩阵 U_2A_1 如下：

$$U_2A_1 = \begin{bmatrix} (0.50, 0.30) & (0.40, 0.45) & (0.30, 0.60) & (0.10, 0.90) & (0.20, 0.75) \\ (0.60, 0.25) & (0.50, 0.30) & (0.40, 0.45) & (0.10, 0.90) & (0.30, 0.60) \\ (0.70, 0.20) & (0.60, 0.25) & (0.50, 0.30) & (0.30, 0.60) & (0.30, 0.60) \\ (0.90, 0.10) & (0.90, 0.10) & (0.70, 0.20) & (0.50, 0.30) & (0.70, 0.20) \\ (0.80, 0.15) & (0.70, 0.20) & (0.70, 0.20) & (0.30, 0.60) & (0.50, 0.30) \end{bmatrix}$$

专家三的排序结果是 B5、B4、B2、B3、B1，得到的直觉模糊判断矩阵 U_3A_1 如下：

$$U_3A_1 = \begin{bmatrix} (0.50, 0.30) & (0.40, 045) & (0.30, 0.60) & (0.20, 0.75) & (0.10, 0.90) \\ (0.60, 0.25) & (0.50, 0.30) & (0.40, 0.45) & (0.20, 0.75) & (0.20, 0.75) \\ (0.70, 0.20) & (0.60, 0.25) & (0.50, 0.30) & (0.30, 0.60) & (0.20, 0.75) \\ (0.80, 0.15) & (0.80, 0.15) & (0.70, 0.20) & (0.50, 0.30) & (0.40, 0.45) \\ (0.90, 0.10) & (0.80, 0.15) & (0.80, 0.15) & (0.60, 0.25) & (0.50, 0.30) \end{bmatrix}$$

同上述计算过程相似，通过将直觉模糊矩阵转化为直觉模糊数进而归一化，并验证相容性指标 I 是否小于等于 0.1。最终可得出三位专家对于"借"指标的权重值如表 10-6 所示。

表 10-6 二级"借"指标权重矩阵

"借"	B1	B2	B3	B4	B5
专家一权重	0.1871	0.1480	0.1677	0.2344	0.2627
专家二权重	0.1283	0.1584	0.1912	0.2574	0.2647
专家三权重	0.1272	0.1570	0.1895	0.2322	0.2942
平均值 W_1	0.1476	0.1544	0.1828	0.2413	0.2739

② "用"指标。

同理，三位专家对于"用"指标的权重值如表 10-7 所示。

表 10-7 二级"用"指标权重矩阵

"用"	B6	B7	B8	B9	B10	B11
专家一权重	0.1938	0.1635	0.1347	0.2098	0.1153	0.1829
专家二权重	0.2110	0.1094	0.2000	0.1815	0.1373	0.1608

续表

"用"	B6	B7	B8	B9	B10	B11
专家三权重	0.2144	0.1552	0.1378	0.1982	0.1098	0.1846
平均值 W_2	0.2064	0.1427	0.1575	0.1965	0.1208	0.1761

③"还"指标。

三位专家对于"还"指标的权重值如表 10-8 所示

表 10-8 二级"还"指标权重矩阵

"还"	B12	B13	B14	B15	B16	B17	B18
专家一权重	0.1831	0.1614	0.1695	0.1470	0.1188	0.0887	0.1316
专家二权重	0.1305	0.1515	0.1723	0.1623	0.1100	0.0892	0.1842
专家三权重	0.0786	0.1256	0.1823	0.1697	0.1405	0.1494	0.1539
平均值 W_3	0.1307	0.1461	0.1747	0.1597	0.1231	0.1091	0.1565

④"系统性风险"指标。

三位专家对于系统性风险指标的权重值如表 10-9 所示。

表 10-9 二级"系统性风险"指标权重矩阵

系统性风险	B19	B20	B21	B22	B23	B24	B25	B26
专家一权重	0.1583	0.0923	0.1678	0.1375	0.1332	0.0908	0.1198	0.1003
专家二权重	0.1695	0.1602	0.1563	0.1472	0.1126	0.1005	0.0611	0.0926
专家三权重	0.1704	0.1215	0.1528	0.1332	0.1526	0.1121	0.0925	0.0649
平均值 W_4	0.1661	0.1247	0.1590	0.1393	0.1328	0.1011	0.0911	0.0859

2. 综合评价结果

（1）基本结果

本章采用五级模糊隶属区间作为地方政府性债务风险评价指标的等级判断，并用"G1、G2、G3、G4、G5"来表示，五个等级对应的分数依次为[0, 40)、[40, 60)、[60, 80)、[80, 90)、[90, 100]，即采用百分制值进行计算，等级越高，分数越高，风险也就越大。为了方便计算，在实际评估各项指标的情况时，分别采用以上五个区间的中位数，即20、50、70、85、95来表示各等级对应分值。各项指标的专家评判向量采取如下方法计算，即用选择各项得分等级的累计人数分别占专家团队总人数的比率值来构成向量。例如专家团队由10人组成，这10人中对某指标的评价得分分别落在"G1、G2、G3、G4、G5"范围内的人数是1、3、4、2和0，则该指标的专家评判向量为（0.1，0.3，0.4，0.2，0）。在本章中，选取对地方政府性债务具有丰富实践经验及理论水平的专家或学者组成债务风险评估专家团队，对我国东、中、西部共九省的地方政府性债务风险按照上述评价指标进行打分，在对评价数据进行归一化处理后，最终得到了2017年各省的得分向量表（表10-10以山东省为例，其他省的具体得分向量表见附录三）。

表10-10 山东省地方政府性债务风险评价指标得分向量

二级指标	五级模糊评价矩阵				
	G1	G2	G3	G4	G5
借债限额比	0	0.1	0.6	0.3	0
一般债务借债限额比	0.5	0.3	0.2	0	0
专项债务借债限额比	0	0	0.6	0.3	0.1
当年新发行短期债券比例	0	0	0.7	0.3	0
市县级债务比例	0	0.1	0.6	0.2	0.1
债务置换比例	0.4	0.4	0.2	0	0
专项债务比例	0	0.3	0.5	0.2	0
债务收入/财政支出	0	0	0.3	0.6	0.1
债务管理制度建立完善情况	0.6	0.2	0.2	0	0
财政透明度指数	0.6	0.3	0.1	0	0
审计执行力度	0.5	0.3	0.1	0.1	0
债务负担率	0.2	0.4	0.2	0.1	0.1
长期债务率	0	0.1	0.1	0.6	0.2
短期债务率等级	0	0.1	0.1	0.7	0.1
存续债券未来单一年度最大到期规模保障倍数	0.2	0.5	0.2	0.1	0
一般债务率	0	0.1	0.1	0.5	0.3
专项债务率	0	0.1	0.5	0.3	0.1
隐性债务风险	0.3	0.3	0.3	0.1	0

续表

二级指标	五级模糊评价矩阵				
	G1	G2	G3	G4	G5
地区生产总值增速	0	0.1	0.4	0.4	0.1
人均地区生产总值	0.3	0.5	0.1	0.1	0
第三产业结构	0	0.2	0.6	0.2	0
投资增长率	0.1	0.1	0.6	0.2	0
消费增长率	0	0	0.7	0.2	0.1
进出口增长率	0.4	0.4			
M2增长率	0.1	0.2	0.3	0.3	0.1
通货膨胀率（以1978年为基期）	0	0.1	0.3	0.4	0.2

得到各省风险评价指标得分向量后，结合指标权重便可进行系统评价。在进行风险评价时，主要采用以下公式：$Y_i = W_i * R_i$，该公式为模糊综合评价法中评判向量的计算公式，其中 W_i 就是前文表10-6、表10-7、表10-8、表10-9中各二级指标对应一级指标权重的平均值形成的权重矩阵，$i = 1, 2, 3, 4$，而 R_i 则是对应表10-10中二级指标的等级评价得分矩阵，$i = 1, 2, 3, 4$，两者相乘得到各项评价指标的权重与实际得分的乘积。

以山东省为例，首先，依据上述公式计算得到四个二级指标对应的评判向量 Y_i，则有

$Y_1 = W_1 * R_1 = [0.0772 \quad 0.0885 \quad 0.5624 \quad 0.2263 \quad 0.0457]$

$Y_2 = W_2 * R_2 = [0.3610 \quad 0.2538 \quad 0.2289 \quad 0.1406 \quad 0.0157]$

$Y_3 = W_3 * R_3 = [0.1050 \quad 0.2344 \quad 0.2040 \quad 0.3490 \quad 0.1076]$

$Y_4 = W_4 * R_4 = [0.1009 \quad 0.1919 \quad 0.4140 \quad 0.2369 \quad 0.0562]$

其次，由 Y_1、Y_2、Y_3 和 Y_4 合成一级指标的判断矩阵 R，再由公式 $Y = WR$ 计算得到目标层的评判向量，即：

$Y = W * R = [0.1545 \quad 0.1949 \quad 0.3446 \quad 0.2461 \quad 0.0600]$

最后，由状态等级分值矩阵 $G = [20 \quad 50 \quad 70 \quad 85 \quad 95]^T$ 进行量化，计算出山东省地方政府性债务风险的实际水平，即

$P = Y * G = [0.1545 \quad 0.1949 \quad 0.3446 \quad 0.2461 \quad 0.0600][20 \quad 50 \quad 70 \quad 85 \quad 95]^T$

$= 63.57$

综上，通过上述一系列计算过程，得出山东省地方政府性债务风险水平得分为63.57，该分数介于[60，80)，属于G3等级，说明山东省地方政府性债务风险水平处于中等可控状态。

其他八个省份的分值同样依照上述计算过程及方法求得。综合起来，我国东、中、西部各三大代表省份的地方政府性债务风险水平如表10-11所示。

表10-11 我国东、中、西部各三大代表省份地方政府性债务风险水平

地区	省份	最终得分	所属等级	平均得分	平均等级
东部地区	山东	63.57	G3	59.94	G2
	江苏	65.97	G3		
	广东	50.28	G2		
中部地区	安徽	69.67	G3	66.15	G3
	河南	64.17	G3		
	山西	64.62	G3		
西部地区	云南	71.26	G3	72.42	G3
	贵州	80.15	G4		
	甘肃	65.31	G3		

综上，我国地方政府性债务风险整体上处于中等水平，仍在可控范围内。其中，东部地区风险最小，西部地区风险最大；广东省得分最低，处于第二等级，说明该省地方政府性债务风险最小，而贵州省得分最高，处于第四等级，说明该省地方政府性债务风险最大，其他各省整体得分均落在60~80范围内，即第三等级。

（2）分类结果

为了便于发现和分析各省地方政府性债务风险管理存在的问题或弱点，明确今后改进的方向，本章进一步梳理了各项二级评价指标在风险评价中的表现。具体做法是将各二级评价指标向量乘以分值矩阵$G=[20\ 50\ 70\ 85\ 95]^T$，计算出所有二级指标的实际评价得分（百分制记）。仍以山东省为例，各项二级指标的具体得分依次为：72.5、39、77、74.5、73.5、42、67、81.5、36、34、40.5、56、82、81、51.5、83、75、50.5、76.5、46.5、69、66、75.5、43.5、68、79，其中"借""用""还"和系统性风险的平均分分别为67.3、50.17、68.43、65.50。对于二级指标得分的统计结果，如图10-19、图10-20所示。

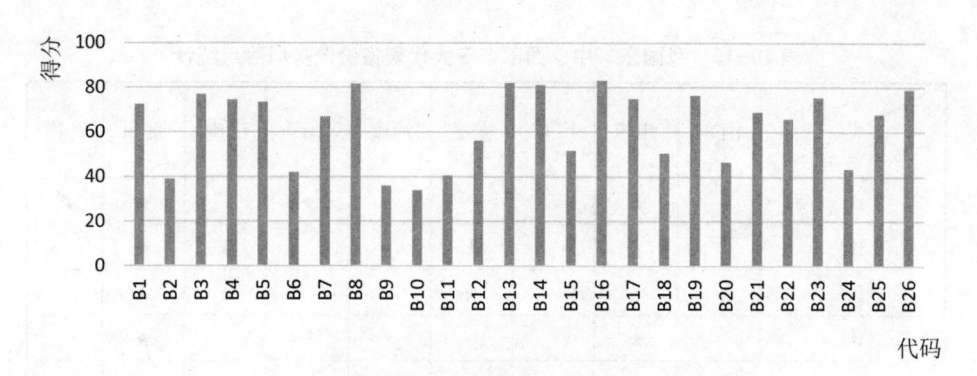

<<< 第十章 地方政府性债务审计模式应用研究

图 10-19 二级指标得分统计图

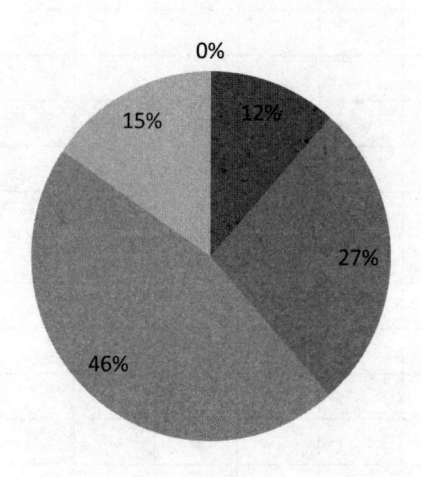

图 10-20 二级指标等级分布统计图

从图 10-19、图 10-20 中可以看出，在 26 个二级评价指标中，有 4 个指标达到 80 分以上，占比 15%，说明对山东省而言，由债券收入支出比、短期债务率、存续债券在未来单一年度最大到期规模保障倍数和一般债务率等因素，引发地方政府性债务风险的可能性较大，而且风险点主要集中在"还"债风险上。此外，还有 12 个指标介于 60~80 分，占近一半比例，也存在较大风险，需引起一定程度的重视。

同理，也用同样的方法对其他 8 个省份的二级指标的具体得分进行计算，并分析其风险点，统计结果见表 10-12。其中，"★"表示得分在 80 分以上，此即很有可能引发地方政府性债务风险的指标因素。

表 10-12　我国东、中、西部各三大代表省份债务风险点统计

二级指标 \ 省份	山东	江苏	广东	安徽	河南	山西	云南	贵州	甘肃
B1		★				★		★	
B2				★			★	★	
B3				★			★	★	
B4		★						★	
B5		★		★				★	
B6						★			
B7		★						★	
B8	★						★	★	
B9					★	★	★		
B10								★	
B11							★		
B12								★	★
B13							★		
B14	★							★	
B15	★			★			★		
B16				★				★	
B17	★						★		
B18								★	
B19						★			★
B20							★	★	★
B21				★	★		★	★	
B22						★			★
B23						★			★
B24					★				★
B25									
B26									

从表 10-12 可以看出，各省地方政府性债务风险的主要诱发因素各不相同，因而需区分对待、精准施策。总体而言，总借债限额比、市县级债务比例、债

务收支比例、债务管理制度完善、未来单一年度最大到期规模保障倍数、专项债务率等指标普遍得分较高,说明存在的风险较大。此外,提高人均地区生产总值、优化产业结构等应成为各省应对潜在债务风险的重要对策。

通过对我国东、中、西部各三个省份地方政府性债务风险的模糊综合评价,结果说明模糊综合评价模型能够对地方政府性债务风险进行全面客观的风险评估,不仅关注定量指标,也重视定性指标,是对地方政府性债务"借""用""还"三个关键环节和地方政府性债务管理面临的系统性风险的综合评估。由此可见,将模糊综合评价模型与未定权益法结合运用,能够为地方政府性债务审计提供有力的支持,有助于更好地发挥审计的作用。

三、地方政府性债务风险预警研究

习近平总书记多次强调,审计就像常态化"经济体检",不仅是为了查病,更是为了治已病、防未病。这就要求各级审计机关树立"防治结合"的科学审计理念,及时揭示风险隐患,及时促进问题整改。对于地方政府性债务审计而言,要达成以上目标,需要对被审计单位财政财务收支及相关经济活动进行常态化、全覆盖的监督检查,依法揭示其中存在的违纪违法违规问题,及时揭示和反映经济社会运行中的潜在风险隐患,第一时间报告反映,提出处理意见,促进及早化解风险隐患。大数据时代背景下,信息系统的日趋完善,为地方政府性债务联网审计提供了可能。长远来看,地方政府性债务审计将通过建立联网审计平台,利用网络技术对被审计对象的地方政府性债务数据进行动态采集、信息共享,并对海量数据进行关联分析,交叉比对,从而揭示地方政府性债务资金在"借""用""还"各个环节中的深层次问题。本书所构建的地方政府性债务审计模式在审计实施阶段嵌入了债务风险评估,可以进一步通过机器学习来进行风险预警,从而提高审计质量和审计效率。本节借助 BP 神经网络法进行仿真案例分析,以验证这一审计模式应用的有效性。

（一）地方政府性债务风险预警流程设计

地方政府性债务风险预警是在明确的预警目标和风险管控机制下,采用一定的预警手段和方法,经过一系列的计算、判断与优化进而对地方政府性债务风险作出的行为决策。一般而言,地方政府性债务风险预警需要经过以下几个主要步骤：数据采集——风险识别——风险评估——风险判断——预警报告——预警决策。审计人员根据预警报告,可就防范化解潜在风险、完善融资举债体系和强化政府债务管理等提出相关的意见及建议。这套流程和预警机制可

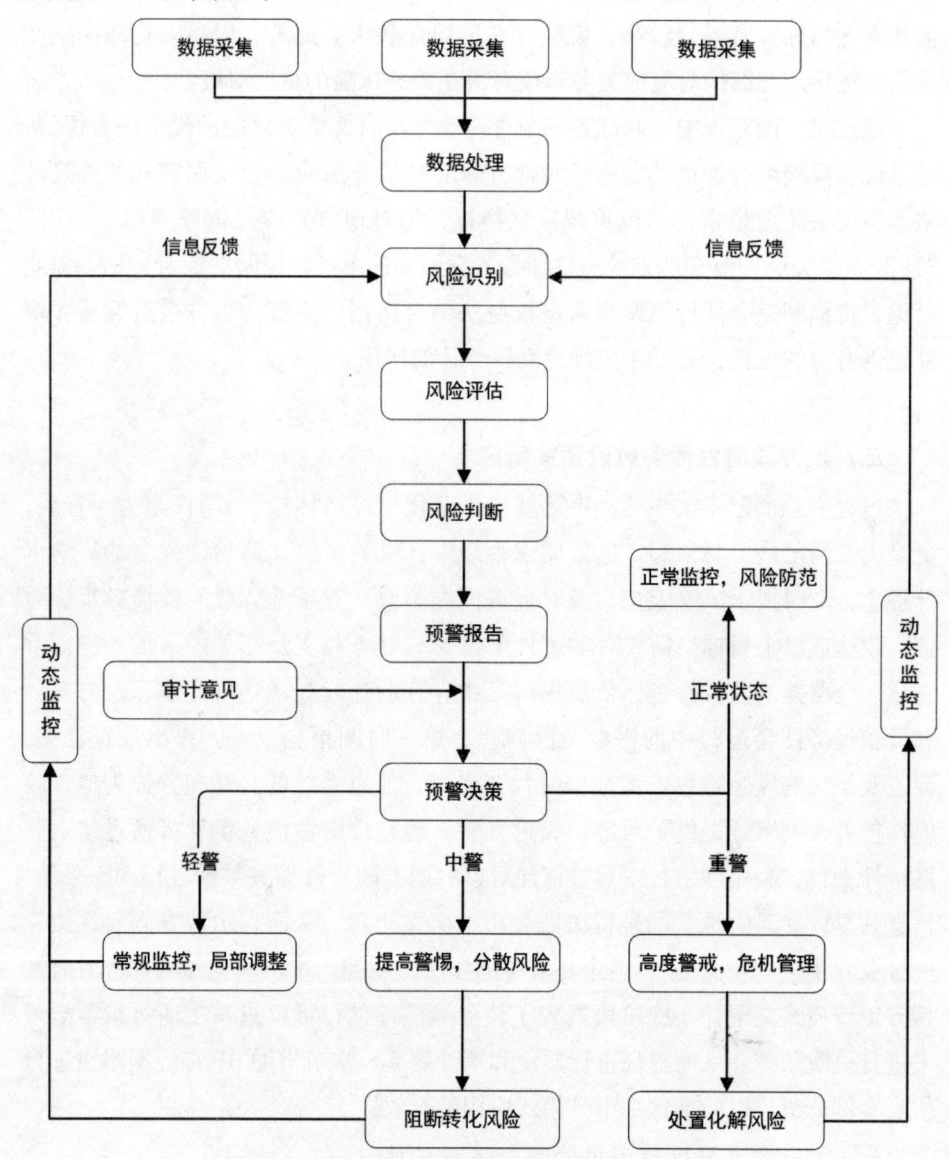

以用图 10-21 来表示。

图 10-21　地方政府性债务风险预警的流程与机制

本书拟构建基于 BP 神经网络的地方政府性债务风险预警系统，该系统具有以下优点：一是非线性，BP 神经网络的非线性映射能力能够对地方政府性债务风险有很好的解释能力，建立了地方政府性债务风险衡量指标与风险度之间的关系。二是泛化能力强，BP 神经网络强大的学习能力和自适应能力能够将网络训练中自动学习到的规则用于新的模式，即可以经过对现有的地方政府性债务数据的处理和运算，用于新的数据或新的模式。系统构建的思路如图10-22所示。

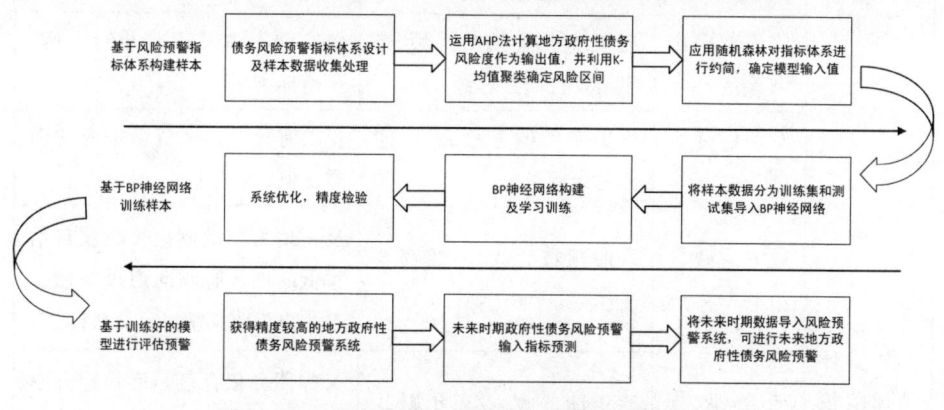

图 10-22 地方政府性债务风险预警系统构建思路

（二）地方政府性债务风险预警系统构建

1. 指标体系设计

构建地方政府性债务风险预警系统，先需设计出一套合理、可靠的指标体系。本书从系统论角度出发，借鉴第八章直觉模糊层次分析法中构建的风险评估指标体系，并将影响地方政府性债务风险的因素划分为内部因素和外部因素，内部因素即是债务资金运转流程中存在的风险因素，外部因素则主要是与财政运行等方面相关的系统性风险因素。同时，鉴于目前地方政府性债务审计主要是对显性债务进行的，并基于数据可得性，从地方政府性债务资金的"借""用""还"三个环节以及宏观环境方面构建指标体系，如表10-13所示。

表 10-13 地方政府性债务风险预警指标体系

指标类别	指标名称	衡量方式	预警含义
"借"环节风险预警指标 X_1	总借债限额比 X_{11}	当年新发行债务总额/当年本省债务限额	反映新增债务的比例，正指标
	一般借债限额比 X_{12}	当年新发行一般债务总额/当年本省一般债务限额	反映新增一般债务的比例，正指标
	专项借债限额比 X_{13}	当年新发行专项债务总额/当年本省专项债务限额	反映新增专项债务的比例，正指标
	省级债务比例 X_{14}	地方政府债务总余额/全国债务总余额	反正该地区占全国债务规模的比例，正指标

续表

指标类别	指标名称	衡量方式	预警含义
"用"环节风险预警指标 X_2	债务置换比例 X_{21}	当年置换债务发行额/当年新发行债券总额	置换债券占发行债券的比例，负指标
	专项债务比例 X_{22}	当年专项债务总余额/债务总余额	反映有稳定偿还资金来源的债券比例，负指标
	地方财政自给率 X_{23}	一般预算收入/一般预算支出	反正地方财政制度，财政自给率低的地区有倾向通过举债弥补预算内收支缺口，负指标
	债务收支比 X_{24}	当年债务收入/当年财政支出	又称债务依存度，反映地方财政依靠债务收入的程度，正指标
	市场化指数 X_{25}	《中国分省份市场化指数报告（2018）》中对市场化水平的计算	反映市场制度环境，指标数值越高，市场环境越好，债务风险越低，负指标
	财政透明度 X_{26}	《中国财政透明度报告（2015—2018）》中的指数	反映制度环境和信息披露程度，透明度越高，债务风险越低，负指标
"还"环节风险预警指标 X_3	债务负担率 X_{31}	地方政府债务余额/当地GDP	反映地方政府的杠杆率，正指标
	债务率 X_{32}	地方政府债务余额/综合财力	反映地方政府的长期偿债负担，正指标
	一般债务率 X_{33}	一般债务余额/一般公共预算收入总额	反映地方政府一般债务的偿还能力，正指标
	专项债务率 X_{34}	专项债务余额/政府性基金预算收入总额	反映地方政府专项债务的偿还能力，正指标
	偿债率 X_{35}	年末还本付息额/综合财力	反映地方政府短期偿债能力，正指标

续表

指标类别	指标名称	衡量方式	预警含义
系统性风险预警指标 X_4	地区生产总值增速 X_{41}	(本省本年 GDP−上一年 GDP)/上一年 GDP	反映地方政府经济增长能力，负指标
	投资增长率 X_{42}	(本省本年投资额−上一年投资额)/上一年投资额	
	消费增长率 X_{43}	(本省本年消费额−上一年消费额)/上一年消费额	
	进出口增长率 X_{44}	(本省本年进出口额−上一年进出口额)/上一年进出口额	
	各省份 GDP 占比 X_{45}	各省份 GDP/全国 GDP	反映地区经济发展前景，前景越好，地区经济可持续增长潜力越大，应债能力越强，非单调性指标
	人均地区生产总值（万元）X_{46}	本省 GDP/本省总人口数	
	产业结构比例 X_{47}	第三产业结构比例	

注1：正指标代表指标值越大，地方政府性债务综合风险越大，负指标则相反

注2：综合财力=［地方财政一般预算收入］+［政府性基金收入］+［国家财政补助收入］+［财政预算外收入中上年滚存结余］+［财政一般预算收入中调入预算稳定调节基金收入决算数］

2. 预警方法确定

地方政府性债务风险预警系统的关键环节是选择合适的预警程序和方法。考虑到该系统是包含了多个指标的复杂系统，并且指标之间往往呈非线性关系，故本书拟采用在非线性建模中较为新兴的机器学习方法——随机森林和 BP 神经网络来构建预警系统。

BP 神经网络是人工神经网络中应用最广的机器算法模型，是由非线性普通变化单元组成的多层前馈网络，它充分利用信号正向传播和误差反向调节的学

习机制，反复进行训练或称迭代学习，从而完整建立起智能化网络模型，以处理多类型非线性信息。如图 10-23 所示。

　　简而言之，BP 神经网络就是通过误差逆传播算法来学习或训练的模型。当合适的样本数据输入 BP 神经网络后，神经网络的学习功能被激活，经过中间各个隐藏层，在输出层得到输入层相对应的输出值，将该输出值与实际值相对比，计算误差，再按照反方向对各个隐藏层的初始参数进行逐步修正，最终回到隐藏层。正向传播和反向修正的推进衍化，使得输入数据在网络中的响应正确率更高，最终使得误差达到环境的要求，神经网络训练获得成功。

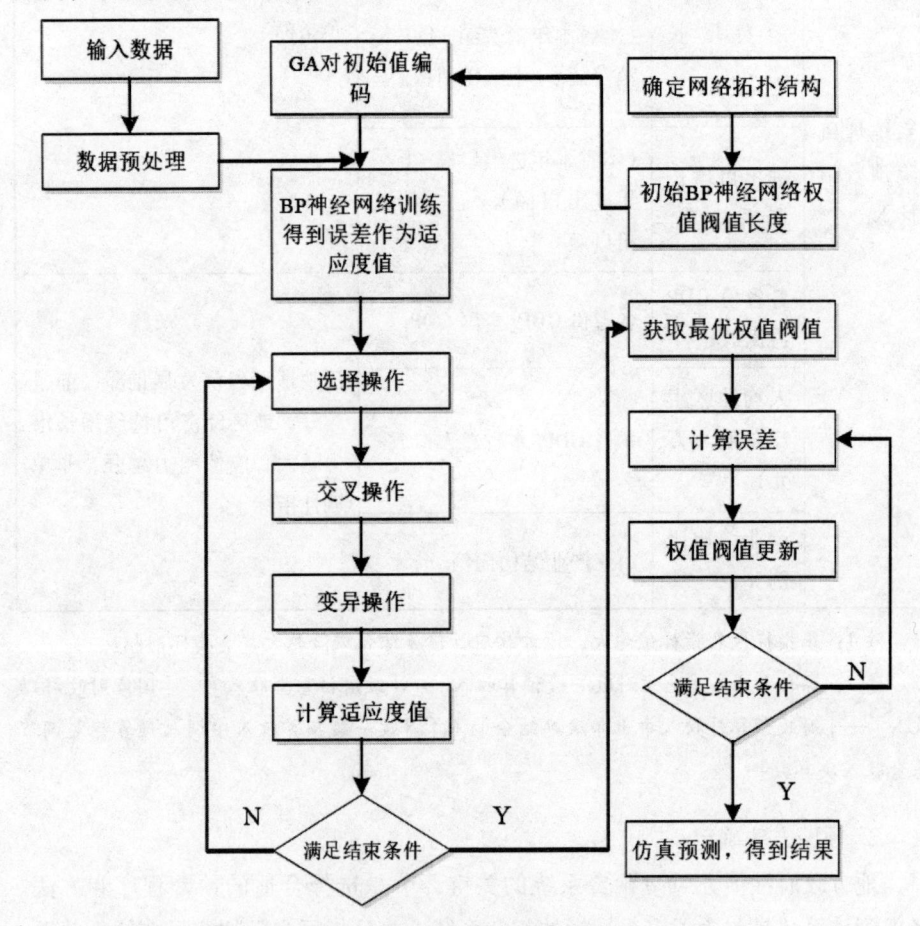

图 10-23　BP 神经网络计算流程示意图

　　随机森林也是一种机器学习算法，它的基本原理是由每一个随机向量或样本集生成一棵树，以分类树的算法为基础，在树的分叉即节点处随机选择特征反复二分，并将分类树组合成随机森林，最后根据多个决策树分类器的预测结果平均得到回归值。通过随机使用样本数据以及随机选取特征变量，随机森林方法能够快速便捷地处理大量的样本数据，还能对各项特征进行重要性排序。鉴于此，本书采用该种方法对地方政府性债务风险预警指标体系进行精简。

总的来说，选取随机森林和 BP 神经网络来构建地方政府性债务风险预警系统，就是为了更好地发挥这两种方法的优势。随机森林能够对指标进行约简，但容错能力和泛化能力较差，而 BP 神经网络则比较稳健，且精度较高，缺点是收敛速度慢。通过这两种方法的互补，可以得到一个更简单有效的地方政府性债务风险预警系统。

3. 系统构建流程

首先，收集地方政府性债务风险指标体系相关的数据，并对数据进行归一化处理。之后采用 AHP 法计算各指标权重，测算得到地方政府性债务风险度，并以该综合评价结果作为 BP 神经网络的输出节点。其次，运用随机森林对输入预警指标数据进行预处理，删除冗余指标，得到约简后的指标数据，这些筛选出的关键预警指标即为 BP 神经网络的输入节点。最后，将基于关键预警指标的样本数据导入 BP 神经网络，进行模型构建与训练，若训练好的模型能够对测试集样本进行良好的模拟，则模型训练成功，能够用来进行预警。具体而言，地方政府性债务风险预警系统的构建步骤设计如下：

步骤 1：通过地方政府性债务公开平台、CSMAR 等数据库，参考各地区统计年鉴，获得地方政府性债务风险预警指标体系的相关样本数据。鉴于各数据的单位不同，故对样本数据进行归一化处理，使其具备可比性。

步骤 2：运用 AHP 法，计算各指标的权重。将归一化后的指标数据与对应权重相乘求和得到各地区的地方政府性债务风险值，以此作为 BP 神经网络训练样本的期望输出值。

步骤 3：运用随机森林对各指标进行重要性排序，剔除不重要的指标，进而确定 BP 神经网络的输入节点。

步骤 4：将筛选好的指标和计算出的风险值导入 BP 神经网络中，通过多次试算学习来确定 BP 神经网络的结构。

步骤 5：利用检验样本对训练好的 BP 神经网络的预警精度和仿真效果进行检验，以此判断仿真预警系统的实用性和操作性。

集成随机森林和 BP 神经网络两种方法的系统构建流程，如图 10-24 所示。

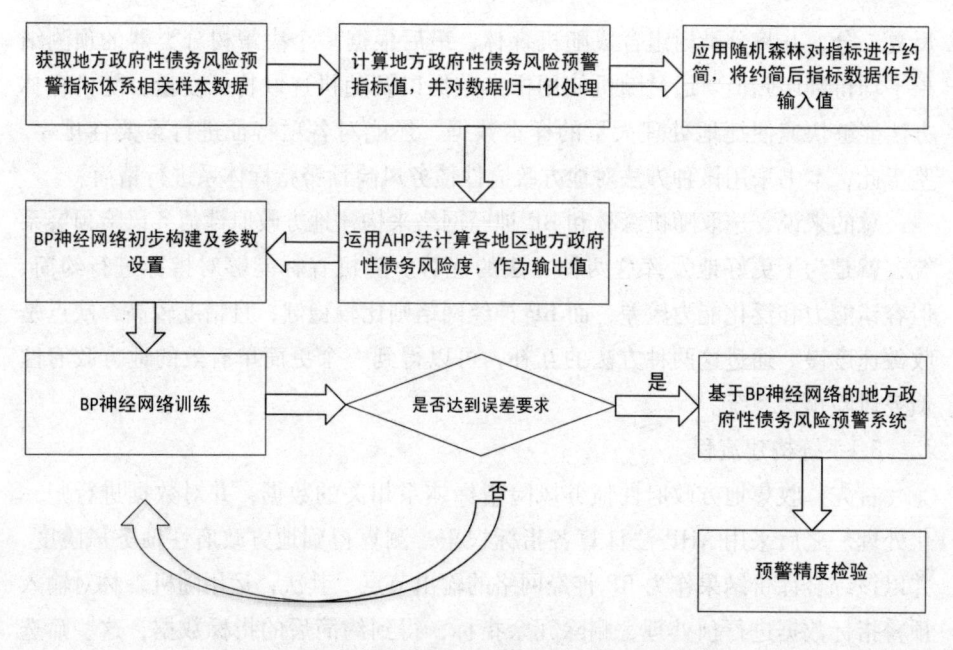

图 10-24　地方政府性债务风险预警系统构建流程

(三) 仿真案例分析

构建了预警指标体系，并确定了预警方法后，本小节通过收集我国 31 个省、自治区、直辖市 2015—2018 年相关样本数据进行仿真案例分析。仿真过程如下：

①收集样本数据，基于风险预警指标体系计算各项指标值，并进行样本数据归一化处理。

②利用 AHP 法测算各省、自治区、直辖市地方政府性债务风险度，以此作为地方政府性债务风险预警系统输出值，并利用 K-均值聚类确定风险区间。

③利用随机森林对地方政府性债务风险预警指标进行约简，确定输入指标，从而提高模型的精度与收敛速度。

④构建 BP 神经网络模型，将输入指标和输出指标导入模型进行学习、训练，并对其预警精度和仿真效果进行检验。

⑤经过多次学习训练，获得较为理想的地方政府性债务风险预警系统。

1. 样本数据来源与归一化处理

本书收集的我国 31 个省、自治区、直辖市 2015—2018 年地方政府性债务风险预警指标相关的样本数据，主要包含债务特征、地方政府特征以及外部环境三个类别。其中，地方政府性债务规模、结构等债务特征数据来自中国地方政府债券信息公开平台；财政收支、进出口总额、GDP 增速等地方政府特征相关数据来自中国金融年鉴、各地区统计年鉴、CSMAR 数据库以及中国地方政府债券信息公开平台。需要说明的是，由于缺失 2018 年的进出口总额、固定资产投资额的数据，进出口总额、固定资产投资额是根据前 5 年的数据基于时间趋势外推计算得出的。市场化指数、财政透明度等外部环境数据来自《中国分省份市场化指数报告（2018）》《中国财政透明度报告》等。

对收集到的样本数据进行初步的处理计算，便得到各指标值。其中，内蒙古自治区由于在收集到的数据中 2015 年债务余额为 0，故其相应指标专项债务比（X_{22}）直接取 0。之后，对数据进行归一化处理。借助 MATLAB R2019a 软件对数据进行如下变换

$$x_i^* = \frac{x_i - x_{\min}}{x_{\max} - x_{\min}} \qquad 式（10-1）$$

其中，x_i 与 x_i^* 分别表示数据归一化前、后的值，$x_{\min}$ 与 $x_{\max}$ 分别表示样本数据的最小值和最大值。

此法是把各指标的数变成（0，1）范围内的小数，这样就可将不同量纲的数据变成无量纲的数据，从而使其具有可比性，且数字处理会更加便捷快速。经过归一化后的样本数据就可以作为 BP 神经网络的输入节点进行模型训练了。

2. 地方政府性债务风险综合评价

在明确地方政府性债务风险预警指标后，要对风险预警指标的输出值进行测算。采用 AHP 法计算地方政府性债务风险预警指标的各项权重，根据计算出的指标权重计算 31 个省份的地方政府性债务风险度，以作为 BP 神经网络的输出节点。运用 K-均值聚类法将地方政府性债务风险度划分为重警、中警、轻警等三种状态，明确风险区间。基于地方政府性债务风险预警系统对债务风险的测度，即可作出预警状态的判断。

首先，根据地方政府性债务预警指标体系构建层级结构模型，对各级指标的重要性进行判断，计算并判断矩阵一致性，若一致则层级结构模型合理有效。

测算出的各层指标权重结果，具体如下：

（1）地方政府性债务风险一级指标权重

举借环节、使用环节、偿还环节及系统性风险四个一级指标对地方政府性债务风险的权重如表 10-14 所示。判断矩阵一致性比例为 0.0403；对总目标的权重为 1.0000；$\lambda\text{-}\{\max\}$ 值为 4.1075。

表 10-14　地方政府性债务风险一级指标权重

地方政府性债务风险一级指标	使用	偿还	系统性风险	举借	W_i
使用	1.0000	0.2000	0.3333	0.5000	0.0827
偿还	5.0000	1.0000	3.0000	4.0000	0.5388
系统性风险	3.0000	0.3333	1.0000	3.0000	0.2548
举借	2.0000	0.2500	0.3333	1.0000	0.1237

（2）地方政府性债务风险二级指标权重

举借环节各二级指标权重如表 10-15 所示。判断矩阵一致性比例为 0.0810；对总目标的权重为 0.1237；$\lambda-\{max\}$ 值为 4.2164。

表 10-15　地方政府性债务举借环节风险指标权重

举借	X11	X12	X13	X14	W_i
X11	1.0000	5.0000	4.0000	6.0000	0.5904
X12	0.2000	1.0000	2.0000	5.0000	0.2121
X13	0.2500	0.5000	1.0000	3.00002	0.1396
X14	0.1667	0.2000	0.3333	1.0000	0.0579

使用环节各二级指标权重如表 10-16 所示。判断矩阵一致性比例为 0.0191；对总目标的权重为 0.0827；$\lambda-\{max\}$ 值为 6.1203。

表 10-16　地方政府性债务使用环节风险指标权重

使用	X21	X22	X23	X24	X25	X26	W_i
X21	1.0000	1.0000	0.3333	0.2500	2.0000	0.5000	0.0884
X22	1.0000	1.0000	0.3333	0.2500	2.0000	0.5000	0.0884
X23	3.0000	3.0000	1.0000	0.5000	3.0000	2.0000	0.2316
X24	4.0000	4.0000	2.0000	1.0000	5.0000	4.0000	0.3924
X25	0.5000	0.5000	0.3333	0.2000	1.0000	0.3333	0.0563
X26	2.0000	2.0000	0.5000	0.2500	3.0000	1.0000	0.1430

偿还环节各二级指标权重如表 10-17 所示。判断矩阵一致性比例为 0.0158；对总目标的权重为 0.5388；$\lambda-\{max\}$ 值为 5.0709。

表 10-17 地方政府性债务偿还环节风险指标权重

偿还	X32	X31	X35	X33	X34	W_i
X32	1.0000	2.0000	3.0000	4.0000	5.0000	0.4226
X31	0.5000	1.0000	2.0000	2.0000	4.0000	0.2459
X35	0.3333	0.5000	1.0000	2.0000	3.0000	0.1622
X33	0.2500	0.5000	0.5000	1.0000	2.0000	0.1070
X34	0.2000	0.2500	0.3333	0.5000	1.0000	0.0623

系统性风险各二级指标权重如图 10-18 所示。判断矩阵一致性比例为 0.0223；对总目标的权重为 0.2548；$\lambda-\{max\}$ 值为 7.1821。

图 10-18 地方政府性债务系统性风险指标权重

系统性风险	X43	X42	X41	X44	X45	X46	X47	W_i
X43	1.0000	0.5000	0.2500	0.5000	4.0000	3.0000	2.0000	0.1111
X42	2.0000	1.0000	0.5000	2.0000	6.0000	5.0000	4.0000	0.2293
X41	4.0000	2.0000	1.0000	3.0000	7.0000	6.0000	5.0000	0.3543
X44	2.0000	0.5000	0.3333	1.0000	5.0000	4.0000	3.0000	0.1608
X45	0.2500	0.1667	0.1429	0.2000	1.0000	0.5000	0.3333	0.0310
X46	0.3333	0.2000	0.1667	0.2500	2.0000	1.0000	0.5000	0.0452
X47	0.5000	0.2500	0.2000	0.3333	3.0000	2.0000	1.0000	0.0683

各级权重均通过了一致性检验，最终二级指标对地方政府性债务风险的权重如图 10-25 所示。

指标	权重
I21	0.0073
I22	0.0073
I23	0.0192
I24	0.0325
I25	0.0047
I26	0.0118
I32	0.2277
I31	0.1325
I35	0.0874
I33	0.0577
I34	0.0336
I43	0.0283
I42	0.0584
I41	0.0903
I44	0.0410
I45	0.0079
I46	0.0115
I47	0.0174
I11	0.0730
I12	0.0262
I13	0.0173
I14	0.0072

图 10-25　地方政府性债务风险预警指标各权重

其次，将归一化的样本数据与计算出的权重相乘求和，即可得到各地区的地方政府性债务风险度，如图 10-26 所示。

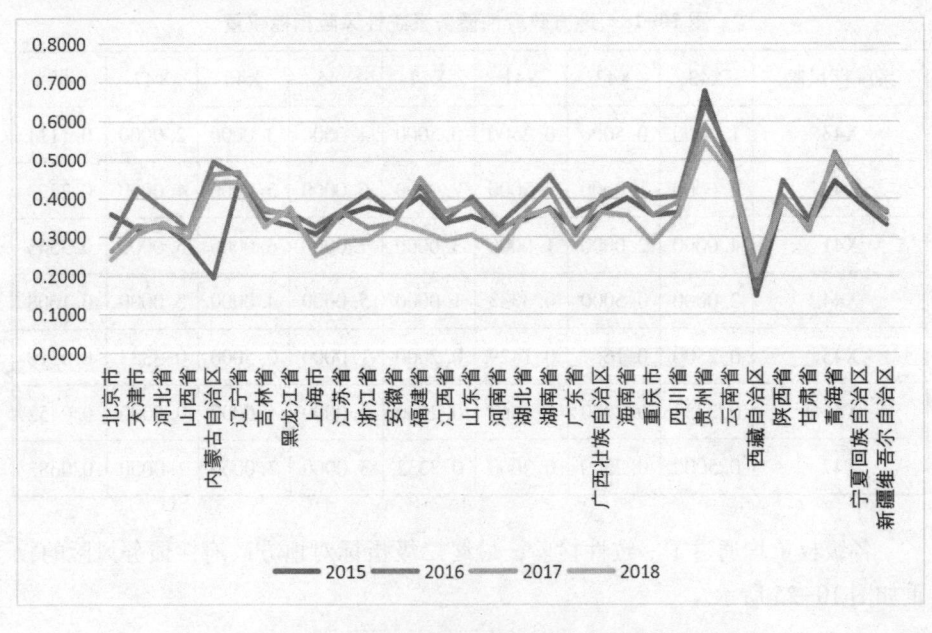

图 10-26　2015—2018 年我国各地区地方政府性债务风险度

从图中可以看出，地方政府性债务风险最大的是贵州省，最小的是西藏自治区。其中内蒙古自治区 2015 年风险极低，其原因在于根据既有的数据来源，内蒙古自治区 2015 年的债务余额为 0，故专项债务比例（X22）值取 0，导致计算出的风险值偏低。剔除该异常值,内蒙古、辽宁、青海的风险值也相对偏高。从时间趋势来看,总体上2018年的风险较低,说明我国近几年的地方政府性债务管理及风险防控措施是有效的。

最后,为了对地方政府性债务风险预警作出定性判断,参照前人研究,本书采用K-均值聚类法将地方政府性债务风险度划分为三类。之所以采用K-均值聚类,是因为该方法更加客观,能够避免人为划分可能造成的主观负面影响。2015—2018年31个省、自治区、直辖市的地方政府性债务风险度分类结果如图10-27所示。124个样本中,约80个样本位于中警区域,分别约有20个样本位于重警和轻警区域。重警类别的质心为0.4831,中警类别的质心为0.3588,轻警类别的质心为0.2619,取质心的平均值作为划分三种状态的临界值。当风险度在0~0.3104时,记为轻警状态;当风险度在0.3104~0.4210时,记为中警状态;当风险度大于0.4210时,记为重警状态。

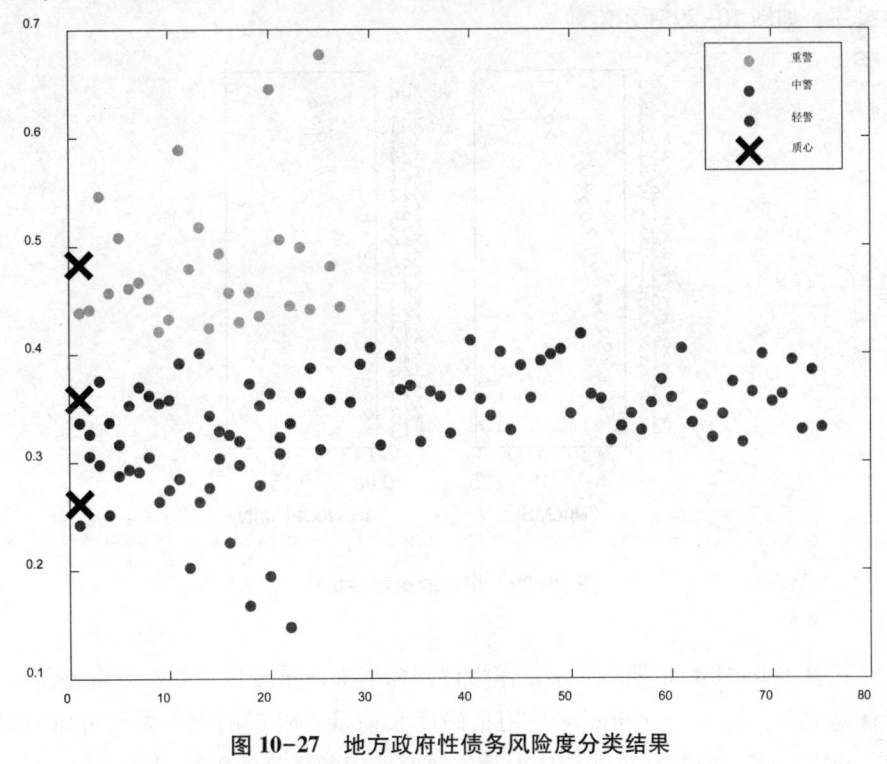

图10-27 地方政府性债务风险度分类结果

3. 地方政府性债务风险预警指标优化

为了提高模型拟合的精度和收敛速度,采用随机森林对模型指标进行约简。通过RStudio软件将标准化后的指标数据利用随机森林进行处理,计算模型误差以确定决策树的数量（ntree）、模型残差平方及与决策树的数量关系如图 10-28 所示。可见，当决策树数量达到 500 之后，曲线趋于平缓，意味着模型误差趋于稳定。

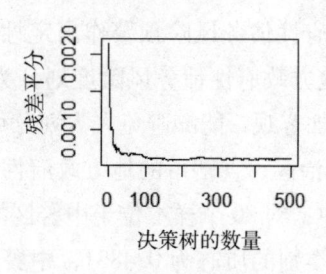

图 10-28　随机森林模型残差

于是，在 ntree=500 的基础上，用 importance 语句对各个评估指标进行重要性排序，如图 10-29 所示。

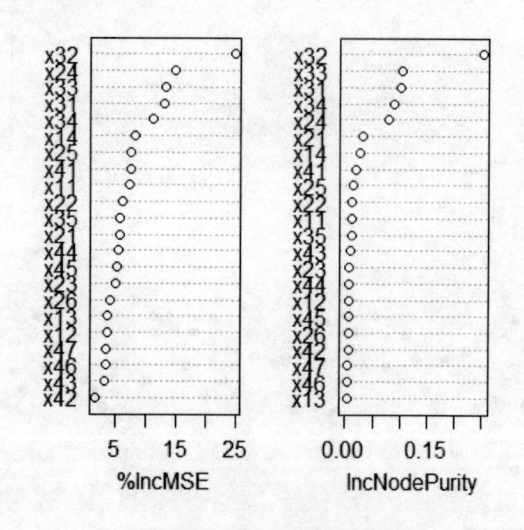

图 10-29　指标的重要性排序

其中，%IncMSE 是把均方误差作为评判标准来衡量变量重要性，误差越小，指标越重要，而 IncNodePurity 是用精确度来衡量。根据图表，大致可以判断 x46，x47，x42，x13，x26 等因素对地方政府性债务风险的影响程度不大。最后是否应剔除这几项变量还需要对变量作进一步的筛选，本书根据自变量对因变量的解释程度（Var explained）筛选最佳指标组合。采用向后筛选策略，即从重要性最低的指标开始，依次移除指标体系，重新建立回归模型，计算 Var explained 值，实验结果如表 10-19 所示。

表 10-19 指标筛选表

试验次数	残差平方和	模型解释度	剩余变量个数	移除变量
1	0.0005557996	91.66	22	无
2	0.0005468862	91.79	21	X46
3	0.0005371151	91.94	20	X47
4	0.0005408707	91.88	19	X42
5	0.0005611413	91.58	18	X13
6	0.0005671427	91.49	17	X26

根据表 10-19，剔除产业结构比例（X47）、人均地区生产总值（X46）两个指标，剩余 20 个指标作为实证分析的风险预警指标体系。

4. 地方政府性债务风险预警系统训练和检验

运用 BP 神经网络进行地方政府性债务风险预警系统的训练和检验，流程如下：

①构建模型。设计神经网络的拓扑结构与初始参数，主要是隐含层的设计、学习函数的选取、学习目标或最大期望误差，以及传递函数等。

②训练神经网络。将约简后的风险预警指标作为输入变量，将风险度作为输出变量，导入 BP 神经网络，在设置好基本结构及初始参数的模型下，对 BP 神经网络进行训练。训练集占全部样本数据的 70%~80%。

③检测模型。用剩余 20%~30% 的样本对神经网络进行检验，检验的标准是预测值与实际值的误差大小，判断神经网络的泛化性能是否能够满足估值的需求，如果不能满足需求，则需重新对模型进行训练。

④风险预警。通过检测的神经网络模型即可用于地方政府性债务风险预警，将地方政府性债务风险相关指标按照输入变量的要求进行筛选量化后，即可输入模型进行测算。

首先，从 124 份样本数据中，随机选择 93 份作为训练集，对 BP 神经网络模型进行学习与训练，剩余 31 份作为测试集，待模型达到设定的精度后，用来测试模型的准确性与可靠性。

其次，利用 MATLAB 中的 newff 指令初步建立模型，其他参数配置先采用默认值，具体设置如表 10-20 所示。

表 10-20 参数设置表

网络参数	取值或设置	实现代码
迭代次数	1000	Net.trainParam.epochs=1000
学习率	0.1	Net.trainParam.lr=0.1
学习目标	0.00004	Net.trainParam.goal=0.00004
学习函数	Trainlm	Net.trainFcn='trainlm'
隐含层传递函数	Logsig	Net.layers{1}.transferFcn='logsig'
隐含层节点数	4	Net=newff（inputn,output,4）

将随机筛选量化后的训练集样本导入模型中，对模型进行初步训练，结果发现模型在两次迭代之后网络输出误差达到设定的训练精度，而且耗时非常短、误差很小，这说明网络学习状态良好。网络结构和运行过程，如图 10-30 所示。

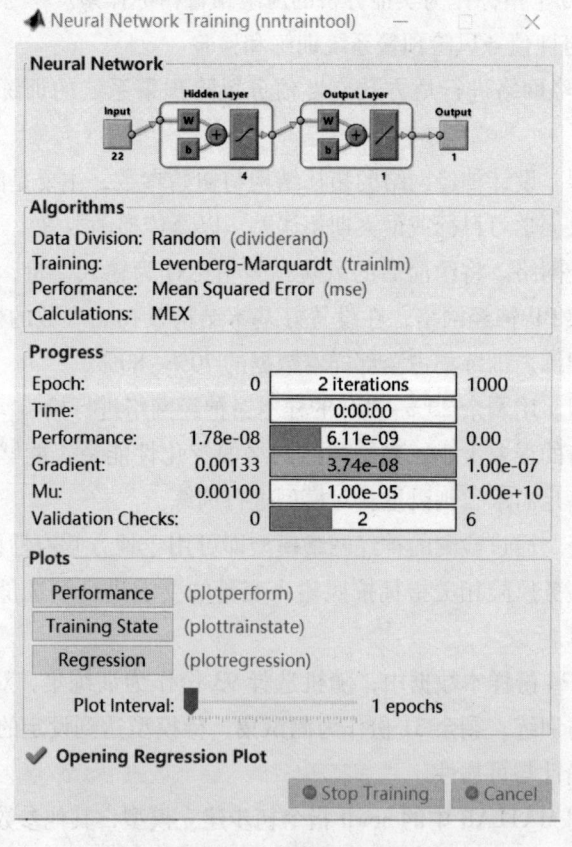

图 10-30 BP 神经网络运行结果

最后，对模型进行检验。主要从两方面着手，即进行有效性检验和准确性检验。有效性检验就是检验模型的合理程度，比如网络收敛是否合理、模型结果是否可靠。准确性检验是检验模型的正确程度，常常通过误差率来衡量。有效性检验可通过程序的运行过程来体现，如果运行过慢、迭代次数（epoch）太多、均方误差（gradient）大则说明神经网络的性能不佳。本书建立的模型初次训练后，各项指标如图 10-30 所示，从图中可以看出，各项指标是比较合理的，模型在两次迭代之后即达到设定的训练精度。误差值为 0.00075，也在有效范围内，误差变化过程图如图 10-31 所示，模型建立的回归方程基本能够拟合训练集和测试集的数据，回归拟合度如图 10-32 所示。

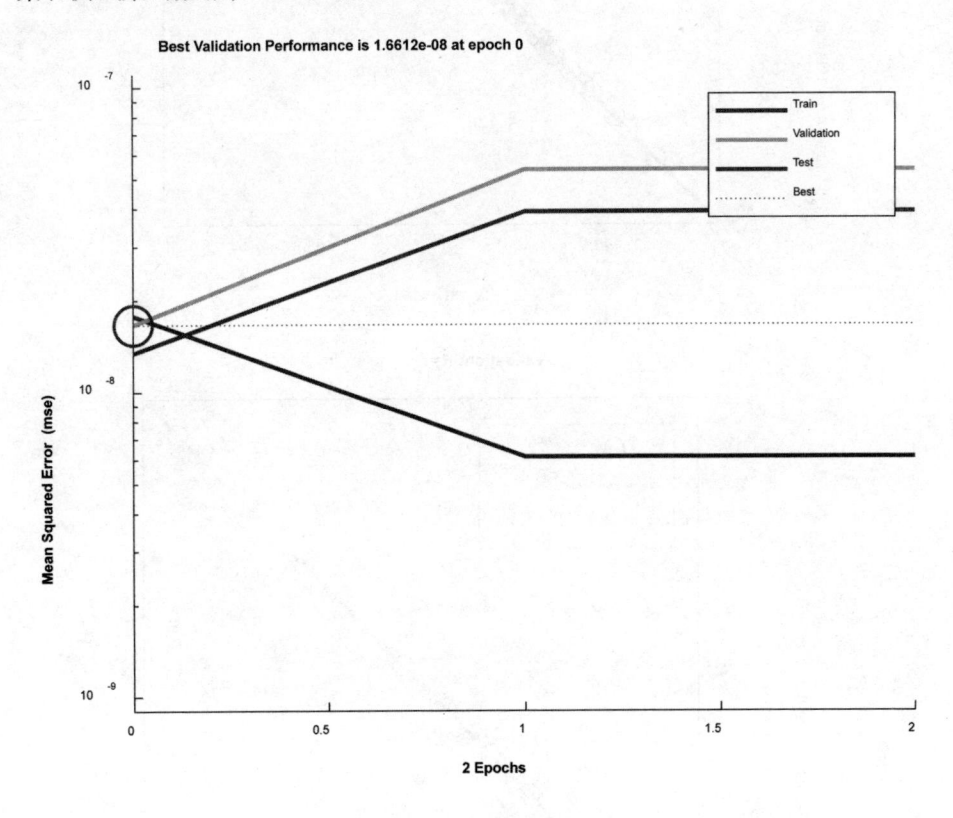

图 10-31 误差变化图

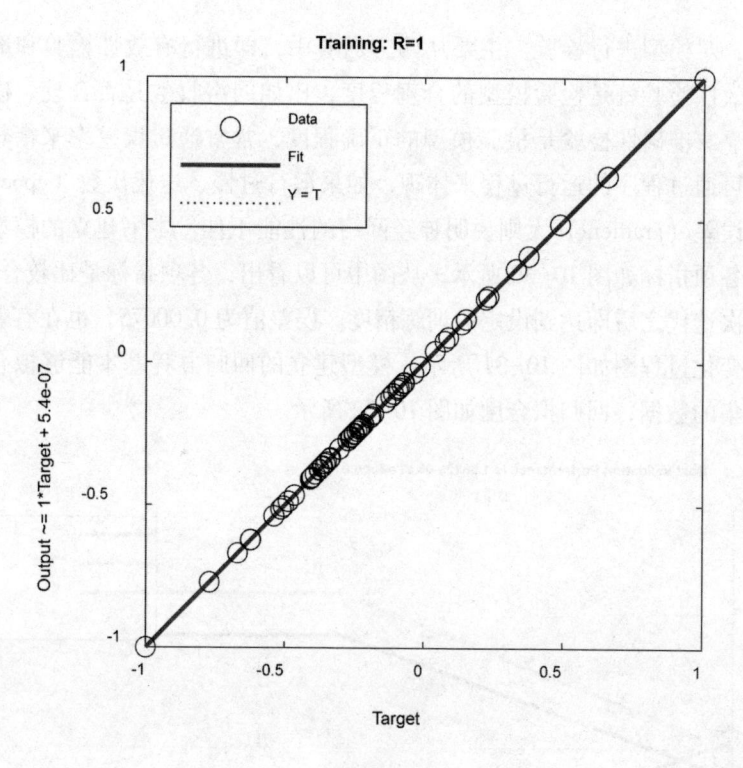

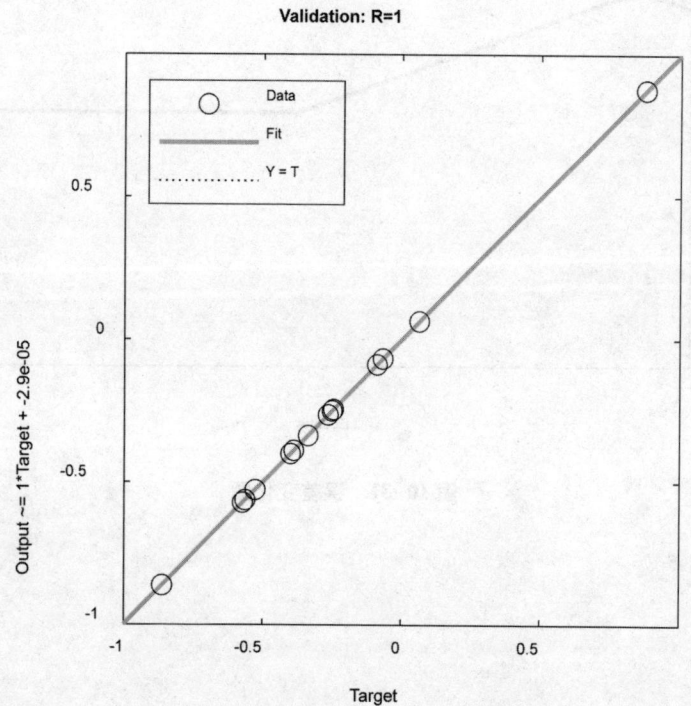

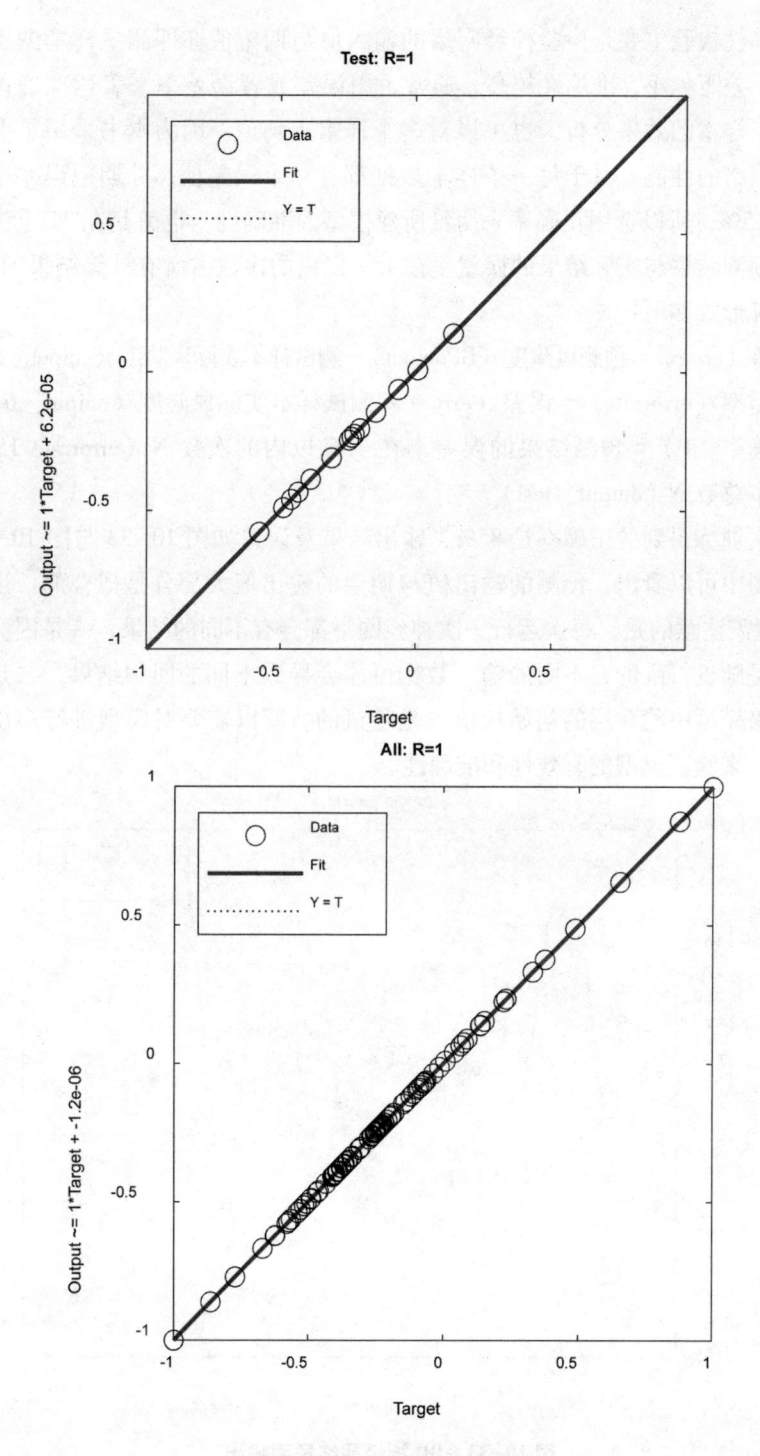

图 10-32 回归拟合度图

准确性检验主要是检验神经网络的输入值与期望值亦即测试样本的实际值的差距，差距越小，准确性越高。通常，用误差或者误差率来表达准确性比较适合单个样本的效果分析，也可以对多个样本求均值。因为本书采用了多个样本测试网络的性能，对于每一条样本数据都有一个误差值，并期望误差率能尽量小于15%，所以选用正确率来衡量所建模型的准确性，也就是在31个测试样本中，预测结果与实际结果的误差率在15%以内的次数占所有计算结果的比值，具体计算形式如下：

误差（error）= 预测风险度（BPoutput）- 测试样本实际风险度（output_ test）

误差率（errorrate）= 误差（error）/ 测试样本实际风险度（output_ test）

正确率（P）= 预测结果的误差率在15%以内的次数 N（errorrate 15%）/ 测试样本总数 N（output_ test）

某次训练得到的正确率是85%，输出结果及误差如图10-33与图10-34所示。从图中可以看出，预测的输出值与期望的输出值大部分是拟合的。误差接近0。但需注意的是，每次运行一次神经网络都会有不同的结果，一是因为输入的数据是随机打乱的，不同的输入数据可能会导致不同的回归结果，二是因为神经网络模型中隐含层的初始权值也是随机的，所以需要对模型进行多次的重复试验，来验证模型的有效性和准确性。

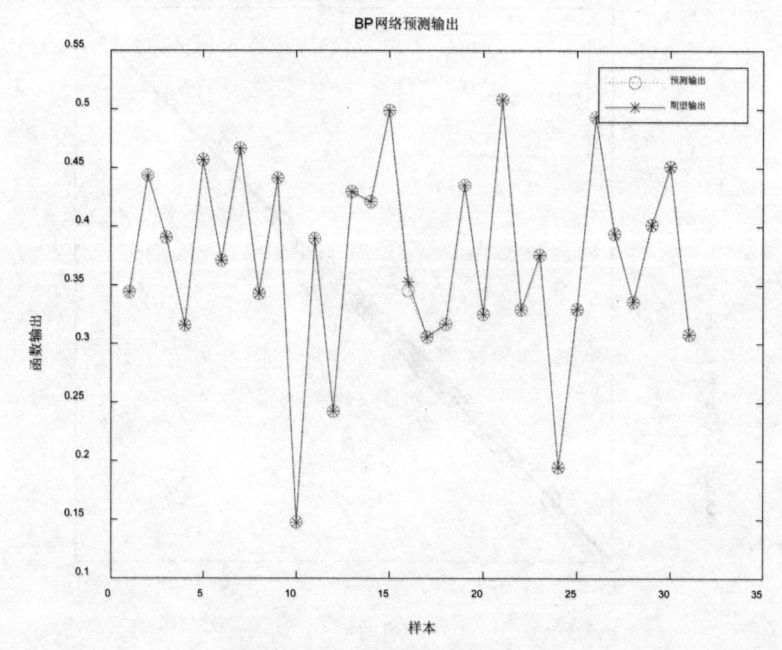

图 10-33　BP 神经网络预测输出

<<< 第十章 地方政府性债务审计模式应用研究

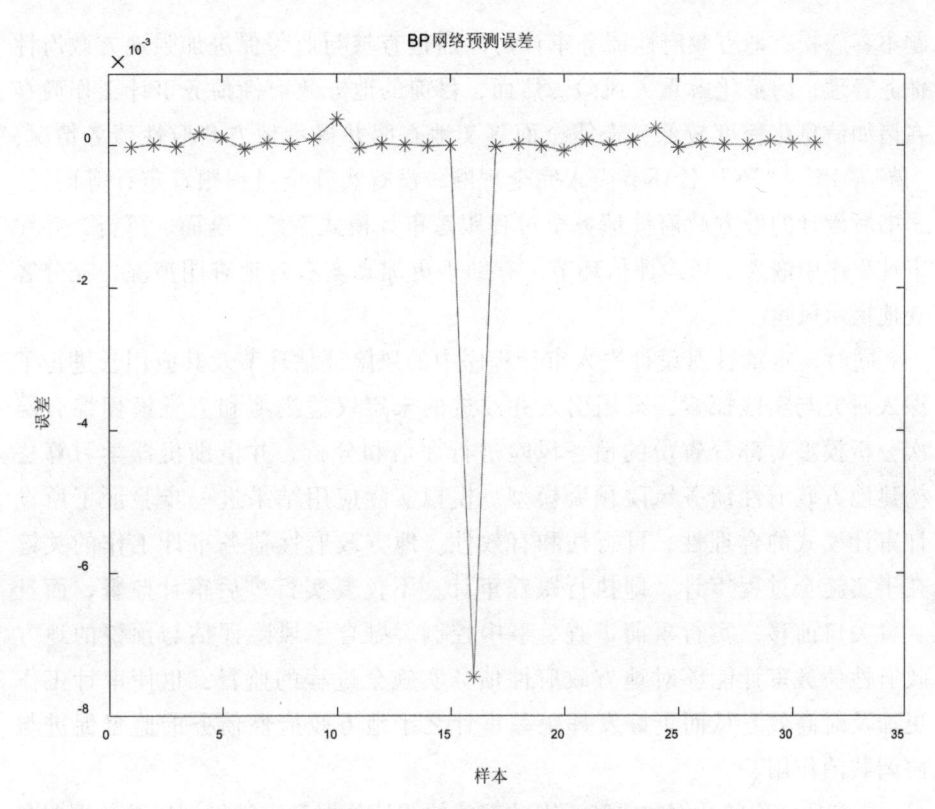

图 10-34 BP 神经网络预测误差

经过多次训练，最终确定模型为三层网络结构，四个隐含层节点数，传递函数为 logsig，训练函数为 trainlm。测试结果表明，运用 BP 神经网络对地方政府性债务风险进行判断具有较高的正确率，而且收敛速度非常快，平均用时不到两秒。只要合理设置关于地方政府性债务风险度的预警线，即在风险综合评价中运用 K-均值聚类定义的重警、中警和轻警范围，BP 神经网络就可以输出定性结果。因此，运用 BP 神经网络对地方政府性债务风险进行预警是可行的、高效的。

四、本章小结

本章对地方政府性债务模式调查结果进行了深度挖掘与系统分析，佐证了第三章有关地方政府性债务现状刻画的客观性，印证了第四至九章从审计目标、审计内容、审计程序、审计方法、审计公告等方面一体设计与构建的全过程跟踪审计模式的合理性。调查结果充分说明，地方政府性债务风险问题不容忽视，地方政府性债务审计可以通过查核与监督促进加强地方政府性债务管理，防范化解重大风险。然而，目前的地方政府性债务审计工作尚存在诸如信息化程度较低，未能全面真实地查明并揭示地方政府性债务情况，"借""用""还"各环节尚未完全理顺，没有实施全过程跟踪审计等问题。本书所设计的地方政府性债务全过程跟踪审计模式系统、全面、可行，并在审计程序中嵌入了风险评估环节，有助于更加真实有效地查明情况，充分客观地揭示风险。

同时，本章针对设计嵌入审计程序中的风险评估环节及其应用，进行了深入研究与实践探索，采用引入并改进的未定权益模型和直觉模糊综合层次分析模型对部分省份的债务风险进行评估和分析，并借助机器学习算法构建地方政府性债务风险预警模型。模拟实际应用结果进一步验证了所设计审计模式的合理性、可行性和有效性。地方政府性债务审计工作的关键在于实施全过程审计，即执行跟踪审计，不仅要实行事后审计监督，而且要将关口前移，实行事前审查、事中控制。融合了风险评估与预警的地方政府性债务审计能够对地方政府性债务实施全过程的监督，也使审计工作更加及时高效，从而更好发挥跟踪审计之于地方政府性债务的监督促进与协调共治作用。

本章所使用的数据主要基于审计部门的统计数据和审计发现以及数据服务平台统计的经济金融相关数据，可能存在数据不够全面、口径不尽一致等问题，将来有望通过地方政府联网审计平台，对地方政府性债务数据、地方政府财政财务收支及相关经济活动等海量数据进行动态采集、实时共享、交叉比对、关联分析，从而更好地揭示地方政府性债务资金在举借、使用、偿还等各个环节中的深层次问题。

第十一章

研究结论与未来展望

在系统回顾研究内容和研究发现的基础上，归纳总结研究结论，提出相应的政策建议，以供政府部门及攸关方借鉴或参考；同时，分析存在的局限，并指出未来的研究方向。

一、研究结论

本书从国家审计的视角，结合我国地方政府性债务审计查核的现状及发现的问题，构建起我国地方政府性债务跟踪审计模式，以期加强地方政府性债务审计监督，促进规范地方政府及攸关方举债、用资及偿还等行为，有效防范化解债务风险。主要研究结论归纳如下。

（一）审计目标

本书认为地方政府性债务审计的总体目标包括真实性目标、合法性目标和效益性目标。据此，按照资金循环过程，结合地方政府性债务审计程序，对地方政府性债务资金运行的不同环节设立了具体的审计目标。

（二）审计主体

本书基于地方政府性债务审计经验的总结，对相关的统计主体和审计主体进行了深入分析与合理定性，并认为地方政府性债务审计主体应当是国家审计部门（属政治机关与监督机构）。同时，也探明了这一审计主体的独特性与合法性。依据国家审计的政治性、法定性、独立性和专业性等原则，对地方政府性债务的审计主体明确设定了具体的要求。

（三）审计内容

本书梳理了2011—2014年全国及各省份地方政府性债务审计报告的具体内容，并结合地方政府性债务的客观实际，对地方政府性债务审计内容进行设定和分类，且对地方政府性债务中显性债务和隐性债务的审计内容分别进行了定性与界定。

（四）审计程序

本书基于审计模式、审计频次、审计评价指标等，结合我国地方政府性债务既有审计程序及运行状况,进一步明确了债务审计程序设计的基本原则,对地方政府性债务审计程序从准备阶段、实施阶段到完成阶段的具体内容进行了详细解述,并援引跟踪审计理论,提出了关于现行审计程序的改进思路与方法。

（五）审计方法

本书详细阐述了地方政府性债务审计的主要方法,即审计调查、审计核查和审计分析等,尤其是引入并改进的信息共享法、大数据审计法,以及未定权益分析法和直觉模糊层次分析法等。针对每类方法及其基本思路、优点缺点及程序适用等进行了详细的阐释与总结,从而使地方政府性债务审计方法体系趋于完整、明晰。

（六）审计公告

本书比较分析了我国2011—2013年审计署发布的3次全国地方政府性债务审计结果公告的具体内容和结构,并从地方政府性债务的基本情况、审计发现的主要问题、审计整改建议,以及近年来加强政府性债务管理的主要措施等方面,深度剖析了审计结果,发现并指出了债务审计结果公告及其披露的不足,提出了相应的改进意见及建议。

（七）审计模式应用

通过对本书所构建的地方政府性债务审计模式相关内容的问卷调查及分析总结,佐证了第三章关于地方政府性债务及其审计现状刻画的客观性,并印证了第四至九章分别从审计目标、审计内容、审计程序、审计方法、审计公告等方面设计乃至整合形成的全过程跟踪审计模式的合理性。

同时,针对嵌入地方政府性债务审计程序中的风险评估,采用定量和定性的方法进行了模拟实际应用的研究与检验,并借助机器学习算法对地方政府性债务风险预警进行了学理性与实践性探索。模拟实际应用及检验结果表明,我国地方政府性债务风险整体上处于中等水平,仍在可控范围之内,但各地区、各省份的债务风险大小及成因差异明显,且与分析预期一致,从而进一步验证了所设计构建的审计模式的合理性、可行性和有效性。融合了风险评估与预警的地方政府性债务跟踪审计,有利于加强对地方政府性债务及其风险的全程监测与监督,也有利提高审计工作的时效度及质量,从而更好地发挥跟踪审计之于地方政府性债务及其风险的有效监督、及时防范与协同治理的重要作用。

二、政策建议

习近平总书记指出,审计是党和国家监督体系的重要组成部分,审计机关应当做好常态化的"经济体检"工作,不仅要"查病",更要"治已病""防未病"。这就要求各级审计机关树立"防治结合"的科学审计理念,在对被审计单位财政财务收支及相关经济活动进行常态化的监督检查基础上,扎实推进审计全覆盖,及时反映潜在风险,及时促进问题的解决。对于地方政府性债务的审计、管理及治理而言,应当注意以下几点。

(一)充分发挥国家审计治理功能是防范化解地方政府性债务风险的必然要求

审计是现代国家治理体系的重要组成部分,是实现国家治理能力现代化的重要保障。因此,应将地方政府性债务审计,作为防范化解系统性金融风险中的一个重大专项审计任务,坚持地方债务审计全国"一盘棋",债务资金与债务项目双结合,债务资金管理与债务项目审计相协调,债务审计项目与审计组织方式"两统筹"。国家审计人员在进行地方债务风险审计时,要重点审查债务融资的合法性,尤其注重平台公司债务的清理进度,并防止出现新的平台公司违规融资的政府债务。审计部门需督促相关部门对历史债务进行清理、核实、录入和上报,并规范披露的内容与格式。政府相关部门要对地方政府性债务和债券状况进行公开披露与评级,并对信息的真实性负责;同时,应建立健全并实施地方政府资信评估制度。此外,在审计工作中,既要着眼于当前的债务风险,又要追踪风险产生的原因,完善地方官员经济责任审计制度,对地方官员的任命和晋升也应参考地方债务审计的结果。

(二)创新运行政府债务管理模式是防范化解地方政府性债务风险的重要保障

政府部门应将国家审计融入地方政府性债务管理及治理之中,创新性构建和运用更科学、更规范、可操作的地方政府性债务管理模式。各级地方政府应根据自身的实际情况,依法对其财权和事权作出详细的说明与规定,债务攸关方应按照法律规定各尽其职、各负其责。要依法规范政府举债融资行为,并从源头严格防范控制债务风险。政府及其财政部门在可行性和效益分析的基础上,应将政府的举债规模、项目投向、债务偿还纳入本级预算管理,以使债务预算合理可控、收支透明。审计部门要加强对债务资金运行各个环节的审计监督检查,促进规范地方政府及攸关方的举债与用资行为。要提高债务审计水平与质量,重视加强债务审计结果的运用,既要充分发挥审计之于地方政府性债务的监督及治理作用,又要更好发挥审计对其他政府部门、金融机构、社会组织及企业单位在地方政府性债务管理及治理中归位履职、守土尽责的促进及保障作用,推动形成政策间协调、部门间配合下的依法有序、联动共管、有效共治的地方政府性债务管理模式及运行机制。

（三）合理评估并适时监测债务运行是防范化解地方政府性债务风险的客观需要

鉴于风险防控的考虑，地方政府性债务审计工作重在查核与评估，以查明情况、揭示风险，要在防范与化解及至监督与协同，以促进加强债务资金管理、协同防范化解风险，关键在于实施全过程审计，即执行跟踪审计，不仅要加强事后监督、追责问责，而且要将关口前移，实行事前审查、事中控制，合理评估、适时监测。统一地方政府性债务统计口径和会计核算方法是构建有效防控风险体系、提升协同治理效能的基础和依据，只有债务信息全面客观可靠，才能制定并实施符合实际的相关政策举措，从而防范化解债务风险。长期以来，由于缺乏统一的统计口径和核算办法，因而尚未建立起全面覆盖、科学合理的地方政府性债务信息管理系统，有的地方政府性债务还游离于财政预算之外，使得国家有关部门难以客观、准确掌握地方政府性债务的整体情况，不利于进行相关的分析、监测、管理及监督。因此，规范统一统计口径及核算方法，合理评估并适时监测债务资金运行，既是加强地方债务管理和风险防控的客观需要，也是实施地方政府性债务审计的必然要求。

三、局限性

随着经济社会发展及信息技术进步，审计方法也在不断更新和发展。鉴于债务审计工作的复杂性和多变性，实事求是、与时俱进、具体问题具体分析是审计人员在实施地方政府性债务审计中必须始终坚持的工作理念和方法原则。一个债务项目审计的完成往往需要综合运用多种审计方法。本书虽已论及多种主要审计方法，但远未也无法穷尽所有的方法；况且，既有的主要审计方法也会随着实践的拓展与深化而不断发展和变化。

基于现有的理论与实践，本书充分阐发了地方政府性债务审计流程及方法的改进与完善。因此，审计人员在执行地方政府性债务跟踪审计时，可在一定程度上参考借鉴本书的理念、思路与方法。但受制于数据的可得性与可靠性等，本书构建的地方政府性债务跟踪审计模式仍有待更多的实践检验，以进一步增进其学术价值和应用价值。由于目前地方政府性债务数据存在较大缺失，通过公开渠道获得全面、系统、可靠的地方政府性债务数据的困难甚多，因而本书尚未就创建的跟踪审计模式，运用全面、系统、可靠的地方政府性债务数据及案例作进一步的经验分析。

四、未来展望

本书基于风险防范的视角研究了地方政府性债务审计问题，相关的研究发现对进一步防范化解地方政府性债务风险具有重要的借鉴价值甚或指导意义。

第一，立足新发展阶段，加强对完善风险评估模型，构建动态监测、适时预警以及信息共享机制的研究，以便为地方债务风险管理提供有力的基础支撑和系统支持；第二，面对复杂多变的外部环境和地方债务，深入研究如何科学合理地采集和整理地方债务数据，并使之成为真实、完整、有用的信息，以便为有关地方债务风险的预防、评估、监测、预警、处置、问责等工作奠定坚实的基础；第三，贯彻新发展理念，深入探索基于创新审计监督的地方债务风险防控的系统性方案及实施路径，坚持"预防为主、防控结合"，既要重视对集聚潜在风险的提前预防，又要重视对正在形成风险的适时控制和已暴露风险的应急处置；第四，坚持系统观念，深入研究审计机关与其他有关部门的协调配合，以及协同治理下的地方债务风险管理监督的整体方案和运行机制。此外，地方政府性债务问题涉及财政、金融等多个方面，后续还可以从财政（摸清底数）、金融（查明路数）等不同的视角，并结合金融与实体经济、政府与市场，以及地方政府性债务风险与金融安全、生态安全等的关系，进行广泛、深入的探究。

在新发展阶段，"防范化解重大风险"是一个需要正确认识和深刻把握的新的重大理论与实践问题。未来的研究中，要继续坚持以习近平新时代中国特色社会主义思想为指导，立足新发展阶段，完整、准确、全面贯彻新发展理念，在坚持"党的领导、人民立场""大局意识、系统观念""战略思维、底线思维、辩证思维"中践行新发展理念，以新发展理念引领高质量发展，推动实现"创新成为第一动力、协调成为内生特点、绿色成为普遍形态、开放成为必由之路、共享成为根本目的的发展"。发展是党执政兴国的第一要务，这个发展是持续推进中国式现代化，扎实推进全体人民共同富裕，更好满足人民美好生活需要的发展，是安全发展、高质量发展。

习近平总书记强调："坚持发展和安全并重，实现高质量发展和高水平安全的良性互动"。从长期来看，发展和安全是辩证统一的，安全是发展的前提，发展是安全的保障，发展在一定意义上就是最大的安全。因此，要以高质量发展成果夯实总体国家安全基础，以高水平安全环境服务保障经济社会高质量发展。为此，要统筹发展和安全，增强忧患意识，做到居安思危，要准确识变、科学应变、主动求变，科学统筹协调，精准分类施策，把握好时度效，防止政策规制上"合成谬误"、目标任务上"分解谬误"以及各别风险或危机间"交叉传染",有力遏制风险或危机"点上系统化、局部成势化"的外溢蔓延,有效防范"黑天鹅""灰犀牛"等不利事件,着力避免发生包括地方政府性债务风险在内的重大风险或危机。

  围绕"防范化解重大风险"这一重大问题,要以高站位、宽视域、多角度继续聚焦地方政府性债务及其审计等监督管理,作更全面系统深入的研究,充分发挥其监督保障执行、促进完善发展的作用,促进防范化解地方政府性债务(尤其是隐性债务)风险,有效防控重大金融风险,防止发生区域性、交叉性、传染性风险,守住不发生系统性风险的底线,以维护国家经济安全和社会大局稳定,促进构建新发展格局,推动经济社会各领域全过程高质量发展,实现高质量发展和高水平安全的良性互动。

参考文献

一、专著

[1] CROSBIE P, BOHN J. Modeling default risk [M].

[2] CURRIE E, DETHIER J, TOGO E. Institutional arrangements for public debt management [M]. Washington DC: The World Bank, 2003.

[3] DUNN W. Public policy analysis: an introduction (2nd ed.) [M]. Englewood Cliffs, New Jersey: Prentice-Hall, 1994.

[4] EBEL R D, YILMAZ S. On the measurement and impact of fiscal decentralization [M]. Washington DC: The World Bank, 2002.

[5] ELMENDORF D W, MANKIW N G. Government debt Handbook of Macroeconomics, in: J. B. Taylor & M. Woodford (ed.) [M] //Handbook of Macroeconomics, edition 1. 1999: 1615-1669.

[6] LEMON W M, TATUM K W, TURLEY W S. Developments in the audit methodologies of large accounting firms [M]. London: ABG Professional Information, 2000.

[7] LIU L, WAIBEL M. China: Strengthening of Local Debt Financing and Risk Management [M]. Washington DC: The World Bank, 2009.

[8] MA J, KHARAS H, YURAVLIVKER D, et al. Managing fiscal risk: new concepts and international experience [M]. Washington DC: The World Bank, 2003.

[9] MUSGRAVE R A. The Theory of Public Finance: A Study in Public Economy [M]. New York: McGraw-Hill, 1959.

[10] MUSGRAVE R A, PEACOCK A T. Classics in the theory of public finance [M]. UK: Palgrave Macmillan, 1958.

[11] OATES W E. Fiscal federalism: Books [M]. New York: Harcourt Brace

Jovanovich Inc, 1972.

[12] POLÁĖKOVÁ-BRIXI H. Contingent government liabilities: a hidden risk for fiscal stability [M]. Washington DC: The World Bank, 1998.

[13] POLÁĖKOVÁ-BRIXI H, SCHICK A. Government at Risk: Contingent Liabilities and Fiscal Risk [M]. Washington, DC: The World Bank, 2002: 533.

[14] 刘尚希,于国安. 地方政府或有负债:隐匿的财政风险 [M]. 北京:中国财政经济出版社, 2002.

[15] 孙宝厚. 国家审计理论问题研究 [M]. 北京:中国时代经济出版社, 2019.

二、期刊

[1] AFONSO A, JALLES J T. Growth and productivity: The role of government debt [J]. International Review of Economics & Finance, 2013, 25: 384-407.

[2] ALESINA A, De BROECK M, PRATI A, et al. Default risk on government debt in OECD countries [J]. Economic policy, 1992, 7 (15): 427-463.

[3] ALESINA A, TABELLINI G. A positive theory of fiscal deficits and government debt [J]. The Review of Economic Studies, 1990, 57 (03): 403-414.

[4] BABER W R, GORE A K, RICH K T, et al. Accounting restatements, governance and municipal debt financing [J]. Journal of Accounting and Economics, 2013, 56 (02): 212-227.

[5] BAI Y, KIRSANOVA T, LEITH C. Nominal Targeting in an Economy with Government Debt [J]. European Economic Review, 2017 (94): 103-125.

[6] BALAGUER-COLL M T, PRIOR D, TORTOSA-AUSINA E. On the Determinants of Local Government Debt: Does One Size Fit All? [J]. International Public Management Journal, 2016, 19 (04): 513-542.

[7] ALBALADEJO F J B, BEYAERT A, BENITO B. Electoral Cycles and Local Government Debt Management [J]. Local Government Studies, 2013, 39 (01): 107-132.

[8] BELLOT N J, SELVA M L M, MENENDEZ L G. Determinants of sub-central European government debt [J]. Spanish Review of Financial Economics, 2017, 15 (02): 52-62.

[9] BERENTSEN A, WALLER C. Liquidity Premiums on Government Debt and the Fiscal Theory of the Price Level [J]. Journal of Economic Dynamics & Control, 2018, 89 (04): 173-182.

[10] BOHN H. The Economic Consequences of Rising U. S. Government Debt: Privileges at Risk [J]. Finanzarchiv Public Finance Analysis, 2011, 67 (03): 282-302.

[11] BRTHALER J, GETZNER M, HABER G. Sustainability of local government debt: a case study of Austrian municipalities [J]. Empirica, 2015, 42 (03): 521-546.

[12] CHECHERITA – WESTPHAL C, ROTHER P. The impact of high government debt on economic growth and its channels: An empirical investigation for the euro area [J]. European Economic Review, 2012, 56 (07): 1392-1405.

[13] CHEMLA G, HENNESSY C A. Government as Borrower of First Resort [J]. Journal of Monetary Economics, 2016, 84: 1-16.

[14] CHEN C, YAO S, HU P, et al. Optimal government investment and public debt in an economic growth model [J]. China Economic Review, 2017, 45: 257-278.

[15] CHEN P F, HE S, MA Z, et al. The information role of audit opinions in debt contracting [J]. Journal of Accounting & Economics, 2016, 61 (01): 121-144.

[16] CHEN S W, WU A C. Is there a bubble component in government debt? New international evidence [J]. International Review of Economics & Finance, 2018, 58: 467-486.

[17] CHEN Z, PAN J, WANG L, et al. Disclosure of government financial information and the cost of local government's debt financing—Empirical evidence from provincial investment bonds for urban construction [J]. China Journal of Accounting Research, 2016, 9 (03): 191-206.

[18] CROCE M M, NGUYEN T T, RAYMOND S, et al. Government Debt and the Returns to Innovation [J]. Journal of Financial Economics, 2019, 132 (03): 205-225.

[19] CROWLEY F D, LOVISCEK A L. New directions in predicting bank failures: The case of small banks [J]. North American Review of Economics & Finance,

1990, 1 (01): 145-162.

[20] MELLO L D. Fiscal Decentralization and Intergovernmental Fiscal Relations: A Cross-Country Analysis [J]. World Development, 2000, 28 (02): 365-380.

[21] DRAKSAITE A. Government Debt Stabilization in a Small Open Economy within Currency Board System [J]. Procedia - Social and Behavioral Sciences, 2014, 156: 524-528.

[22] DRAZEN A. Government Debt, Human Capital, and Bequests in a Life-Cycle Model [J]. Journal of Political Economy, 1978, 86 (03): 505-516.

[23] DRUDI F, GIORDANO R. Default risk and optimal debt management [J]. Journal of Banking & Finance, 2004, 24 (06): 861-891.

[24] ELMENDORF D W, MANKIW N G. Government debt [J]. Nber Working Papers, 2003, 8 (1): 85-101.

[25] EQUIZA-GO I J. Government debt maturity and debt dynamics in euro area countries [J]. Journal of Macroeconomics, 2016, 49: 292-311.

[26] FISHER O E. Preventive value of mass radiography surveys in the boot and shoe industry in Northamptonshire [J]. Tubercle, 1952, 33 (08): 232-239.

[27] FITZGERALD B C, GIROUX G A. Voluntary formation of audit committees by large municipal governments [J]. Research in Accounting Regulation, 2014, 26 (01): 67-74.

[28] FOURNIER J M, FALL F. Limits to government debt sustainability in OECD countries [J]. Economic Modelling, 2017, 66: 30-41.

[29] GAILLARD N J. The Determinants of Moody's Sub-Sovereign Ratings [J]. International Research Journal of Finance and Economics, 2009, 31 (01): 194-209.

[30] GRAHAM F C. Government debt, government spending, and private-sector behavior: comment [J]. The American economic review, 1995, 85 (05): 1348-1356.

[31] GROBÉTY M. Government Debt and Growth: The Role of Liquidity [J]. Journal of International Money and Finance, 2018, 83: 1-22.

[32] GUL F A, TSUI J S L. A Test of the Free Cash Flow and Debt Monitoring Hypotheses: Evidence from Audit Pricing [J]. Journal of Accounting & Economics, 1997, 24 (02): 219-237.

[33] HAN L, ZHENG C. Fuzzy options with application to default risk analysis for

municipal bonds in China [J]. Nonlinear Analysis, 2005, 63 (5-7): e2353-e2365.

[34] HANSEN G, IMROHOROGLU S. Fiscal Reform and Government Debt in Japan: A Neoclassical Perspective [J]. Review of Economic Dynamics, 2016, 21: 201-224.

[35] HARRISON J M, KREPS D M. Martingales and Arbitrage in Multi-Period Security Markets [J]. Journal of Economic Theory, 1979, 20 (03): 381-408.

[36] HAY D, CAROLYN C. The value of public sector audit: Literature and history [J]. Journal of Accounting Literature, 2018, 40: 1-15.

[37] HU J. Is China Headed for a Debt Crisis? [J]. China Today, 2014 (06): 56-57.

[38] INMAN R P. Transfers and Bailouts: Institutions for Enforcing Local Fiscal Discipline [J]. Constitutional Political Economy, 2001, 12 (02): 141-160.

[39] JOHNSON L E, FREEMAN R J, DAVIES S P. Local government audit procurement requirements, audit effort, and audit fees [J]. Research in Accounting Regulation, 2003, 16: 197-207.

[40] JOHNSON L A. The effect of audit scope and auditor tenure on resource allocation decisions in local government audit engagements [J]. 2006, 30 (02): 105-119.

[41] KIRWAN, R. M. Finance for Urban Public Infrastructure [J]. Urban Studies, 1989, 26 (03): 285-300.

[42] KO M C. Fiscal policy, government debt, and economic growth in the Kaleckian model of growth and distribution [J]. Journal of Post Keynesian Economics, 2019, 42 (02): 215-231.

[43] KORMENDI R C. Government Debt, Government Spending, and Private Sector Behavior [J]. American Economic Review, 1983, 73 (05): 994-1010.

[44] KUMHOF M, TANNER E. Government Debt: A Key Role in Financial Intermediation [J]. Imf Working Papers, 2005, IV (04): 249-277.

[45] LAZEAR E P, ROSEN S. Rank-order tournaments as optimum labor contracts [J]. Journal of political Economy, 1981, 89 (05): 841-864.

[46] LI S, LIN S. The size and structure of China's government debt [J]. Social Science Journal, 2011, 48 (03): 527-542.

[47] LIAQAT Z. Does government debt crowd out capital formation? A dynamic

approach using panel VAR [J]. Economics Letters, 2019, 178: 86-90.

[48] LUDVIGSON S. The macroeconomic effects of government debt in a stochastic growth model [J]. Journal of Monetary Economics, 1996, 38 (01): 25-45.

[49] MANKIW N G, GREGORYMANKIW N. Chapter 25 Government debt [J]. Handbook of Macroeconomics, 1999, 1 (04): 1615-1669.

[50] MASSÓ M, ARNULFO RUIZ-LEÓN A. The configuration of a status based model of economic actors: The case of Spanish government debt market [J]. Social Networks, 2017, 48: 23-35.

[51] REINHART C M, ROGOFF K S. Growth in a Time of Debt [J]. American Economic Review, 2010, 100 (02): 573-578.

[52] REINHART C M, SBRANCIA M B. The liquidation of government debt [J]. Economic Policy, 2015, 30 (82): 291-333.

[53] REINHART V, SACK B, HEATON J. The Economic Consequences of Disappearing Government Debt [J]. Brookings Papers on Economic Activity, 2000 (02): 163-209.

[54] RIETH M. Capital taxation and government debt policy with public discounting [J]. Journal of Economic Dynamics & Control, 2017, 85 (12): 1-20.

[55] RÖHRS S, WINTER C. Reducing government debt in the presence of inequality [J]. Journal of Economic Dynamics and Control, 2017, 82: 1-20.

[56] ROSS S A. The Economic Theory of Agency: The Principal's Problem [J]. American Economic Review, 1973, 63 (02): 134-139.

[57] RUBINFIELD D. Credit Ratings and the Market for General Obligation Municipal Bonds [J]. National Tax Journal, 1973, 26 (01): 17-27.

[58] SANO J. Local Government Debt Structures in China and the Central Government's Response [J]. RIM: Pacific Business and Industries, 2014, 14 (52): 2-20.

[59] SARHAN A A, NTIM C G, AL AJJAR B. Antecedents of Audit Quality in MENA Countries: The Effect of Firm- and Country-Level Governance Quality [J]. Journal of International Accounting, Auditing and Taxation, 2019, 35: 85-107.

[60] SINHA A. Government debt, learning and the term structure [J]. Journal of Economic Dynamics and Control, 2015, 53: 268-289.

[61] SUSSMAN N, YAFEH Y. Institutions, Reforms, and Country Risk:

Lessons from Japanese Government Debt in the Meiji Era [J]. Journal of Economic History, 2000, 60 (02): 442-467.

[62] TEMPLE J. The Debt/Tax Choice in the Financing of State and Local Capital Expenditures [J]. Journal of Regional Science, 1994, 34 (04): 529-548.

[63] WALLIS. A Note On The Timing Of Microeconomic Reform In Australia [J]. Economic Analysis & Policy, 2000, 30 (01): 63-73.

[64] WANG M, HAN M, HUANG W. Debt and stock price crash risk in weak information environment [J]. Finance Research Letters, 2020, 33: 101186.

[65] WILDASIN D E. Factor mobility, risk and redistribution in the welfare state [J]. The Scandinavian Journal of Economics, 1995: 527-546.

[66] WILDASIN D E. Introduction: Fiscal Aspects of Evolving Federations [J]. International Tax and Public Finance, 1996, 3 (02): 121-135.

[67] ZHANG, SHUJIAN. Fiscal Decentralization, Budgetary Transparency, and Local Government Size in China [J]. Emerging markets finance & trade, 2016, 52 (07): 1-19.

[68] 白日玲. 审计机关强化跟踪审计的若干思考——基于大连市审计机关开展跟踪审计的实践 [J]. 审计研究, 2009 (06): 8-12.

[69] 曹信邦, 裴育, 欧阳华生. 经济发达地区基层地方政府债务问题实证分析 [J]. 财贸经济, 2005 (10): 46-50.

[70] 曾康霖, 吕劲松. 加强地方政府性债务管理的审计思考 [J]. 审计研究, 2014 (01): 31-34.

[71] 陈炳才, 田青, 李峰. 地方政府融资平台风险防范对策 [J]. 中国金融, 2010 (01): 76-77.

[72] 陈共荣, 万平, 方舟. 中美地方政府债务风险量化比较研究 [J]. 会计研究, 2016 (07): 74-80.

[73] 陈菁. 我国地方政府性债务对经济增长的门槛效应分析 [J]. 当代财经, 2018 (10): 33-44.

[74] 陈艳娇, 张兰兰. 媒体关注、政府审计与财政安全研究 [J]. 审计与经济研究, 2019, 34 (01): 1-13.

[75] 成涛林. 基于地方债管理新政视角的中外地方政府债务管理比较研究 [J]. 经济研究参考, 2015 (39): 54-60.

[76] 程宇丹, 龚六堂. 财政分权下的政府债务与经济增长 [J]. 世界经济,

2015, 38（11）：3-28.

［77］崔思明. 地方政府性债务审计实证研究［J］. 财会研究，2011（11）：66-71.

［78］崔雯雯，郑伟，李宁. 国家审计服务国家治理的路径——基于2003—2014年间30个省（自治区、直辖市）的实证检验［J］. 江西财经大学学报，2018（02）：38-47.

［79］刁伟涛. 财政新常态下地方政府债务流动性风险研究：存量债务置换之后［J］. 经济管理，2015，37（11）：11-19.

［80］刁伟涛. 债务率、偿债压力与地方债务的经济增长效应［J］. 数量经济技术经济研究，2017，34（03）：59-77.

［81］杜思正，冷艳丽. 地方政府性债务风险预警评价研究［J］. 上海金融，2017（03）：34-44.

［82］方俊，任素平，黄均田. PPP项目全过程跟踪审计评价指标体系设计［J］. 审计研究，2017（06）：14-21.

［83］方来，柴娟娟. 地方政府自主发债的最优规模与风险控制——基于四省份的实证分析［J］. 中央财经大学学报，2017（10）：12-20.

［84］伏润民，缪小林. 地方政府债务权责时空分离：理论与现实——兼论防范我国地方政府债务风险的瓶颈与出路［J］. 经济学动态，2014（12）：72-78.

［85］伏润民，王卫昆，缪小林. 我国地方政府债务风险与可持续性规模探讨［J］. 财贸经济，2008（10）：82-87.

［86］傅勇，张晏. 中国式分权与财政支出结构偏向：为增长而竞争的代价［J］. 管理世界，2007（03）：4-12.

［87］龚锋，卢洪友. 公共支出结构、偏好匹配与财政分权［J］. 管理世界，2009（01）：10-21.

［88］龚强，王俊，贾珅. 财政分权视角下的地方政府债务研究：一个综述［J］. 经济研究，2011，46（07）：144-156.

［89］顾建光. 控制地方债务过度膨胀的当务之急［J］. 经济体制改革，2010（02）：11-15.

［90］顾婧，任珮嘉，徐泽水. 基于直觉模糊层次分析的创业投资引导基金绩效评价方法研究［J］. 中国管理科学，2015，23（09）：124-131.

［91］郭琳，樊丽明. 地方政府债务风险分析［J］. 财政研究，2001（05）：

64-68.

[92] 郭玉清,毛捷. 新中国70年地方政府债务治理：回顾与展望 [J]. 财贸经济, 2019, 40 (09)：51-64.

[93] 郭玉清. 地方政府违约债务规模及偿债准备金研究——控制和化解地方财政风险的数理经济学视角 [J]. 山西财经大学学报, 2006 (03)：44-48.

[94] 郭玉清. 逾期债务、风险状况与中国财政安全——兼论中国财政风险预警与控制理论框架的构建 [J]. 经济研究, 2011, 46 (08)：38-50.

[95] 韩峰. 国家审计促进地方公共服务供给的影响机制——基于省级面板空间杜宾模型的实证分析 [J]. 中南财经政法大学学报, 2019 (02)：53-64.

[96] 韩健, 程宇丹. 地方政府债务规模对经济增长的阈值效应及其区域差异 [J]. 中国软科学, 2018 (09)：104-112.

[97] 韩立岩, 牟晖, 王哲兵. 市政债券的风险识别与控制策略 [J]. 管理世界, 2005 (03)：58-66.

[98] 韩立岩, 王哲兵. 市政债券的风险与监管 [J]. 经济导刊, 2004 (01)：52-55.

[99] 韩立岩, 郑承利, 罗雯, 等. 中国市政债券信用风险与发债规模研究 [J]. 金融研究, 2003 (02)：85-94.

[100] 何德旭. 关于开放地方债券市场的几个问题 [J]. 财政研究, 2002 (05)：65-68.

[101] 洪小东. "财""政""法"：地方政府债务治理的三维架构——基于新中国成立七十年地方债史的考察 [J]. 当代经济管理, 2019, 41 (09)：75-82.

[102] 洪源, 刘兴琳. 地方政府债务风险非线性仿真预警系统的构建——基于粗糙集-BP神经网络方法集成的研究 [J]. 山西财经大学学报, 2012, 34 (03)：1-10.

[103] 贾康, 李炜光. 关于城市公债问题的探讨 [J]. 财贸经济, 2002 (08)：25-30.

[104] 贾康, 刘微, 张立承, 等. 我国地方政府债务风险和对策 [J]. 经济研究参考, 2010 (14)：2-28.

[105] 姜文彬, 尚长风. 委托代理视角下的地方政府债务分析 [J]. 经济体制改革, 2006 (06)：112-115.

[106] 蒋忠元. 地方政府债券发行过程中的信用风险度量和发债规模研

究——基于 KMV 模型分析江苏省地方政府债券 [J]. 经济研究导刊, 2011 (19): 61-62.

[107] 寇永红, 吕博. 财政扶贫资金绩效审计工作现状及改进措施 [J]. 审计研究, 2014 (04): 19-22.

[108] 黎仁华, 李齐辉, 何海霞. 跟踪审计的机理与方法研究——基于汶川特大地震灾后恢复重建审计经验 [J]. 审计研究, 2011 (06): 21-25.

[109] 李冬, 王要武, 宋晖, 等. 基于协同理论的政府投资项目跟踪审计模式 [J]. 系统工程理论与实践, 2013, 33 (02): 405-412.

[110] 李昊, 迟国泰, 路军伟. 我国地方政府债务风险及其预警: 问题及对策 [J]. 经济经纬, 2010 (02): 126-129.

[111] 李虹含. 基础设施 PPP 模式的财政风险监督控制 [J]. 财政监督, 2016 (03): 38-40.

[112] 李嘉明, 刘永龙. 国家审计服务国家治理的机制和作用比较 [J]. 审计研究, 2012 (06): 45-49.

[113] 李腊生, 耿晓媛, 郑杰. 我国地方政府债务风险评价 [J]. 统计研究, 2013, 30 (10): 30-39.

[114] 李天籽. 激励结构与中国地方政府对内对外行为差异 [J]. 中国行政管理, 2012 (08): 111-114.

[115] 李玉龙. 地方政府债券、土地财政与系统性金融风险 [J]. 财经研究, 2019, 45 (09): 100-113.

[116] 廖乾. 完善地方政府债务管理机制: 国际经验与启示建议 [J]. 西南金融, 2017 (05): 38-42.

[117] 廖义刚. 国家审计与地方政府治理: 作用与路径 [J]. 当代财经, 2014 (06): 123-129.

[118] 林毅夫, 刘明兴, 章奇. 政策性负担与企业的预算软约束: 来自中国的实证研究 [J]. 管理世界, 2004 (08): 81-89.

[119] 刘国城, 黄崑. 扶贫政策跟踪审计机制研究 [J]. 审计研究, 2019 (03): 11-19.

[120] 刘行, 叶康涛. 金融发展、产权与企业税负 [J]. 管理世界, 2014 (03): 41-52.

[121] 刘衡, 张超. 我国地方政府性债务整体风险评估与监管机制研究 [J]. 财政监督, 2014 (01): 41-43.

[122] 刘骅, 卢亚娟. 地方政府融资平台债务风险预警模型与实证研究 [J]. 经济学动态, 2014 (08): 63-69.

[123] 刘骅, 卢亚娟. 转型期地方政府投融资平台债务风险分析与评价 [J]. 财贸经济, 2016 (05): 48-59.

[124] 刘焕鹏, 童乃文. 政府债务如何影响高技术产业创新——基于调节效应与门槛效应的经验证据 [J]. 山西财经大学学报, 2019, 41 (09): 45-60.

[125] 刘家义. 中国特色社会主义审计制度研究 [J]. 中国内部审计, 2016 (07): 2.

[126] 刘家义. 论国家治理与国家审计 [J]. 中国社会科学, 2012 (06): 60-72.

[127] 刘家义. 中国特色社会主义审计理论研究 [J]. 审计研究, 2013 (04): 113.

[128] 刘静. 完善扶贫资金审计的对策研究 [J]. 审计研究, 2016 (05): 38-43.

[129] 刘穷志, 刘夏波. 经济结构、政府债务与地方政府债券发行成本——来自1589只地方政府债券的证据 [J]. 经济理论与经济管理, 2017 (11): 85-97.

[130] 刘蓉, 黄洪. 我国地方政府债务风险的度量、评估与释放 [J]. 经济理论与经济管理, 2012 (01): 82-88.

[131] 刘尚希, 郭鸿勋, 郭煜晓. 政府或有负债：隐匿性财政风险解析 [J]. 中央财经大学学报, 2003 (05): 7-12.

[132] 刘尚希, 赵全厚, 孟艳, 等. "十二五"时期我国地方政府性债务压力测试研究 [J]. 经济研究参考, 2012 (08): 3-58.

[133] 刘煜辉, 沈可挺. 中国地方政府公共资本融资：问题、挑战与对策——基于地方政府融资平台债务状况的分析 [J]. 金融评论, 2011, 3 (03): 1-18.

[134] 刘志红, 李镕伊. 开展货币政策执行情况跟踪审计的若干思考 [J]. 审计研究, 2012 (06): 15-18.

[135] 鲁心逸. 印度PPP基建项目审计及借鉴 [J]. 审计研究, 2015 (04): 55-59.

[136] 罗荣华, 刘劲劲. 地方政府的隐性担保真的有效吗?——基于城投债发行定价的检验 [J]. 金融研究, 2016 (04): 83-98.

[137] 吕劲松,张金若,黄崑.扶贫政策跟踪审计能促进脱贫攻坚吗?——基于西南四省/直辖市的经验证据[J].财政研究,2019(05):92-103.

[138] 马海涛,吕强.我国地方政府债务风险问题研究[J].财贸经济,2004(02):12-17.

[139] 马金华,王俊.地方政府债务问题研究的最新进展[J].中央财经大学学报,2011(11):16-22.

[140] 马骏,刘亚平.中国地方政府财政风险研究:"逆向软预算约束"理论的视角[J].学术研究,2005(11):77-84.

[141] 毛锐,刘楠楠,刘蓉.地方政府债务扩张与系统性金融风险的触发机制[J].中国工业经济,2018(04):19-38.

[142] 缪小林,程李娜.PPP防范我国地方政府债务风险的逻辑与思考——从"行为牺牲效率"到"机制找回效率"[J].财政研究,2015(08):68-75.

[143] 缪小林,伏润民.地方政府债务风险的内涵与生成:一个文献综述及权责时空分离下的思考[J].经济学家,2013(08):90-101.

[144] 缪小林,伏润民.我国地方政府性债务风险生成与测度研究——基于西部某省的经验数据[J].财贸经济,2012(01):17-24.

[145] 年放.化解我国地方政府债务风险的新思路[J].中央财经大学学报,2008(06):8-12.

[146] 聂辉华,张雨潇.分权、集权与政企合谋[J].世界经济,2015,38(06):3-21.

[147] 聂辉华.契约不完全一定导致投资无效率吗?——一个带有不对称信息的敲竹杠模型[J].经济研究,2008(02):132-143.

[148] 潘俊,王禹,景雪峰,等.政府审计与地方政府债券发行定价[J].审计研究,2019(03):44-50.

[149] 潘孝珍,燕洪国.税收优惠、政府审计与国有企业科技创新——基于央企审计的经验证据[J].审计研究,2018(06):33-40.

[150] 庞晓波,李丹.中国经济景气变化与政府债务风险[J].经济研究,2015,50(10):18-33.

[151] 裴育,欧阳华生.我国地方政府债务风险预警理论分析[J].中国软科学,2007(03):110-114.

[152] 蒲丹琳,王善平.官员晋升激励、经济责任审计与地方政府投融资平台债务[J].会计研究,2014(05):88-93.

[153] 秦凤鸣, 李明明, 刘海明. 房价与地方政府债务风险——基于城投债的证据 [J]. 财贸研究, 2016, 27 (05): 90-98.

[154] 秦荣生. 政府审计新领域: 经济政策执行效果审计 [J]. 当代财经, 2011 (11): 112-118.

[155] 屈庆, 李俊江. 地方债与地方政府债务化解 [J]. 中国金融, 2018 (08): 59-60.

[156] 上海市审计学会课题组, 林忠华. 政策措施落实情况跟踪审计实务研究 [J]. 审计研究, 2017 (03): 12-18.

[157] 时红秀. 地方政府经济竞争: 理论演进和中国的实践 [J]. 国家行政学院学报, 2007 (05): 91-94.

[158] 时现. 公私合伙（PPP）模式下国家建设项目审计问题研究 [J]. 审计与经济研究, 2016, 31 (03): 3-9.

[159] 舒彤, 葛佳丽, 陈收. 基于支持向量机的供应链风险评估研究 [J]. 经济经纬, 2014, 31 (01): 130-135.

[160] 宋常, 杨华领, 徐国伟. 地方政府债务跟踪审计研究 [J]. 学术研究, 2016 (04): 104-111.

[161] 宋夏云, 马逸流, 沈振宇. 国家审计在地方政府性债务风险管理中的功能认知分析 [J]. 审计研究, 2016 (01): 45-52.

[162] 孙刚, 朱凯. 地方政府性债务治理与上市企业投融资——基于我国247座城市的初步证据 [J]. 经济理论与经济管理, 2017 (07): 49-63.

[163] 孙丽华. 我国地方政府性债务管理的风险管控 [J]. 财政监督, 2015 (10): 60-62.

[164] 孙琳, 陈舒敏. 债务风险、财政透明度和记账基础选择——基于国际经验的数据分析 [J]. 管理世界, 2015 (10): 132-143.

[165] 孙凌志, 贾宏俊, 任一鑫. PPP模式建设项目审计监督的特点、机制与路径研究 [J]. 审计研究, 2016 (02): 44-49.

[166] 谭劲松, 赵黎鸣, 宋顺林. 跟踪审计的"免疫防线": 体系构建与案例分析 [J]. 审计与经济研究, 2013, 28 (01): 18-25.

[167] 汤林闽, 梁志华. 中国政府资产负债表2019 [J]. 财经智库, 2019, 4 (05): 19-53.

[168] 唐大鹏, 李鑫瑶, 刘永泽, 等. 国家审计推动完善行政事业单位内部控制的路径 [J]. 审计研究, 2015 (02): 56-61.

[169] 唐滔智,陈红,赫雁翔.国家治理、地方政府性债务审计与经济安全[J].南京审计学院学报,2015,12(05):20-27.

[170] 唐亚林.国家治理在中国的登场及其方法论价值[J].复旦学报(社会科学版),2014,56(02):128-137.

[171] 唐洋军.财政分权与地方政府融资平台的发展:国外模式与中国之道[J].上海金融,2011(03):19-26.

[172] 唐振达.基于审计"免疫系统"理论的建设项目跟踪审计研究[J].中南财经政法大学学报,2009(05):132-136.

[173] 田国强,赵旭霞.金融体系效率与地方政府债务的联动影响——民企融资难融资贵的一个双重分析视角[J].经济研究,2019,54(08):4-20.

[174] 汪金祥,吴世农,吴育辉.地方政府债务对企业负债的影响——基于地市级的经验分析[J].财经研究,2020,46(01):111-125.

[175] 王彪华.政策执行情况跟踪审计研讨会综述[J].审计研究,2012(06):24-28.

[176] 王海林,张丁.国家审计对企业真实盈余管理的治理效应——基于审计公告语调的分析[J].审计研究,2019(05):6-14.

[177] 王会金,戚振东.社会嵌入视角下的国家审计治理作用机制研究[J].会计研究,2013(09):84-89.

[178] 王慧.政策措施落实情况审计研讨会综述[J].审计研究,2015(06):9-12.

[179] 王静,包翰林.国家审计是否带来了财政资金安全?——来自地方审计机关的经验证据[J].南京审计大学学报,2018,15(06):10-19.

[180] 王雷,刘斌.稳增长等政策执行情况跟踪审计的市场传导效应研究[J].审计研究,2016(04):3-9.

[181] 王立国,张莹.PPP项目跟踪审计探讨[J].审计研究,2016(06):30-35.

[182] 王丽娟.国家审计推进地方政府性债务管理路径初探[J].财政监督,2017(05):87-90.

[183] 王美英,曾昌礼,刘芳.国家审计、国有企业内部治理与风险承担研究[J].审计研究,2019(05):15-22.

[184] 王浦劬.国家治理、政府治理和社会治理的含义及其相互关系[J].国家行政学院学报,2014(03):11-17.

[185] 王涛,竹志奇,徐小天.债务置换背景下地方政府债务信用风险研究[J].上海经济研究,2017(04):58-66.

[186] 王晓光,高淑东.地方政府债务风险的预警评价与控制[J].当代经济研究,2005(04):53-55.

[187] 王叙果,张广婷,沈红波.财政分权、晋升激励与预算软约束——地方政府过度负债的一个分析框架[J].财政研究,2012(03):10-15.

[188] 王学凯,黄瑞玲.基于KMV模型的地方政府性债务违约风险分析——以长三角地区为例[J].上海经济研究,2015(04):62-69.

[189] 王永钦,陈映辉,杜巨澜.软预算约束与中国地方政府债务违约风险:来自金融市场的证据[J].经济研究,2016,51(11):96-109.

[190] 王永钦,戴芸,包特.财政分权下的地方政府债券设计:不同发行方式与最优信息准确度[J].经济研究,2015,50(11):65-78.

[191] 王振宇,连家明,郭艳娇,等.我国地方政府性债务风险识别和预警体系研究——基于辽宁的样本数据[J].财贸经济,2013(07):17-28.

[192] 王治国.政府干预与地方政府债券发行中的"利率倒挂"[J].管理世界,2018,34(11):25-35.

[193] 王中信.重大突发性公共事件全过程跟踪审计方式探讨[J].审计研究,2009(06):3-7.

[194] 吴秋生.论任期经济责任审计原则[J].中国合作经济,2005(06):121-122.

[195] 吴勋,王雨晨.官员晋升激励、国家审计免疫与地方政府债务——基于省级面板数据的实证研究[J].华东经济管理,2018,32(09):110-115.

[196] 武恒光,王良玉,李学岚.债券市场参与者关注国家审计的治理效应吗——来自地方债信用评级和发行定价的证据[J].宏观经济研究,2019(02):46-68.

[197] 项后军,巫姣,谢杰.地方债务影响经济波动吗[J].中国工业经济,2017(01):43-61.

[198] 谢虹.地方政府债务风险构成及预警评价模型构建初探[J].现代财经(天津财经大学学报),2007(07):63-65.

[199] 谢征,陈光焱.我国地方债务风险指数预警模型之构建[J].现代财经(天津财经大学学报),2012,32(07):96-104.

[200] 熊琛,金昊.地方政府债务风险与金融部门风险的"双螺旋"结

构——基于非线性 DSGE 模型的分析[J]. 中国工业经济, 2018 (12): 23-41.

[201] 熊虎, 沈坤荣. 地方政府债务对非国有企业投资效率的影响研究[J]. 当代财经, 2019 (02): 37-48.

[202] 徐占东, 王雪标. 中国省级政府债务风险测度与分析[J]. 数量经济技术经济研究, 2014, 31 (12): 38-54.

[203] 许争, 戚新. 地方政府性债务风险预警研究——基于东北地区某市的经验数据[J]. 科学决策, 2013 (08): 30-47.

[204] 杨华领, 宋常. 国家审计与央企控股上市公司虚增收入[J]. 审计与经济研究, 2019, 34 (06): 1-9.

[205] 尹启华, 陈志斌. 地方政府债券发行额度的优化配置研究[J]. 中国管理科学, 2018, 26 (01): 90-97.

[206] 于海峰, 崔迪. 防范与化解地方政府债务风险问题研究[J]. 财政研究, 2010 (06): 56-59.

[207] 余应敏, 杨野, 陈文川. 财政分权、审计监督与地方政府债务风险——基于2008-2013年中国省级面板数据的实证检验[J]. 财政研究, 2018 (07): 53-65.

[208] 张曾莲, 赵用雯. 政府审计能提升国企产能利用率吗?——基于2010—2016年央企控股的上市公司面板数据的实证分析[J]. 审计与经济研究, 2019, 34 (05): 22-31.

[209] 张帆. 美国州和地方政府债务对中国地方债问题的借鉴[J]. 国际经济评论, 2016 (03): 69-84.

[210] 张海星. 地方债放行: 制度配套与有效监管[J]. 财贸经济, 2009 (10): 12-19.

[211] 张平. 我国影子银行风险助推了地方政府债务风险吗?——风险的传导机制及溢出效应[J]. 中央财经大学学报, 2017 (04): 3-13.

[212] 张琦, 宁书影, 郑瑶. 国家审计的"三公"预算治理效应——基于中央部门的经验证据[J]. 审计研究, 2018 (04): 53-61.

[213] 张锐. 城投债的风险及其化解策略研究[J]. 南方金融, 2014 (05): 74-77.

[214] 张尚, 王涛, 顾雪平. 基于直觉模糊层次分析法的电网运行状态综合评估[J]. 电力系统自动化, 2016, 40 (04): 41-49.

[215] 张英明. 关于社会主义市场经济体制下社会审计原则的探讨[J].

税收与企业，1997（04）：6-8.

[216] 章志平. 中国地方政府债务风险灰色评估和预警［J］. 统计与决策，2011（15）：135-138.

[217] 赵焱，李开颜. GDP激励、债务审计与地方官员经济行为［J］. 宏观经济研究，2016（07）：48-59.

[218] 赵云旗. 我国财政转移支付总体结构优化研究［J］. 经济研究参考，2013（67）：3-20.

[219] 郑洁，仲熠辉，左翎. 我国地方政府自主发债的风险治理路径选择［J］. 宏观经济研究，2017（08）：94-102.

[220] 郑洁. 地方政府性债务管理与风险治理——基于新《预算法》施行的背景［J］. 宏观经济研究，2015（12）：72-78.

[221] 郑威，陆远权，李晓龙. 地方政府竞争促进了地方债务增长吗？——来自中国省级城投债与空间溢出效应的经验证据［J］. 西南民族大学学报（人文社科版），2017，38（02）：135-141.

[222] 仲杨梅，张龙平. 国家审计降低地方政府债务风险了吗？［J］. 南京审计大学学报，2019，16（03）：1-10.

[223] 周黎安. 中国地方官员的晋升锦标赛模式研究［J］. 经济研究，2007（07）：36-50.

[224] 周学东. 对地方债发行的认识［J］. 中国金融，2015（12）：43-45.

[225] 周雪光. "逆向软预算约束"：一个政府行为的组织分析［J］. 中国社会科学，2005（02）：132-143.

[226] 朱莹，王健. 市场约束能够降低地方债风险溢价吗？——来自城投债市场的证据［J］. 金融研究，2018（06）：56-72.

[227] 淄博市审计局课题组，侯全明. "三维"视角下政策措施落实情况跟踪审计分析［J］. 审计研究，2016（01）：22-28.

三、电子文献

[1] BANZHAF H S, OATES W E. On Ricardian equivalence in local public finance［EB/OL］. SSRN Electronic Journal，2008-06-25.

[2] CATO M S. Who Owes Whom? Citizens' Audit as a Response to the Sovereign Debt Crisis［EB/OL］. SSRN Electronic Journal，2012-06-01.

[3] CHUNG H, LEEPER E M. What Has Financed Government Debt? [EB/OL]. National Bureau of Economic Research, Inc, 2007-09-21.

[4] FOUNDATION T H. The Six Trillion Dollar Debt Iceberg: A Review of the Government's Risk Exposure [EB/OL]. The Heritage Fundation, 1990-06-28.

[5] GAPEN M T, HOLDEN C W. An International Welfare Analysis of Inflation-Indexed Government Bonds [EB/OL]. SSRN Electronic Journal, 2005-06-17.

[6] POLÁÈKOVÁ-BRIXI H. Contingent Liabilities : A Threat to Fiscal Stability [EB/OL]. World Bank Other Operational Studies, 1998-11-09.

[7] SHEN P, FAN H. Liquidity Assets Balance Sheet Based Government Debt Risk Research in China [EB/OL]. SSRN Electronic Journal, 2012-06-02.

[8] TOGO E, DETHIER J, CURRIE E. Institutional arrangements for public debt management [EB/OL]. World Bank Policy Research Working Paper, SSRN Electronic Journal, 2003-04-01.

[9] 国务院总理李克强. 政府工作报告——2018年3月5日在第十三届全国人民代表大会第一次会议上 [R/OL]. 国务院新闻办公室网站, 2018-03-22.

[10] 审计署审计长胡泽君. 国务院关于2017年度中央预算执行和其他财政收支审计查出问题整改情况的报告——2018年12月24日在第十三届全国人民代表大会常务委员会第七次会议上 [R/OL]. 中华人民共和国审计署官网, 2018-12-24.

[11] 审计署审计长刘家义. 国务院关于2013年度中央预算执行和其他财政收支的审计工作报告——2014年6月24日在第十二届全国人民代表大会常务委员会第九次会议上 [R/OL]. 中央人民政府门户网站, 2014-06-24.

[12] 审计署审计长刘家义. 国务院关于2014年度中央预算执行和其他财政收支的审计工作报告——2015年6月28日在第十二届全国人民代表大会常务委员会第十五次会议上 [R/OL]. 中央人民政府门户网站, 2015-06-28.

[13] 中华人民共和国财政部预算司. 2019年11月地方政府债券发行和债务余额情况 [R/OL]. 中华人民共和国财政部官网, 2019-12-26.

[14] 中华人民共和国财政部预算司. 2018年12月地方政府债券发行和债务余额情况 [R/OL]. 中华人民共和国财政部官网, 2018-12-20.

[15] 财政部部长楼继伟. 国务院关于规范地方政府债务管理工作情况的报告——2015年12月22日在第十二届全国人民代表大会常务委员会第十八次会议上 [A/OL]. 中国人大网, 2015-12-22.

[16] 审计署审计长胡泽君.国务院关于2018年度中央预算执行和其他财政收支的审计工作报告[A/OL].中华人民共和国审计署官网,2019-12-25.

[17] 审计署审计长胡泽君.国务院关于2018年度中央预算执行和其他财政收支审计查出问题整改情况的报告——2019年12月25日在第十三届全国人民代表大会常务委员会第十五次会议上[A/OL].中国人大网,2019-12-25.

[18] 中华人民共和国财政部.关于印发《地方政府一般债券发行管理暂行办法》的通知:财库〔2015〕64号[A/OL].中华人民共和国财政部官网,2015-03-12.

[19] 中华人民共和国财政部.关于印发《地方政府专项债券发行管理暂行办法》的通知:财库〔2015〕83号[A/OL].中华人民共和国财政部官网,2015-04-02.

[20] 中华人民共和国财政部.关于试点发展项目收益与融资自求平衡的地方政府专项债券品种的通知:财预〔2017〕89号[A/OL].中华人民共和国财政部官网,2017-06-02.

[21] 中华人民共和国财政部新闻办公室.2018年财政收支情况新闻发布会文字实录[C/OL].中华人民共和国财政部官网,2019-01-23.

[22] 中华人民共和国国务院.国务院关于加强地方政府性债务管理的意见:国发〔2014〕43号[A/OL].中央人民政府门户网站,2014-10-02.

[23] 中华人民共和国国务院.国务院关于加强审计工作的意见:国发〔2014〕48号[A/OL].中央人民政府门户网站,2014-10-27.

[24] 中华人民共和国审计署.2019年第10号公告:2019年第三季度国家重大政策措施落实情况跟踪审计结果(总第354号)[A/OL].中华人民共和国审计署官网,2019-12-31.

[25] 中华人民共和国审计署办公厅.2013年第24号公告:36个地方政府本级政府性债务审计结果(总第166号)[A/OL].中华人民共和国审计署官网,2013-06-10.

[26] 中华人民共和国审计署办公厅.审计结果公告2011年第35号:(总第104号)全国地方政府性债务审计结果(总第104号)[A/OL].中华人民共和国审计署官网,2011-06-27.

[27] 中华人民共和国审计署办公厅.审计署关于印发2008至2012年审计工作发展规划的通知:审办发〔2008〕72号[A/OL].中华人民共和国审计署官网,2009-03-25.

[28] 中华人民共和国审计署办公厅.审计署关于印发审计署"十二五"审计工作发展规划的通知：审办发〔2011〕112号［A/OL］.中华人民共和国审计署官网，2011-07-01.

[29] 中华人民共和国审计署办公厅.2013年第32号公告：2013年《全国政府性债务审计结果》（总第174号）［A/OL］.中华人民共和国审计署官网，2013-12-30.

[30] 北京大学政府管理学院MPA中心.国家审计与国家治理——姜江华在北京大学公共政策讲坛发表演讲［EB/OL］.北京大学政府管理学院MPA中心官网，2019-06-05.

[31] 习近平.决胜全面建成小康社会 夺取新时代中国特色社会主义伟大胜利——在中国共产党第十九次全国代表大会上的报告［EB/OL］.新华网，2017-10-27.

[32] 中国国债协会.政府债券的发展历程和相关思考［EB/OL］.中国国债协会公众号，2019-12-18.

[33] 中华人民共和国财政部预算司.2018年地方政府债券发行和债务余额情况［EB/OL］.中华人民共和国财政部官网，2019-01-23.

[34] 中华人民共和国国务院办公厅.李克强考察审计署时强调：当好公共资金守护者［EB/OL］.中央人民政府门户网站，2013-06-17.

[35] 钟士芹.新世纪评级《2018年全国及各省市经济财政债务分析》［EB/OL］.新世纪评级，2019-03-27.

四、论文

[1] 段晓凯.我国地方政府债务风险评价及防范研究［D］.成都：西南交通大学，2015.

[2] 李敏.中国地方政府债务风险管理研究［D］.北京：首都经济贸易大学，2014.

[3] 李善杰.软预算约束下的宏观经济与政策实践研究［D］.沈阳：辽宁大学，2010.

[4] 刘雷.政府审计维护财政安全的实现路径研究［D］.成都：西南财经大学，2014.

[5] 刘雅洁.地方政府性债务风险审计评价体系的研究［D］.北京：北京

交通大学, 2014.

［6］田立方. 地方政府性债务审计研究［D］. 保定：河北大学, 2013.

［7］谢群. 中国地方政府债务研究［D］. 北京：财政部财政科学研究所, 2013.

五、报刊

［1］刘尚希. 地方税改革应充分考虑国家治理架构［N］. 中国财经报, 2013-09-10.

［2］楼继伟. 建立现代财政制度［N］. 人民日报, 2013-12-16.

［3］许耀桐. 以现代化为旨向识解国家治理［N］. 中国社会科学报, 2014-02-07.

附录一

地方政府性债务审计模式问卷调查

尊敬的先生或女士：您好！

　　为了摸清地方政府性债务的基本情况，以便研究构建合理有效可行的地方政府债务审计模式，现开展本次问卷调查，希望能够得到您的大力支持！恳请您帮忙填答这份问卷，您的客观情况、真实想法及宝贵意见对于问题研究大有助益。本问卷收集的所有数据与信息仅用于该问题研究之统计分析。对于单选，客观择定即可；对于多选，仅需做真实意思表示，其选项无对错之分。谢谢您的合作！

1. 您的姓名：[填空题] ＊
　　_____
2. 您的性别：[单选题] ＊
　　○男　　○女
3. 您的年龄段：[单选题] ＊
　　○21 岁以下　○21~25　○26~30　○31~40　○41~50　○51~55
　　○55 以上
4. 您的籍贯：[填空题] ＊
　　_____
5. 政治面貌 [单选题]
　　○中共党员　○中共预备党员　○共青团员　○群众及其他
6. 您的学历：[单选题] ＊
　　○博士研究生　○硕士研究生　○本科　○大专　○其他
7. 您所学的专业：[填空题] ＊
　　_____
8. 您是否参与过地方政府性债务的审计工作？[单选题] ＊
　　○是　　　　○否（请跳至此问卷末尾，提交答卷）
　　如果是，请继续作答。如果否，则结束问卷，谢谢。

9. 您认为我国地方政府性债务存在的问题有哪些？[多选题] *

□债务存量规模过大

□部分地区偿债能力不足

□违规举债或变相融资问题突出

□"隐性债务"风险加剧

□存量债置换存在不足

□债务资金使用不合理

□风险防控机制及监督约束不完善

□地方政府性债务监管不到位

10. 您认为国家审计在推进地方政府性债务管理中的作用有哪些？[多选题] *

□开展对国家重大政策措施执行情况的跟踪审计，促进政令畅通，经济平稳运行

□揭示地方政府性债务存在的问题，推动地方政府规范财政收支管理

□评估内部控制环境，倒逼地方政府性债务管理机制体制的优化完善

□监督地方政府性债务资金流程，切实维护金融秩序

□核查地方政府性债务风险情况，防范重大金融风险

□加强权力运行的监督制约，促进责任追究和问责机制的建立健全

□其他＿＿＿＿＿＿＿＿＿＿＿＿

11. 您认为地方政府性债务审计工作的不足有哪些？[多选题] *

□"借""用""还"各环节尚未理顺，未能实施全过程跟踪审计

□债务信息和数据掌握不全，不能真实反映地方政府性债务情况

□审计工作理念相对落后，缺少改进创新

□风险防范意识不足，不能对潜在风险及时做出预警

□审计方式信息化程度较低，没有实现实时共享

□审计人才队伍专业性比较欠缺，缺乏有针对性的审计

12. 请您为地方政府性债务审计总体目标的重要性进行排序[排序题，请在中括号内依次填入数字] *

[ ] 真实性

[ ] 合法性

[ ] 效益性

13. 您认为地方政府性债务审计的现实目标应该包括哪些内容？[多选题] *

□分年度摸清地方各级政府的债务结构、规模、增减变化等
□依照政府债务偿还责任对债务类型进行划分
□对政府债务偿还能力进行分析，揭示其风险情况
□对地方及相关部门债务管理中的突出问题进行反映和揭示
□对地方政府债务形成的根本原因进行深入分析，针对防范化解潜在风险、完善融资举债体系和强化政府债务管理等提出相应的意见及建议

14. 您认为地方政府性债务审计在资金流向各环节的具体目标是什么？[矩阵多选题]*

	客观存在性	完整性	合理性	合规性	可行性	准确性	效益性	稳定性	及时性
举借环节	□	□	□	□	□	□	□	□	□
使用环节	□	□	□	□	□	□	□	□	□
偿还环节	□	□	□	□	□	□	□	□	□

15. 您认为地方政府性债务审计的主体应该包括哪些？[多选题]*
□审计署及派出机构
□地方各级人民政府审计厅、审计局
□财政部及地方各级财政部门
□国家发展和改革委员会
□中国银行保险监督管理委员会

16. 您认为地方政府性债务审计主体在审计中应坚持的原则有哪些？[多选题]*

□政治性　□独立性　□合法性　□客观性　□全面性　□专业性

17. 您认为上述原则的重要程度如何？[矩阵单选题]*

	很不重要	不重要	一般	重要	很重要
政治性	○	○	○	○	○
独立性	○	○	○	○	○
合法性	○	○	○	○	○
客观性	○	○	○	○	○
全面性	○	○	○	○	○
专业性	○	○	○	○	○

18. 您认为地方政府性债务审计的内容有哪些？[多选题] *

□政府负有偿还责任的债务

□债务人出现债务偿还困难时，政府需履行担保责任的债务

□债务人出现债务偿还困难时，政府可能承担一定救助责任的债务

□地方各级政府的债务结构、规模、增减变化

□地方政府举债方式是否合理合法

□地方政府债务资金配置的合理性、有效性

□地方及相关部门债务管理中存在的问题

□地方政府偿债能力及潜在风险

□地方政府债务形成的根本原因

19. 您认为目前地方政府性债务审计程序存在的问题有哪些？[多选题] *

□地方政府性债务审计工作多采用事后审计方式，而不是跟踪过程审计

□地方政府性债务审计力度不够，审计常态化机制有待强化

□审计程序复杂且不明晰，有待简化和明确

□地方政府性债务审计评价指标单一，有待改进和完善

20. 请您为地方政府性债务审计程序的具体内容进行排序[排序题，请在中括号内依次填入数字] *

[ ] 制订审计计划

[ ] 组织审计力量

[ ] 编制审计方案

[ ] 进驻被审计单位

[ ] 评估债务风险

[ ] 检查重大债务违法行为

[ ] 获取审计证据

[ ] 完成审计记录

[ ] 编制审计书

[ ] 征求被审计单位意见

[ ] 复核和审定审计材料

[ ] 审计移送处理

[ ] 审计建档

[ ] 向社会公告审计结果

[ ] 债务问题跟踪检查

21. 您所了解的地方政府性债务审计调查方法有哪些？[多选题] *

　　□线索征集法　　　　　□走访调查法

　　□问卷调查法　　　　　□信息共享法

　　□其他_____

22. 您所了解的地方政府性债务审计核查方法有哪些？[多选题] *

　　□大数据审计法　　　　□研究式审计法

　　□实物盘存法　　　　　□其他_____

23. 您所了解的地方政府性债务审计分析方法有哪些？请举例说明[多选题] *

　　□定性分析法_____

　　□定量分析法_____

　　□其他_____

24. 您认为地方政府性债务审计结果公告应包括哪些内容？[多选题] *

　　□地方政府性债务的基本情况

　　□审计发现的主要问题

　　□审计建议

　　□近年来加强政府性债务管理的主要措施

　　□其他_____

25. 您认为地方政府性债务审计结果公告披露存在哪些不足？[多选题] *

　　□审计结果公告信息披露不完全

　　□审计结果公告制度强制性较小

　　□对被审计单位公告整改结果缺乏强力约束

　　□其他_____

附录二

"地方政府性债务风险防范"专家调查问卷

1. 在以下地方政府性债务风险类型中，请您根据重要程度进行依次排序[排序题]

选项：	
a 借款风险	b 债务用途风险
c 还款风险	d 系统性风险

2. 在以下衡量地方政府性债务借款风险的指标中，请您根据重要程度进行依次排序[排序题]

选项：		
a	总借债限额比	当年新发行债务总额/当年本省债务限额（平均值）
b	一般借债限额比	当年新发行一般债务总额/当年本省一般债务限额（平均值）
c	专项借债限额比	当年新发行专项债务总额/当年本省专项债务限额（平均值）
d	短期债券发行比例	当年新发行短期债务总额/当年新发行债券总额（平均值）
e	市县级债务比例	市县级债务总余额/债务总余额（平均值）

3. 在以下衡量地方政府性债务使用风险的指标中，请您根据重要程度进行依次排序[排序题]

选项：		
a	债务置换比例	当年置换债务总额/当年新发行债券总额（平均值）
b	专项债务比例	当年专项债务总余额/债务总余额（平均值）
c	债务收支比	当年债务收入/当年财政支出
d	债务管理制度完善情况	定性指标，查找各省债务管理制度建立情况

续表

选项:		
e	财政透明度	定性指标,可参照每年财政透明度指数公告
f	审计执行力度	定量,根据审计年鉴公布的数据综合评估

4. 在以下衡量地方政府性债务偿还风险的指标中,请您根据重要程度进行依次排序[排序题]

选项:		
a	债务负担率	政府债务余额占GDP的比重,反映地方政府的杠杆率
b	长期债务率	政府债务余额占综合财力的比重,反映地方政府的长期偿债负担
c	短期债务率	近三年到期债务余额/债务总余额
d	未来单一年度最大到期规模保障倍数	全省综合财力(预测)/存续债券单一年度最大到期量
e	一般债务率	一般债券余额/一般公共预算收入总额
f	专项债务率	专项债券余额/专项政府性基金预算收入总额
g	隐性债务风险	定性,可参照各省存量城投债到期收益率(投资者认为的隐性债务风险)以及PPP项目入库、退库情况综合评判

5. 在以下衡量地方政府性债务系统性风险的指标中,请您根据重要程度依次排序[排序题]

选项:		
a	地区生产总值增速	(本省本年GDP-上一年GDP)/上一年GDP
b	人均地区生产总值	本省GDP/本省总人口数
c	产业结构比例	第三产业结构比例
d	投资增长率	(本省本年投资额-上一年投资额)/上一年投资额
e	消费增长率	(本省本年消费额-上一年消费额)/上一年消费额
f	进出口增长率	(本省本年进出口额-上一年进出口额)/上一年进出口额
g	M2增长率	(本年M2-上一年M2)/上一年M2
h	通货膨胀率	以1978年为基期

附录三

其余八省地方政府性债务风险评价指标得分向量统计表

代码	名称	江苏					广东					安徽					河南					山西					云南					贵州					甘肃				
		G1	G2	G3	G4	G5	G1	G2	G3	G4	G5	G1	G2	G3	G4	G5	G1	G2	G3	G4	G5	G1	G2	G3	G4	G5	G1	G2	G3	G4	G5	G1	G2	G3	G4	G5	G1	G2	G3	G4	G5
B1	借债限额比	0	0	0.2	0.3	0.5	0	0.1	0.6	0.3	0	0.1	0.7	0	0.2	0	0.1	0.6	0.1	0	0.2	0	0	0	0.8	0.2	0	0	0.6	0.3	0.1	0	0.2	0.1	0.3	0.4	0	0.1	0.2	0.6	0.1
B2	一般债务借债限额比	0.2	0.6	0.2	0	0	0.7	0.1	0.1	0.1	0	0	0.1	0.1	0.6	0.3	0.2	0.5	0.1	0.1	0.1	0	0.2	0.5	0.2	0.1	0	0	0.2	0.1	0.7	0	0.1	0	0.7	0.2	0.1	0.3	0.6	0	0
B3	专项债务借债限额比	0.3	0.6	0.1	0	0	0.1	0.3	0.5	0.1	0	0	0	0.1	0.8	0.1	0.2	0.5	0.1	0	0.2	0.5	0.3	0.1	0	0.1	0	0	0.2	0.7	0.1	0	0	0.1	0.2	0.7	0.7	0.1	0.1	0	0.1
B4	当年新发行短期债券比例	0	0	0.3	0.6	0.1	0	0	0.7	0.3	0	0.1	0.5	0.1	0.1	0.2	0	0.1	0.7	0.1	0.1	0.7	0.1	0.1	0.1	0	0	0.3	0.6	0.1	0	0	0	0.2	0.6	0.2	0.3	0.5	0.1	0.1	0
B5	市县级债务比例	0	0	0.2	0.7	0.1	0	0.1	0.6	0.2	0.1	0	0	0.1	0.8	0.1	0.1	0.6	0.2	0	0.1	0.1	0.5	0.1	0.2	0.1	0.5	0.3	0.1	0	0.1	0	0.1	0.1	0.7	0.1	0.7	0.1	0	0.2	0
B6	债务置换比例	0	0.2	0.4	0.2	0	0.5	0.3	0.1	0.1	0	0.3	0.5	0.2	0	0	0	0.1	0.7	0.1	0.1	0	0	0.1	0.2	0.7	0.2	0.6	0.2	0	0	0.5	0.2	0.1	0.1	0.1	0	0.2	0.1	0.6	0.1
B7	专项债务比例	0	0	0.1	0.4	0.5	0.1	0.3	0.5	0.1	0	0	0.1	0.2	0.6	0.1	0.1	0.7	0.2	0	0	0.7	0	0.1	0.1	0.1	0.6	0.1	0.1	0.1	0.1	0	0	0	0.7	0.3	0.1	0.7	0.1	0.1	0
B8	债务收入/财政支出	0	0.2	0.6	0.2	0	0.2	0	0.1	0.6	0.1	0	0.1	0.6	0.2	0.1	0.1	0.5	0.3	0.1	0	0.2	0.6	0.1	0.1	0	0	0	0.2	0.7	0.1	0	0	0.1	0.1	0.8	0.6	0.3	0.1	0	0
B9	债务管理制度建立完善情况	0.1	0.6	0.2	0.1	0	0.6	0.2	0.1	0.1	0	0.2	0.7	0.1	0	0	0	0	0.1	0.6	0.3	0.1	0	0.1	0	0.8	0	0	0.3	0.6	0.1	0	0	0.6	0.2	0.2	0.1	0.1	0.6	0.2	0
B10	财政透明度指数	0	0.1	0.3	0.5	0.1	0.6	0.2	0.1	0	0.1	0.2	0.7	0.1	0	0	0.1	0.2	0.6	0	0.1	0.6	0.1	0.1	0.2	0.1	0	0.2	0.1	0.7	0	0	0	0.1	0	0.9	0	0.2	0.6	0.1	0.1
B11	审计执行力度	0.2	0.6	0.1	0.1	0	0.6	0.3	0.1	0	0	0.1	0.6	0.3	0	0	0	0	0.7	0.1	0.2	0	0	0.6	0.2	0.2	0	0	0.1	0.1	0.8	0	0.1	0.1	0.6	0.2	0.1	0.1	0.3	0.5	0
B12	债务负担率	0.3	0.4	0.1	0.1	0.1	0.8	0.1	0.1	0	0	0.1	0.2	0.5	0.2	0	0.5	0.2	0	0.1	0.2	0.1	0.2	0.5	0.1	0.1	0.1	0.2	0.2	0.5	0	0	0	0	0.1	0.9	0	0.1	0.1	0.6	0.2

续表

代码	名称	江苏 G1 G2 G3 G4 G5	广东 G1 G2 G3 G4 G5	安徽 G1 G2 G3 G4 G5	河南 G1 G2 G3 G4 G5	山西 G1 G2 G3 G4 G5	云南 G1 G2 G3 G4 G5	贵州 G1 G2 G3 G4 G5	甘肃 G1 G2 G3 G4 G5
B13	长期债务率	0.2 0.6 0.1 0 0	0.2 0.7 0.1 0 0	0.1 0.6 0.2 0.1 0	0.1 0.6 0.2 0.1 0	0.1 0.7 0.1 0.1 0	0.1 0.6 0.2 0.1 0	0.1 0.6 0.2 0.1 0	0.1 0.5 0.2 0.1 0.1
B14	短期债务率等级	0.2 0.6 0.1 0.1 0	0.2 0.6 0.1 0.1 0	0.1 0.6 0.2 0.1 0	0.1 0.6 0.2 0.1 0	0.1 0.6 0.2 0.1 0	0.1 0.6 0.2 0.1 0	0.1 0.6 0.2 0.1 0	0.1 0.5 0.2 0.1 0.1
B15	最大到期规模保障倍数	0.1 0.4 0.4 0.1 0	0.1 0.2 0.5 0.2 0.1	0.1 0.8 0.1 0 0	0.5 0.3 0.1 0.1 0	0.7 0.1 0.1 0.1 0	0.2 0.6 0.2 0 0	0.9 0.2 0 0 0	0.5 0.3 0.1 0.1 0
B16	一般债务率	0.1 0.2 0.6 0.1 0	0.1 0.2 0.6 0.1 0	0.1 0.2 0.6 0.1 0	0.1 0.2 0.6 0.1 0	0.1 0.3 0.5 0.1 0	0.1 0.3 0.5 0.1 0	0.1 0.4 0.3 0.1 0.1	0.1 0.3 0.5 0.1 0
B17	专项债务率	0.1 0.2 0.6 0.1 0	0.1 0.2 0.7 0.1 0	0.1 0.2 0.6 0.1 0	0.1 0.2 0.6 0.1 0	0.1 0.2 0.6 0.1 0	0.2 0.5 0.2 0.1 0	0.1 0.5 0.2 0.1 0.1	0.1 0.5 0.2 0.1 0.1
B18	隐性债务风险	0.5 0.3 0.1 0.1 0	0.6 0.2 0.1 0.1 0	0.1 0.2 0.7 0.1 0	0.1 0.5 0.3 0.1 0	0.1 0.7 0.1 0.1 0	0.1 0.7 0.1 0.1 0	0.1 0.7 0.1 0.1 0	0.1 0.5 0.2 0.1 0.1
B19	地区生产总值增速	0.4 0.4 0.1 0.1 0	0 0.1 0.3 0.5 0.1	0.6 0.2 0.1 0.1 0	0.6 0.2 0.1 0.1 0	0.7 0.1 0.1 0.1 0	0.7 0.1 0.1 0.1 0	0.6 0.2 0.1 0.1 0	0.5 0.2 0.1 0.1 0.1
B20	人均地区生产总值	0.1 0.1 0.6 0.2 0	0.6 0.2 0.1 0.1 0	0 0.1 0.5 0.3 0.1	0 0.1 0.8 0.1 0	0 0.2 0.7 0.1 0	0.1 0.2 0.6 0.1 0	0.1 0.6 0.2 0.1 0	0.1 0.4 0.3 0.1 0.1
B21	第三产业结构	0 0.3 0.6 0.1 0	0 0 0.1 0.8 0.1	0.2 0.4 0.4 0.1 0	0 0.1 0.7 0.2 0	0.2 0.7 0.1 0 0	0 0.1 0.1 0.8 0.2	0 0.7 0.3 0 0	0 0.7 0.2 0 0
B22	投资增长率	0.7 0.2 0.1 0 0	0.1 0.4 0.5 0 0	0.1 0.4 0.4 0.1 0	0.1 0.6 0.2 0.1 0	0.1 0.1 0.7 0.1 0	0 0.1 0.4 0.3 0.2	0 0 0.7 0.3 0	0 0.5 0.3 0.2 0
B23	消费增长率	0 0.1 0.3 0.5 0	0 0 0.6 0.3 0.1	0 0.7 0.1 0.1 0	0 0.8 0.1 0.1 0	0.2 0.8 0 0 0	0 0.2 0.2 0.2 0.1	0.1 0.1 0.1 0.2 0.2	0.1 0.1 0.2 0.5 0.2
B24	进出口增长率	0 0.3 0.6 0.1 0	0.1 0.6 0.2 0.1 0	0 0.4 0.3 0.2 0.1	0 0.1 0.6 0.2 0.1	0 0.1 0.6 0.2 0.1	0 0.2 0.2 0.3 0.2	0 0.1 0.6 0.2 0.1	0 0.1 0.5 0.3 0.2
B25	M2增长率	0 0.1 0.3 0.4 0.2	0 0.1 0.3 0.4 0.2	0 0.1 0.3 0.3 0.1	0 0.1 0.3 0.4 0.1	0 0.1 0.3 0.4 0.2	0 0.1 0.3 0.4 0.2	0 0.1 0.3 0.4 0.2	0 0.1 0.3 0.4 0.2
B26	通货膨胀率	0 0.1 0.3 0.4 0.2	0 0.1 0.3 0.4 0.2	0 0.1 0.3 0.3 0.1	0 0.1 0.3 0.4 0.2	0 0.1 0.3 0.4 0.2	0 0.1 0.3 0.4 0.2	0 0.1 0.3 0.4 0.2	0 0.1 0.3 0.4 0.2